独与天地精神往来

李丹

于丹《莊子》心得

于丹 著

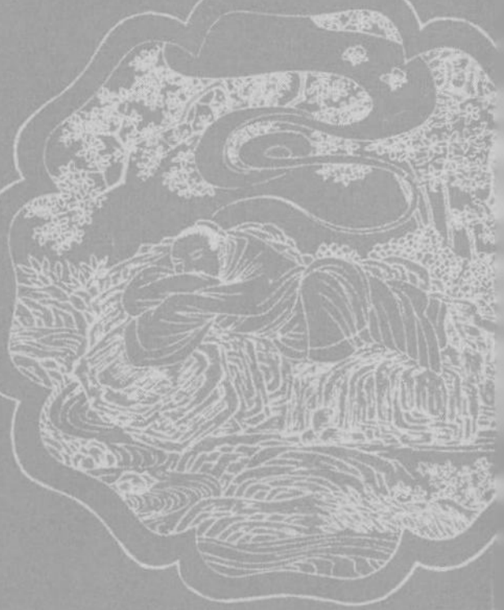

自序：我們的心可以遨遊到多遠

◎于丹

在「百家講壇」錄完「《論語》心得」的那一天，製片人萬衛老師問我下一個選題講什麼？我幾乎沒有猶豫地回答：「《莊子》。」

二〇〇六年有首歌很紅，叫做《隱形的翅膀》。莊子這個名字藏在我心中很多年，蹁躚如蝶，每每在我滯重膠著的時候，透進天心一線亮光，給我擺脫地心引力的力量。

從很小的時候就喜歡《莊子》的一句話：「乘物以遊心」，但是用了很長很長的時光也沒有想得明白：我們的心究竟可以遨遊到多遠？

莊子自稱寫了一卷「謬悠之說，荒唐之言，無端崖之辭」，並且放言：「以為天下沉濁，不可與莊語」，所以我在床頭放了好幾年陳鼓應先生的《莊子今注今譯》，卻一直不敢以為讀懂一二。天地大道，法乎自然，莊子於虛靜中揮灑著他的放誕，於達觀中流露出些許狡黠，我情願用一生的體溫去焐熱這個智慧的名字，漸行漸遠，隨著他去「獨與天地精神往來」。

讀大三那一年，中文系浩浩蕩蕩去遊泰山，對中國文人而言，秦皇漢武曾經封天禪地的五嶽之尊就是一個成人儀式的聖殿，可以凌絕頂、小天下、見滄海、現我心。我們一群半大孩子，從凌晨三點就意氣蓬勃，趕著去看泰山日出。自中路而上，兩邊的石刻碑文像一卷徐徐展開的大書，古聖先賢端莊肅穆，一重又一重的激勵怦怦蕩開我們青澀年紀上正在長成的襟懷，因為相信「登山必自」，所以我們沒有人用拐杖助力，一步步用青春軀體丈量過這條千古勵志之路，真真切切體會到「士不可不弘毅，任重而道遠」的況味，一路晨光熹微，從墨黑的天色裡透出月白、水藍，直到嫣紅姹紫，燒出滿天雲蒸霞蔚……此一刻，我們剛好迎著山巔長風，感受了「海到盡頭天作岸，山登絕頂我為峰」的豪邁，這條迎著生命朝陽的朝聖之路，讓我忽然頓悟：這就是儒家的踐行之道，千里之行，積於跬步，直至天下擔當。

下得山來，第二天休整，我心中卻隱隱懸著一個不甘的願望，想去看看傳說中的後山。於是一個人偷跑出去，自清晨開始從後山小路獨自攀援。一九八〇年代中期的這條路並沒有修得太好，常常斷路，需要四肢並用，一路上除了泰山挑夫，罕見遊人。然而那是怎樣一番山川奢華的氣象啊——遍山蔥蘢，蓊蓊鬱鬱，山花肆意爛漫，怒放得不計成本，整座仲夏時節的泰山，生機盎然，充滿了靈動的深情……我心中返響出「天地有大美而不言，四時有明法而不議，萬物有成理而不說」這句話，又一次開悟：鮮有碑銘的後山用自然造化完成了對我生命的另一種成全，陽光中折射出莊子的微笑。

前山之路是儒，授我以使命，教我在社會人格中自我實現，以身踐行；後山之路是道，假我以羽翼，教我在自然人格中自我超越，心靈遨遊。如果以《三五曆紀》中盤古的寓言忖度，中國文化的人格理想當為「神於天，聖於地」，天地人三才共生共長。那麼，儒家給我們一方堅實大地，道家給我們一片自在天空，人在其中，是以心靈無疆。儒家教我們承擔了重任，而道家讓我們舉重若輕。

那一年，我十九歲，莊子成為我心中隱形的翅膀。

流光一閃二十年，紅了櫻桃，綠了芭蕉。生命的成長一如莊子的另一句話：「外化內不化」，對外在世界越來越多寬容感恩，融合於規則，而內心的執守日益打磨得堅毅無悔，不再懷疑是否真的可以用一生把夢想刻劃成真。

所以，當「百家講壇」選擇了我的時候，我願意把心中這雙翅膀放飛到所有人心的晴空之上。

在電視的講壇上，論的不是《南華真經》，讀的不是哲學典籍，能用來「講」的只是一己心得，但願千心萬心，有感有悟，性情所至，以莊子之名給自己一些華麗豪邁的夢想，讓生命境界擺脫「有用」事功，化為鯤鵬，暢意一回天地遨遊……

《莊子》選在春節開播，在中國人最在乎的這個大年裡，人們自覺不自覺地總會停下腳步，有意無意地做一番盤點。那麼，就讓我們用自己的生命啟動經典，用經典的力量還我們生命一副本來模樣，可以天真，可以飛揚。

此刻，我乘坐的航班從香港飛回北京，一座光影斑斕的城市在機翼下舒展開它的輝煌。再一次想起少年時儲藏於心的那句話：「乘物以遊心」，我如同反芻一般咀嚼了二十多年，仍然感到力不從心……「雖不能及，心嚮往之。」

列禦寇御風而行，猶有待也，我們的一己人生，要醞釀多少智慧和勇敢，才可以終至於「彼且惡乎待哉」的驕傲境界？

穿越千古塵埃，用莊子的名義問自己一個問題：今生今世，我們的心到底可以遨遊到多遠……

于丹　二〇〇七年二月十二日

於香港至北京航班上

目次

莊子何許人

于丹《莊子》心得之一

莊子是諸子百家中一個重要的代表人物。他的文章氣勢磅礴、縱橫恣肆；他的思想深邃宏闊、籠蓋古今；他的寓言想像奇特、寓意深遠；他的風格嬉笑怒罵、了無拘囿。他看破功名、不屑利祿，甚至對於死亡，他也有著自己獨到的見解。莊子到底是一個什麼樣的人呢？

今天我們來說一個人：莊子。

莊子這個名字歷代傳誦。大家都知道莊子是一個「乘物以遊心」，可以「獨與天地精神往來」的人。他上窮碧落下黃泉，嬉笑怒罵，說盡天下英雄，但其實他的內心並不激烈。

在《莊子》這本書中，都是一些「謬悠之說，荒唐之言，無端崖之辭。」看起來漫無邊際，但其實其中蘊含有大智慧。

我們關於莊子的生平能夠知道的很少很少，最早有確切記載的就是司馬遷的《史記》。莊子是戰國時候的宋這個國家的蒙地（今河南商丘東北）的人。他曾經做過漆園小吏，相當於現在一個保管員。他一輩子就生活在一個戰國紛爭、戰亂頻仍，而到處求賢若渴的一個時代裡。他隱居不仕，終老天年，沒有什麼社會的名分。

根據推測，莊子生活的時間大概在西元前三六九年到西元前二八六年之間，當然也有一說到西元前二七五年。他具體的生卒年月更是無從知道了。

《莊子》這本書，歷代被奉為經典。但是在所有的先秦經典中，它也許是最不帶有經典意味的，它帶給我們的是一種無邊無際的奇思異想。

根據《漢書・藝文志》上的記載，《莊子》傳世作品應該有五十多篇，但是到今天我們可以見到的，就只有三十三篇了。這就是晉代郭象整理出來、流傳至今的《莊子》。其中「內篇」是七篇，「外篇」是十五篇，還有十一篇是「雜篇」。

現在我們能夠確定的是，七篇內篇一定是莊子所做，而外篇和雜篇有可能是他的門人、學生、朋友以及後世得到莊子思想真傳的人寫的一些文章。

所謂「天下熙熙皆爲利來；天下攘攘皆爲利往。」

人生在世，從古至今，很難看破的就是名與利這兩個字。應該說，大家首先面臨的就是利益的紛擾和誘惑，因爲在這個世界上，人人都會面臨著經濟的問題，生存的困窘。莊子也不例外。

天地與我並生，而萬物與我爲一。
——〈齊物論〉

莊子的生活是什麼樣呢?從《莊子》裡的故事，我們可見一斑，他的生活一直是相當貧困的。

〈外物〉篇裡有這麼一個故事：

莊周家裡很貧困。有一天，家裡窮得實在是揭不開鍋了，等米下鍋。他就去找監河侯借米。監河侯是當時專門管水利的一個小官，看河的，生活比他要好一點。

這個監河侯對他非常熱情，說：「好啊，我馬上要去采地收稅金，你等著我，一旦把稅金全收上來，我一下就借給你三百金。」這個話說得很漂亮，三百金，這是多大的一筆錢啊!

莊子一聽，「忿然作色」，氣忿得臉色都變了，但他卻給這個監河侯講了一個故事：昨天我也從這個地方過，路上忽然聽到有人叫我的名字。我四下看了一下，發現在路上大車壓出來的車轍裡面，有一條小鯽魚，在那兒跳呢。

我就問鯽魚，在那裡幹什麼呢?小鯽魚說：「我是東海的水官，現在你要有一斗一升的水，就能救了我的命。」

我說：「好啊，我這就要去吳越那個地方，引來西江的水來救你。」

這小鯽魚說：「你要這麼說，不如早一點去賣魚乾的鋪子裡找我吧!」

真正的仁人志士不怕生活上的貧困，
怕的是精神上的潦倒。
——于丹心語

你看，莊子雖然幽默而有涵養，但並不是一個衣食無憂、生活富足的人。他還要處處求人，等米下鍋。

大家可能就奇怪了：這樣一個人有什麼資格逍遙遊呢？一個人，當他衣食不足、難保溫飽的時候，他怎麼還能有更高的追求呢？

莊子是怎麼看待自己的貧困的呢？在〈山木〉篇他又講了一個故事：

有一天莊子去見魏王。他穿著補丁摞補丁的破衣裳，鞋子也沒有鞋帶，隨便拿根草繩綁著，一副邋遢相。

魏王說：先生，你怎麼這般困頓啊？

莊子回答說：這是貧窮而不是困頓啊。讀書人有道德理想而不能實行，這才是困頓啊。大王你沒看見過跳躍的猿猴嗎？牠們在楠樹、梓樹和樟樹這樣的大樹上攀援跳躍，惟我獨尊，自得其樂，連善於射箭的后羿和蓬蒙對牠們也沒有什麼辦法；但讓牠們身處荊棘叢中，就只能小心翼翼，膽戰心驚，不敢亂跑亂跳了。這不是牠們身體不靈便，而是處在不利的情勢下，無法施展自己的才能啊。我現在就是生不逢時，要想不困頓，怎麼可能呢？

可見，莊子對自己身處的環境是有清醒認識的。真正的仁人志士不怕生活上的貧困，怕的是精神上的潦倒。

一個人可以困窘於貧困，但是他的內心是不是真正在乎這種貧困，對一個「利」字看得有多重，會決定他面對貧困的態度。

莊子自己對這個「利」字看重嗎？他周圍有的是有錢的人啊！他在〈列禦寇〉篇又講了一個故事：

就在他們宋國，有一個叫曹商的人。有一次他很榮幸地為宋王出使秦國。那個時候秦國是西部最強大的國家。

他走的時候，宋國只給他配備了幾乘車馬。曹商到了秦國，不辱使命，特別得到秦王的歡心，回來的時候，秦王浩浩蕩蕩送了他上百乘的車馬。

曹商回國以後，趾高氣揚，對莊子說：我這樣一個人啊，要讓我住在陋巷的破房子裡，窘困地每天織草鞋度日，人也餓得面黃肌瘦的樣子，要我這樣生活，我估計我沒有那能力。我的能力是什麼呢？見到大國強國的國君，討得他的歡心，換來百乘車馬這樣的財富，這是我的長處啊！

他誇耀完以後，莊子是什麼態度呢？他淡淡地對曹商說：我聽說這個秦王有病，遍求天下名醫給他治病。能夠治好他的膿瘡的人，就可以賞他一乘車馬；能為他舔痔瘡的，就可以賞他五乘車馬。給他治的病越卑下，得到的車就越多。曹商啊，你去秦國給秦王治痔瘡了吧？要不然你怎麼能帶回這麼多車馬啊？

莊子的話，可謂極盡辛辣諷刺之能事。同時也說明，「利」這個字是困不住莊子的心的。莊子的追求，已經遠遠超越了「利」，儘管他很貧窮。

說到我們今天，一個只擁有十塊錢的人，他的快樂未必不如一個擁有億萬身價的人。手中有多少金錢，並不能決定它在你心裡的分量。

在我們這個社會上，最快樂的人，既不是窮得叮噹響的，也不是家財萬貫、富比連城的，往往是那些由溫飽到小康的這一批人。因為他們的生活還不至於過分窘迫，同時，他們也還不至於被財富束縛，為財富擔憂。這些人是這個社會上的大多數，都屬於有資格幸福的人。但是，幸福不幸福都在你的心裡。

我有一個朋友，是做媒體出身的，後來開始從事房地產業，資產越做越大，事業越來越成功。他離開媒體的時候非常痛苦，因為媒體是他最喜歡的事業。但是為什麼要去做房地產呢？他說：因為我要為我的家庭和將有的孩子負責，要給他們幸福的生活。所以，我違背我的心，我必須要有更多的金錢。

他結了婚，有了一個非常可愛的兒子，錢掙得也很多了，生活也應該挺好的。忽然，他告訴我，他要移民了，去一個很遠很遠的國家，而且是先讓他的妻子帶著孩子去，而他自己還要留在國內掙錢。我問他：你那麼喜歡你的妻子、兒子，為什麼要搞得這麼妻離子散的啊？

他的回答大家可能想不到。他說：以我們家現在的家產，這個孩子如果在國內上學的話，我每天都會擔心孩子被綁架。所以，我要把他們送走。

這就是我們身邊的故事。「利」，真的是越大越好嗎？

莊子把這些東西看得很淡了。「利」束縛不了他。為「利」辛苦，為「利」奔波，卻喪失了自己很多的自由、很多的快樂，「心為形役」，太不值得了。

俗話說：「雁過留聲，人過留名」，破利不容易，破名就更難了，有多少人可能不為利所惑，卻為名所累。即使一個高潔之士，也希望名垂青史。

那麼，莊子是不是在乎名分呢？在高官美譽面前，莊子會採取一種什麼樣的態度呢？

名利名利，破名比破利還要難。很多人可以不為金錢所動，但是，卻難過名這一關。古往今來，有多少文臣武將一生追求的，就是死後追封的一個謚號，君王封他忠，封他孝，封他文，封他武，等等，等等。當這個謚號刻上墓誌銘，大概生前的一切失落都在這一個永恆的墓碑上得到了補償。

辛棄疾說：「……了卻君王天下事，贏得生前身後名。可憐白髮生！」一生就這麼過去了。

莊子在乎名嗎？我們知道，莊子這個人好學深思，富有雄才大略，但是他不愛說。

莊子說：「天地有大美而不言，四時有明法而不議，萬物有成理而不說。」所以他不愛說什麼。

〈秋水〉篇裡記載了這麼一個故事：

莊子有個好朋友，名叫惠施，人稱惠子。惠施當時就是個天下有名的雄辯家。

惠子在梁國做宰相，莊子就去梁國看望他。當時就有人跑去跟惠子說：莊子這個人來這裡，是要代替你做梁國宰相。

那惠子一聽，心裡就害怕了。於是，就發動他手底下的人到全國去找莊子，一連找了三天三夜。他一定要找到莊子，千萬不能讓他直接見梁王，萬一梁王真的把相位給他，自己怎麼辦呢？

莊子聽說這個事，就自己直接去找惠子，說：「南方有一隻鳥，名叫鵷鶵。這鵷鶵從南海飛到北海，不是梧桐樹牠不停下來休息，不是竹子的果實牠不吃，不是甜美的泉水牠不喝。牠是這樣一隻聖潔的鳥。有一隻貓頭鷹找到一隻腐爛的老鼠，抬頭看見鵷鶵剛剛飛過，就仰頭看著，大喊一聲：『嚇！』惠子啊，你現在這麼興師動眾地找我，是用你的梁國來嚇唬我嗎？」

其實，這就是莊子眼中的名。梁國相位，在他看來，就是一個腐爛的老鼠。

也許有人說，梁國這麼一個小國的相位，莊子可能也不在乎。其實，還有更大的相位送上門來的。

〈秋水〉篇裡講了這麼一個故事：

大家知道，戰國時期，楚國是個大國。那天，莊子正逍遙遙在濮水上釣魚呢。楚王派了兩個大夫去到莊子那裡，必恭必敬地說：「想要用我們國家的事勞煩先生您啊！」話說得很客氣，就是想要請他出山為相，希望把楚國的相位授給他。

莊子手拿魚竿，頭也不回，說：「我聽說楚國有一隻神龜，死了都三千年了，楚王還把它包上，藏在盒子裡，放在廟堂之上。你們說，這隻龜是願意死了留下骨頭被人尊貴呢，還是願意活著拖著尾巴在泥地裡爬呢？」

兩個大夫回答：「當然是願意活著在泥地裡爬啊！」莊子說：「那好吧，你們請便吧，讓我拖著尾巴在泥地裡活著吧！」

這就是莊子對送上門來的名的態度。

人心為什麼有自由？因為人可以不在乎。人的一生只能被你真正在乎的事情拘束住。如果你不在乎，那麼，還有什麼可以束縛你？

在很多時候，人生的勞頓要先問一問目的是什麼。也許有一個很高尚的回答，為了家人的幸福，為了單位的成功，為了貢獻社會，等等。但是，背後潛在的動機是什麼？我們每個人都問問內心：我們是不是給名和利在找一個堂而皇之的託辭？人生的很多時候，我們就是因為被名利一步一步吸引著，陷進一種無事忙的人生循環。

大家知道，人有時候會有一股無名火。你心裡不痛快，可又不能跟別人說，於是一個小小的事情就可以點燃導火線，讓這無名火轟然燃燒起來。

比如有一家公司，地位最高的是老闆。老闆因為某件事情不順利，就隨意指責呵斥下屬：這個工作你為什麼做不好？你的執行力為什麼這麼差？回去自己反省！趕緊寫一份報告！明天你要加班，把這個事情做好！

下屬無話可講，只能唯唯諾諾，點頭稱是。回家以後，這股無名火怎麼辦呢？就開始跟老婆喊：我辛辛苦苦在外掙錢，撐著這個家，讓妳能過這麼好的日子。妳呢？家沒管好，孩子也沒管好。妳就讓我過這樣的生活嗎？把老婆臭罵一頓。

老婆只好點頭哈腰，因為每個月要從丈夫手裡拿錢。但是，心裡又委屈，不平衡，無名火無處發洩，見到孩子進門，就去訓孩子：我為你這麼辛苦，我這一生都付出了，如此操勞，你學習還不努力！你現在這個成績，對得起我嗎？

孩子沒頭沒腦挨一頓罵，心裡憤怒，又不敢跟媽媽吵，回頭就罵家裡的小狗，一生氣又把小狗給打一頓。

狗得聽主人的，牠也有無名火，等一出門，無名火就撒在野貓的身上，追著野貓要咬。

貓知道打不過狗，也只好忍氣吞聲，就拚命地到處想去找耗子。只有在耗子的身上，貓的憤怒才能得到宣洩。

一個老闆的憤怒跟一個耗子的委屈之間，到底有多少個環節呢？憤怒把他們連接在一起。

其實，我們每一個人心裡都可能有無名火，我們真的想讓自己平息嗎？是別人給我們這麼多委屈呢？還是我們自己看不破名與利呢？

天下人為了名和利，熙熙攘攘，來來往往，其實都是心有拘囿。只要我們自己打破這個邊界，我們才有可能達到一種自由和逍遙。

莊子生活貧窮，但他不在乎利；莊子思精才富，但他不在乎名。那麼，他面對生死，又是什麼態度呢？

很多人活著的時候，對名與利兩個字看得最重。到了最後終極大限，名利可能不再重要了，還可以看得透，但是，生死那可就難以看透了。

紅塵在世，莊子曾說過，「寧其生而曳尾於塗中」，活在泥塘裡也比死了好啊。那麼，莊子能看破生死嗎？

莊子在〈至樂〉篇有這麼一個著名的故事：

莊子自己的結髮妻子先他而走了，他的好朋友惠子去弔唁。到了他家一看，莊子正坐在地上「鼓盆而歌」，敲著盆在那兒唱歌呢。

惠子質問莊子：你妻子為你生兒育女，現在老而亡故了，你不哭也就算了，卻敲著盆在那兒唱歌，你也太過分啦！

莊子就淡淡地對惠子說：不是這樣的啊！她剛走的時候，我心裡怎麼能不難受呢？但是我追本溯源，去觀察最初的開始，人不都沒有生命嗎？沒有生命就沒有形體，沒有形體就沒有氣息。生命又是怎麼形成的呢？天地之間，若有若無之際，聚起來一股氣息，氣息逐漸變成形體，形體又孕育出了生命，人就是這樣來的，現在生命又走向了死亡。這生老病死不就是跟春夏秋冬四季變化一樣嗎？現在我妻子又循著這條路回去了，此時此刻她在天地之間安安靜靜、踏踏實實地睡了，我卻要在這裡哭哭啼啼，不是太不懂生命的真諦了嗎？

看，這是親人的死亡！莊子能夠有這樣一種坦然的欣慰，因為他參透了生命的真諦。這種坦然的欣慰，在中國民間也能夠看到。比如，民間講究辦喜事有兩種，叫做紅白喜事。嫁娶和生子，是紅喜事，這是生命繁衍的開始，自然是一樁喜；壽終天年，為老人送行，是白喜事，也是一樁喜。

所謂紅白只是生命的兩端，紅是生命來臨之前的迎接，白是生命寂滅之後的相送。生與死之間，不過是一種生命形態的轉化。

如果我們真的具有莊子這樣的心態，也許我們會少了很多的牽絆和苦楚。但是，生老病死，人生極多憂苦坎坷，一旦自己驟然面臨生死，我們能坦然面對嗎？

那麼莊子是怎麼看待自己的死亡呢？莊子在〈列禦寇〉篇中講了這麼一個小故事：

莊子快死了的時候，他的很多學生就商量，老師如果真的死了，我們一定要厚葬他。

就是要好好安葬他，禮儀用品一定要豪華。

莊子聽了，跟他的學生們說，我死了以後，要「以天地為棺槨，以日月為連璧，星辰為珠璣，萬物為齎送。」這廣大天地就是我的棺材，日月星辰就是我陪葬的珠寶，天下萬物就是送我的禮物。

這是多麼奢侈的葬禮啊！這是多麼宏大的氣魄啊！

實際上，莊子的意思就是，你們不要搞什麼厚葬啦。我不要棺材，不要陪葬，不要禮物，你們就直接把我扔在曠野裡，交給天地自然就行了。

學生們顯然很為難。他們大概以為老師快死了說胡話吧。想來想去，還是要勸勸老師，就說：老師啊，要這樣，我們怕烏鴉、老鷹把你吃了。還是做個棺材埋在地下吧。

莊子說：把我放曠野裡，烏鴉、老鷹要吃我；把我埋在地下，那些螞蟻也要吃我。你搶下烏鴉、老鷹的口糧，餵給地下的螞蟻吃，幹嘛這麼偏心呢？

這個回答是那麼豁達和幽默。形體歸於天地，生死歸於自然。這就是莊子對自己的形體和生死的看法。

我們社會上現在有很多抗癌俱樂部，有很多的抗癌明星。過去一聽說人得了癌症，那幾乎就是判死刑的同義詞。可是現在很多癌症患者還能活很多年，為什麼？就是因為他的

人活在當下，在當下看破了名，穿透了利，不懼生死，
那麼，我們的心靈將擁有一個多大的空間、
一份多大的境界啊！
——于丹心語

內心樂觀豁達，不懼怕死亡，所以才可能戰勝死亡。

其實莊子從來就是一個不懼怕死亡的人。他不懼怕的方式就是「樂生」這兩個字，也就是說，活得好比怕死要強得多。

這個觀點跟儒家的思想不謀而合。孔夫子回答他學生關於死亡的問題時，回答了六個字：「未知生，焉知死？」人活還沒有活明白呢，幹嘛去想死亡的事呢？在這一點上可以說儒道相通。

孔子給我們揭示的都是一種溫暖的情懷和一種樸素的價值，就是「活在當下」。人活在當下，在當下看破了名，穿透了利，不懼生死，那麼，我們的心靈將擁有一個多大的空間、一份多大的境界啊！

可以說，莊子在他的這本書裡，留下了很多隱約的生活的影子。這裡面有很多判斷跟儒家彼此呼應。只不過儒家所看重的永遠是大地上聖賢的道德，永遠是人在此生中建功立業的信念；而道家看重的永遠是更高曠的蒼天之上的精神自由，永遠是人在最終成全以後的超越。

中國的儒家思想在社會這個尺度上，要求人擔當；但道家思想在生命層面上，要求人超越。擔當是我們的一份社會職責，超越是我們的一個生命境界。所以，從這個意義上

講，看過《莊子》中的很多故事，會通達他的一套生命哲學，這不是簡單地積極或消極，而是在我們生命的不同體系上給我們建立起來的一套參照系統。

以莊子的話說，人生至高的境界就是完成天地之間一番逍遙遊，也就是看破內心重重的樊籬障礙，得到宇宙靜觀天地遼闊之中人生的定位。

在這樣一個浩瀚的座標系上，讓人真正成為人，讓我們的內心無所拘囿，讓我們風發揚勵，成為理想中的自己。

讓現實中種種的窘困只在當下，可以看破，而在永恆生命的引領上，有這樣一番逍遙遊的境界，值得我們每一個人永遠去追尋。

于丹《莊子》心得之二

境界有大小

莊子用許多寓言故事告訴我們：一個人境界的大小決定了對事物的判斷，也可以完全改變一個人的命運。

站在大境界上，就會看到天生我材必有用。而站在小境界上，只能一生碌碌無爲。

那麼，我們應該怎樣區別境界的大小？又如何才能達到那個大境界？

在《莊子》的〈逍遙遊〉篇中，有一個核心的命題，就是：什麼是大？什麼是小？〈逍遙遊〉無限地拓展了我們的想像空間，告訴我們，世間的大，遠遠超乎我們的想像；世間的小，也同樣遠遠超乎我們的想像。因為真正的大與小不僅僅在眼界之中，還在人的心智之中；它絕不單純是一種文學描寫中的境界，更多的時候，它表現為生活裡面很多實用的規則。也就是說，人的這一生，小大之境應用不同，會帶給你不同的效果、不同的人生。

大家都知道惠施和莊子是好朋友，兩人之間有很多對話。《莊子》中寫到這樣一個故事：

有一天，惠子找到莊子，說：魏王給了我一顆大葫蘆籽兒，我在家就種了這麼一架葫蘆，結果長出一個大葫蘆來，看起來很豐碩飽滿，有五石之大。因為這葫蘆太大了，所以它什麼用都沒有。我要是把它一劈兩半，用它當個瓢去盛水的話，那個葫蘆皮太薄，「其堅不能自舉」，要是盛上水，往起一拿它就碎了。用它去盛什麼東西都不行。想來想去，葫蘆這個東西種了幹什麼用呢？不就是最後為了當容器，劈開當瓢來裝點東西嗎？什麼都裝不了了。所以惠子說，這葫蘆雖然大，卻大得無用，我把它打破算了。

莊子說：你真是不善於用大的東西啊！於是給他講了一個故事：

宋國有這麼一戶人家，他們家有一樣稀世的祕方，就是不皴手的藥，在寒冷的冬天，讓人手腳沾了水以後不皴。所以他們家就世世代代以漂洗為生。

有一天，一個過路的客人，偶爾聽說他們家有這個祕方，就來跟他們商量，說我以百金來購買這個祕方。全家人聽了，就聚在一起開會商量，說咱們家這個祕方，雖然由來已久，但是全家人這樣漂洗為生，才賺很少的錢。現在人家花百金，這麼多錢買個方子，幹嘛不給他？咱賣了吧！

這個過路的客人，拿了這個祕方就走了。他是去幹什麼呢？當時各個地方都在諸侯混戰之中，為了爭地而戰，那麼在東南部就是吳越之爭。吳越之地，正處水鄉。這個人從宋國拿了祕方直奔吳國，去遊說吳王。此時正好越國軍隊進攻吳國。吳王就派這人帶兵，選在寒冬臘月，向越國發起水戰。因為你有此祕方，軍士可以手腳不凍，不皴手，不生瘡，

有五石之瓠，何不慮以爲大樽而浮乎江湖，
而憂其瓠落無所容？
——〈逍遙遊〉

戰鬥力十足，而越人沒有這個祕方。這一戰吳國大勝。所以這個提供祕方的人，裂地封侯，立致富貴，身價非同一般。

這個方子給不同的人用，它可以帶來不同的人生效率。如果你擁有大眼界，你會看到同樣一個祕方，它可能會決定一國的命運，改變一個人的身分。

莊子告訴惠子說：大葫蘆也是一樣。你怎麼就認定它非要剖開當瓢使呢？如果它是一個完整的大葫蘆，你為什麼不把它繫在身上，去浮游於大江大湖上呢？難道一個東西，必須要被加工成某種規定的產品，它才有用嗎？

爲什麼相同的東西在不同的人手裡，可以產生完全不同的價值？莊子的寓言故事告訴我們：一個人境界的大小，決定了他的思維方式。人們常常以世俗的眼光，墨守成規地去判斷事物的價值。而只有大境界的人，才能看到事物的眞正價值。

我曾看過一本書，叫做《隱藏的財富》，裡面講了一個美國人的故事：

有兩個從德國移民美國的兄弟，一八四五年，來到紐約謀生。這弟兄倆覺得生活很艱難，就商量怎麼樣能夠活下去。作為外來的移民，哥哥原來還有一技之長，在德國的時候，他做泡菜做得很好。弟弟太年輕，什麼都不會。哥哥說，我們外鄉人在紐約這麼一個都市，太難生存了。我去加利福尼亞吧，我可以種菜，繼續做我的泡菜。弟弟想，反正我也沒有手藝，索性一橫心一跺腳，留在紐約，白天打工，晚上求學。他學習的是地質學和冶金學。

哥哥來到了加利福尼亞的一個鄉間，這裡有很廉價的土地，就買下來種捲心菜，成熟後用來醃泡菜。哥哥很勤勞，每天種菜醃泡菜，養活了一家人。

四年以後，弟弟大學畢業了，到加利福尼亞來看望哥哥。哥哥問弟弟：「你現在手裡都擁有什麼呀？」弟弟說：「我除了拿個文憑，別的什麼都沒有。」哥哥說：「你還是應該跟我扎扎實實地幹活啊。我帶你看一看我的菜地吧。」

弟弟在菜地裡，蹲下來看了看菜，然後扒拉一下菜底下的土，在那兒看了很久，進屋去拿了一個臉盆，盛滿了水，把土一捧一捧地放在裡面漂洗。

他發現臉盆底下，有一些金燦燦的、亮閃閃的金屬屑。然後，他非常驚訝地抬頭，看著他哥哥，長歎一聲，說：「哥哥，你知道嗎?你是在一座金礦上種捲心菜！」

其實，有太多的時候，我們安然地享受著生活帶給我們的秩序。日復一日，我們早晨起床，白天工作，晚上睡覺。大家怎麼生活，我們也怎樣生活。我們用手中的一技之長，養家餬口，過很安穩的日子。我們從來沒有跳出自己現有的經驗系統，重新質詢一下：我還可以換一個方式生活嗎？我目前所擁有的這些技能，還有沒有可能讓它發揮更大的用處？

莊子在〈逍遙遊〉裡給我們提出了一個永恆的問題：什麼叫做有用？

作為家長，我們可能會跟孩子說，你趴在窗臺上看了一下午蝴蝶，做的是沒用的事。這一下午，如果你練鋼琴，是有用的。

我們可能跟孩子說，你這一下午就在和泥巴、搭城堡，這是沒用的。這一下午，如果你練打字，是有用的。

我曾經見過一個科學實驗，把一個會跳的小蟲子放在瓶子裡。牠明明可以跳很高，但試驗是把蓋子蓋上以後讓牠跳。小蟲子一跳，啪，碰到了頂蓋掉下來了，再一跳，又碰到頂蓋掉下來。牠反覆跳躍，卻越跳越低。這時候，你把蓋子再擰開，看見這小蟲子還在跳，但牠已經永遠不會跳出這個瓶子了，因為牠認為，頭頂上那個蓋子，將是不可逾越的。

我們今天的教育，有一種可悲的現象，就是父母用自己全部的愛，為孩子規定了太多的戒律，捂上了太多有用的蓋子。

只有打破這種常規思維，
我們才有可能去憧憬真正的逍遙遊。
——于丹心語

我們讓孩子們認為，作為一個葫蘆，它以後只能成為瓢，而不能成為一個巨大的游泳圈，帶著人浮游於江海。作為一塊土壤，上面只可以種菜種糧食，沒有人去追問土壤下面可能埋藏的礦藏。

我們以一種常規的思維，束縛了自己的心智。由我們常規的生活態度，規定了我們可憐的局限。這種局限本來是可以被打破的。只有打破這種常規思維，我們才有可能去憧憬真正的逍遙遊。真正的逍遙遊，其實就是無羈無絆的。

有用和無用是可以相互轉化的。難道一個人一定要循規蹈矩、按照程式、按照規則去設計自己的人生嗎？有這樣一個故事：

一個大公司要招聘發報員，凡是熟悉國際通用的摩爾斯密碼的人，都可以來應聘。很多應聘者聞訊而來，被安排在公司的辦公大廳裡等候面試。

大家來了以後，就發現這個環境太嘈雜了。這個大公司業務繁忙，辦公大廳裡人來人往，有的在互相談話，有的在打電話，人聲嘈雜。幾十位應聘者一排一排坐在這個環境裡等候。面試是在大廳盡頭的一個神祕的小屋子裡。大家就這麼等著，等待人事經理來叫人。

這個時候，來了一個遲到的小伙子。他排在應聘者的最後，連座位都沒有了。他站了一會兒，然後就徑直往那個神祕的小屋子走去，推門而進。所有人都很奇怪：他為什麼不排隊就進去了呢？

過了一會兒，主管招聘的人事經理，帶著小伙子從小屋子裡出來了，對所有坐著的應聘者說：「對不起，這個發報員的職位已經有人了。你們可以回去了。」

所有應聘者都憤憤不平：「這個小伙子遲到了，還徑直闖進門去，居然就得到了職位！我們等待這麼久，你一個問題都沒問，連機會都沒給我們，就被辭退了。為什麼？」

人事經理緩緩回答：「我們特別選擇了在這樣一個嘈雜的環境裡應聘。人聲鼎沸，而就在這個環境中，一直在發送著一種摩爾斯密碼的電波，解讀出來的意思是：『誰要是聽懂了這個密碼的話，現在請直接進入小屋子。』」

這個小伙子雖然來晚了，但他在嘈雜的環境中，聽懂了密碼語言，所以他成功了。他沒有像其他應聘者那樣，按照既定的規則，坐在那裡等待。所以他才是真正懂得這個密碼的人。他配得到這個職位。

這是一個現代生活裡的故事。這樣的機遇，誰說不會隨時出現在我們的身邊呢？

我們都知道，莊子是一個大智之人。大智慧者，永遠不教給我們小技巧。

他教給我們的是境界和眼光。

這種逍遙遊的境界，我們心嚮往之。但是，這種完整地看待一個事物的眼光，我們真正了然於心了嗎？如果我們有這樣的眼光，你也會抓住從你眼前走過的每一個機遇。

今天我們經常提到一個很時髦的詞，叫做核心競爭力。其實我們每一個人，應該問問自己：我的核心競爭力是什麼？

所謂核心競爭力，是不可仿效的，是惟一的。在今天這個時代，沒有什麼是最好的，只有什麼是惟一的。

一個葫蘆如果長得小，可以當瓢，它是有用的。一棵樹長得小，它可以去做桌子、椅子，它是有用的。一個葫蘆長到最大，不必把它破開，可以把它當游泳圈一樣浮於江海，它還是有用的。一棵樹長到最大，可以為人遮風避雨，它也是有用的。

一個人，永遠不要去羨慕他人。你質詢自己的心，問一問：我的核心競爭力究竟是什麼？我究竟有哪一點是不可替代的呢？

《莊子》裡面，講到很多樹的故事。在〈人間世〉篇中，莊子講述了一個故事，一個關於樹的故事：

一個姓石的木匠到齊國去，路上看到有一棵櫟樹。這棵櫟樹被這個地方人奉為社神來祭祀。

一個人，
永遠不要去羨慕他人。
——于丹心語

這棵樹有多大啊？莊子的形容往往很誇張。他說，這棵樹的樹蔭可以遮蔽幾千頭牛在這樹底下乘涼，量一量樹幹可以達到百尺粗，跟山一樣高，多少丈以上才生枝幹。

這棵大樹吸引了好多人來觀賞，但石木匠看也不看一眼，就離開了。他的徒弟問師父：「這麼好的木材為什麼看都不看呢？」

石木匠說：「這種樹木是沒用的散木，木質不好。用它做船，那船很快就沉；用它做棺材，這棺材很快會腐爛；用它做器物，這個器物很快就會折斷；用它做門，這門會流汙漿；用它做柱子，會被蟲蛀。所以，這是『不材之木』，做什麼都不行。」

晚上，石木匠夢見這棵櫟樹來跟他說話。

櫟樹說：「使予也而有用，且得有此大也邪？」你說我是一棵沒用的樹，如果我有用的話，不就早給你們砍掉了嗎？我能活到今天這麼大嗎？

這棵散木說，你看那些果樹和瓜果，那是大家所認為的有用之材，每年碩果纍纍，大家對它讚不絕口，結果是大枝子全都被撅斷了，小枝子全都被拉彎了，那上面結的果實，年年一熟了，人們就來剝奪它。因為它們有用，所以傷害了自己，早早就死了。我就是因為沒用，所以才保全了自己。這正是我的大用啊。

〈人間世〉篇裡，莊子又借南伯子綦的口說：在宋國荊氏這地方，適合種植楸樹、柏

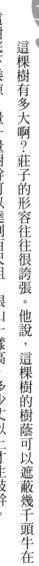

樹和桑樹。這個樹木長到一握兩握這麼粗，想用它來拴猴子做椿子的人，就來砍樹了；如果樹木長到三圍四圍這麼粗，想用它做房梁的人，就來把樹砍走了；如果長得再大，有七圍八圍的樹，那有富貴人家想做棺木，就來砍樹了。

這樹木從小到大，不論長到哪個規格，總會有一種低廉的、有用的價值觀來評價你，把你雕琢為某種器具。但是如果你長得超乎人的想像，成為百抱合圍的大樹，就能夠保全自己的性命了。

我在西藏的林芝地區，曾經看到過一棵大樹。那是我所見過的最大的樹，要二十來人手拉著手才能圍住。長到那麼大的樹，就變成大家朝聖的對象了。誰去了都要去看一看它。大家在樹底下唱歌跳舞，喝青稞酒。那個場景，和莊子描述的一模一樣。大家以這樣的心態來對待它的時候，還有誰會想把這棵樹砍了，回去做個箱子、櫃子呢？

一棵樹不能成爲棟樑，但卻能長成參天大樹，成爲人們朝聖的對象。莊子的寓言對於我們現代社會中急功近利的追求不是一個提醒嗎？

當我們以世俗的小境界去觀察事物時，常常會以眼前的有用和無用來進行判斷。當你具有大境界時，才能夠理解什麼叫做「天生我材必有用」。

那麼，我們如何才能達到這種大境界呢？

我們今天所謂的有用，可能都是一些局部的有用。而真正的有用，是一種用大眼界度過的大人生。

蘇東坡有一句詩：「小舟從此逝，江海寄餘生。」李白也一樣，一輩子謔浪笑傲，一輩子不服權貴，到年老的時候，杜甫去看他，問他，還有什麼遺憾的事？

李白說，我就是求仙問道，煉丹還沒煉好，想起晉代寫《抱朴子》的葛洪葛神仙，我從心裡覺得對不住他。杜甫聽得瞠目結舌：一個上不愧皇帝、下不愧父母的詩仙，偏偏覺得自己對葛洪有愧。這是一種什麼樣的人生啊！所以，杜甫為他寫了一首絕句：

> 秋來相顧尚漂蓬，未就丹砂愧葛洪。
> 縱酒狂歌空度日，飛揚跋扈為誰雄？

李白一生奔波，到老年依然漂泊，「秋來」指人生晚秋，但他似乎毫不介意。這就是李白的人生：「縱酒狂歌空度日，飛揚跋扈為誰雄？」

這「為誰雄」三個字問得好！在這個世界上，李白不為君主，不為青史，不為功名，他不需要留下一個封號，他為的只是自己的心。所以，他是一個無所羈絆的天地英雄。

這種天地英雄就是中唐李賀在詩中所說的：「世上英雄本無主。」我們不要老是覺得，那種效忠於君王的忠臣死士是英雄。真正的英雄，是能夠為自己的心做主的人。這樣的一種由自己的心智而決定的人生，會給我們每個人開拓出不同的境界。這就是生命的覺悟。

「覺悟」這個詞是一個佛家語。大家可以看一看，「覺悟」這兩個字的寫法很有意思，「覺」字的下面有一個「見」，「悟」是左邊一個豎心，右邊一個吾。「悟」其實就是我的心。覺悟，用我們今天的話說，就是「看見我的心」。

我們問問自己，終其一生，有幾個人看見了自己的心？你可以了解世界，你可以了解他人，只有看見自己的心，才是覺悟。

覺悟在佛家禪宗的開悟中，被描述為兩個階段：

覺是第一個階段，比如說你聽到了某種知識，有一個人跟你說了一句話，突然之間眼界通透，所謂醍醐灌頂，這叫有所覺。

但是你在一生的長長的修為，遇到任何一個事情，要反觀內心，去思考，去明白，日覺是一個瞬間，悟是一個過程。
把所有覺的瞬間，與長長一生的悟結合起來，
你所到達的就是終於看見我的心。這是人生的大覺悟。
——于丹心語

積月累，這個長長的、參化的過程叫做悟。

覺是一個瞬間，悟是一個過程。把所有覺的瞬間，與長長一生的悟結合起來，你所到達的就是終於看見我的心。這是人生的大覺悟。

《三字經》中說，人之初，性本善。但爲什麼從古至今，這個世界上總是充滿了爭鬥？

莊子的人生哲學，就是教我們要以大境界來看人生，所有的榮華富貴，是非紛爭都是毫無意義的，最重要的是你能不能有一個快樂的人生。

那麼，我們怎樣才能獲得一個快樂的人生呢？

這個世界上種種的爭鬥，看起來很殘酷，但是在莊子的筆下又很可笑。

莊子在〈則陽〉篇曾經講到這樣一個故事：

兩個國家，一個叫觸氏，一個叫蠻氏，為了爭奪土地而戰。打得曠日持久，死亡慘重，血流漂櫓，民不聊生。

最後莊子告訴你，這兩個國家爭的是多大的土地呢？觸氏跟蠻氏，一個住在蝸牛的左

犄角裡，一個住在蝸牛的右犄角裡。

這難道不可笑嗎？

大家去看《左傳》，看先秦的史傳散文，會發現一個觀點，叫做「春秋無義戰」。大家都在打著正義的旗號，其實在這種爭鬥中，誰都沒有絕對正義可言。正義只不過是一個爭殺的幌子而已。所以，當你明白他們可爭的土地，最大也大不過一個蝸牛殼的時候，我們會得出一個什麼結論呢？

我們的生命都像電光石火一樣轉瞬即逝。在這麼有限的生命裡面，不管你是貧窮還是富貴，不論你度過什麼樣的人生，最不應該扔掉的是歡樂。

如果斤斤計較，心胸不開，此生不能做到笑對人生，那麼你這個人還有太多太多的癡迷，而沒有看得通透。

有人問佛祖：「什麼叫做佛？」

佛祖的回答是：「無憂是佛。」

人生真正想要達到逍遙之境，需要打破我們的常規束縛，以一種逆向思維，把這個世間中看似天大的事，關於戰爭、關於政治、關於仇殺、關於恩怨，都把它看小了去，看作蝸牛殼裡的紛爭，看作電光石火的瞬間事。另一方面，把我們自主的靈魂放到無限之大。

人生至高的境界是一種靈魂生活，
這種靈魂生活是主善的。
——于丹心語

我記得豐子愷先生曾經講過，人的生活可以有三重境界，分別主真、主美、主善。我們的物質生活是主真的。每一個人在現實生活中，有規則，有職業，要順應很多很多的要求，但求真實而已。

第二重生活是審美生活。這種審美是兩三親朋好友在一起聽聽音樂、品品詩詞，完成一種文學的陶冶，藝術的享受。這一重生活是主美的，因為它完成了一個審美的過程。

人生至高的境界是一種靈魂生活，這種靈魂生活是主善的。

人生的境界有大小，而我們過往的生活，大體相同。

重要的不在於客觀上我們有什麼樣的寄寓，而在於主觀上我們有什麼樣的胸懷；不在於客觀提供給我們哪些機會，而在於我們的心智在有用與無用的判讀上，主觀確立了什麼樣的價值觀。

當我們過分急功近利的時候，我們失去了春花秋月，難道不惋惜嗎？我們失去了與孩子、老人的天倫之樂，難道不遺憾嗎？我們失去了很多逍遙遊的機會，讓自己的年華迅速老去，卻積累了一大堆無用的事功，難道內心不愧疚嗎？

今天我們重新審視莊子，以覺悟的態度反觀內心，目的就是讓我們每一個人釋放自己，盡可能達到一個逍遙遊的境界。

于丹《莊子》心得之三

感悟與超越

名利二字，是多少人一生的追求。但是，要想眞正感悟莊子逍遙遊的境界，就一定要能夠超越名利。而有一個淡泊的心態，是超越名利的基礎。

那麼，怎樣才能做到淡泊爲大？怎樣才能從莊子的故事中感悟世間的道理？怎樣才能超越自我，達到一個理想的境界？

超越這個話題，我們在生活中經常談到。什麼是真正的超越？超越基於現實世界的認知，辨別在紛雜的現實生活中，什麼是恆定不變的，本質是什麼。

先說一個題外話。

據說大清乾隆皇帝下江南的時候，在鎮江金山寺，他問當時的高僧法磐：「長江中船隻來來往往，這麼繁華，一天到底要過多少條船啊？」

法磐回答：「只有兩條船。」

乾隆問：「怎麼會只有兩條船呢？」

法磐說：「一條為名，一條為利，整個長江中來往的無非就是這兩條船。」

司馬遷在《史記》中說過：「天下熙熙皆為利來，天下攘攘皆為利往。」除了利，世萬物一齊，孰短孰長？
道無終始，物有死生，不恃其成。
——〈秋水〉

人的心中最看重的就是名了。多少人辛苦奔波，名和利就是最基本的人生支點。

那麼，莊子對名和利是怎麼看的呢？莊子在〈逍遙遊〉裡，講到了這樣一個「堯讓天下於許由」的故事。

大家都知道，堯被中國古人認定為聖人之首，是天下明君賢主的代稱。許由呢？是一個傳說中的高人隱士。

莊子寫道，堯很認真地對許由說：「日月出矣，而爝火不息，其於光也，不亦難乎！時雨降矣，而猶浸灌，其於澤也，不亦勞乎！」當光明永恆的太陽月亮都出現的時候，我們還打著火把，和日月比光明，不是太難了嗎？及時的大雨落下來了，萬物都已經受到甘霖的滋育，我們還挑水一點一點澆灌，對於禾苗來說，不是徒勞嗎？

堯很誠懇地對許由說：先生，我看到你就知道，我來治理天下就好像是火炬遇到了陽光，好像是一桶水遇到了天降甘霖一樣，我是不稱職的，所以我請求把天下讓給你。

大家看看，這辭讓的可不是小官位啊，這是堯要把天下讓給許由！許由又怎麼說的呢？

許由淡淡地回答：你治理天下已經治理得這麼好了，那麼，我還要天下幹什麼？我代替你，難道就圖個名嗎？「名者，實之賓也，吾將為賓乎？」名實相比，實是主人，而名

人需要看清自己的目的，
看清自己的方向，看清眼前的權衡。
——于丹心語

是賓客，難道我就為了這個賓客而來嗎？還是算了吧。

許由接著說了一個很經典的比喻：「鷦鷯巢於深林，不過一枝；偃鼠飲河，不過滿腹。」他說，一個小小的鳥在森林裡面，即使有廣袤的森林讓牠棲息，牠能築巢的也只有一根樹枝。一隻小小的偃鼠在河裡飲水，即使有一條湯湯大河讓牠暢飲，牠頂多喝滿了牠的小肚子而已。

我們想一想，人生有涯，一個人這一輩子能吃多少飯呢？能占多大的面積呢？人往床上一躺，你睡覺的地方也就這麼大，不管你住的是三百平方米的豪宅，還是一千平方米的別墅，你實際需要的空間跟別人都一樣。

淡泊為大。許由這樣的一種寧靜致遠的淡泊心智，可以連天下都辭讓出去，就是一種博大的境界和情懷。

黎巴嫩著名的詩人紀伯倫曾經感歎：「我們已經走得太遠，以至於忘記了為什麼而出發。」

我曾經聽過這樣一個故事，說一個人有一天想要往牆上掛一幅畫，就忙忙叨叨地找來錘子和釘子。當他把釘子釘進牆後，卻發現這個釘子根本掛不住這幅畫。怎麼辦呢？他說，那就只能往牆裡揳一個小木楔子，然後再釘釘子。

他去找木頭。找到木頭發現太大，又去找斧子。找到斧子，發現對付木頭不順手，又去找鋸子。鋸子有了，又發現鋸條斷了，又去找鋸條。這樣一件一件東西找下來，等到他把所有的東西都湊齊了，他已經不知道要幹什麼了。他早就忘記了那幅畫了。

其實這很像我們今天的生活。我們在行走，我們在奔波，我們終日忙忙碌碌，但是我們忘記了為什麼而出發。

很多時候，我們會置身於這樣的茫然中。所以，人需要看清自己的目的，看清自己的方向，看清眼前的權衡。

生活的大道理，人生的大境界，有的時候，都是從生活中的最細微處去發現、去感悟的。

那麼，怎麼樣才能從細微處見出大境界呢？

有的時候，大境界是從眼前的小物件上看出來的。也就是說，要看到大境界，在於我們有沒有安靜的心靈，有沒有智慧的眼睛。只要我們可以讓心靜下來，真正擁有了空靈之境，讓我們眼睛敏銳起來，我們就會看到在不經意處，有很多至極的道理。

要看到大境界，
在於我們有沒有安靜的心靈，
有沒有智慧的眼睛。
——于丹心語

人們可以從不經意的地方，從最小的細微處，看出精妙的大道理。
關鍵在於你是不是用心，是不是能夠從這些個細節裡面，
真正獲得你自己需要的知識和感悟。
——于丹心語

世界著名的男高音帕瓦羅蒂在年輕的時候，剛剛開始在音樂界聲名遠揚，整個人一直非常緊張，而且他覺得他用來唱歌的嗓子不堪重負。

有一次，他在全世界巡迴演出，非常疲憊。晚上他在一個酒店裡面翻來覆去睡不著，生怕自己再唱下去，嗓子會支撐不住。

這個時候，隔壁的那個客房裡有個小嬰兒在不停地哭鬧。顯然，這孩子是個哭夜郎，一直在一聲接一聲地哭。帕瓦羅蒂煩惱極了。他越睡不著覺，就越煩，就越睡不著覺。突然，帕瓦羅蒂想到一個問題：這個小嬰兒哭了幾個小時了，為什麼聲音還那麼洪亮？他已經不想睡了，認真地聽，細細地想。後來他終於發現了，由於小嬰兒一切都沒有發育，他是不會單獨用嗓子的，嬰兒的哭聲用的是丹田之氣，所以嗓子不會嘶啞。

帕瓦羅蒂想明白了：我們成年人的身體的各個部位可以獨立運用，唱歌時獨立運用的是嗓子，唱不了多長時間就會嘶啞。如果我們學會用丹田運氣的話，也許就會省了嗓子。

帕瓦羅蒂得到這個啟發，就開始學著練習運用丹田氣唱歌，這使得他的歌唱藝術得到了飛躍。不僅這一次巡迴演出大獲成功，而且奠定了他在世界歌劇舞臺上崇高的地位。

這個故事告訴我們什麼呢？人們可以從不經意的地方，從最小的細微處，看出精妙的大道理。關鍵在於你是不是用心，是不是能夠從這些個細節裡面，真正獲得你自己需要的

知識和感悟。

我們有什麼樣的眼睛，就有什麼樣的生活。

有很多人一生追逐成功，渴望輝煌。不要說辭讓天下了，連一個小位置，甚至一個小小的兼職機會都不肯放棄。因為我們耐不住寂寞，我們需要這種外在的輝煌，來證明我們自己的能力。

有這樣一句話：在真正的比賽中，冠軍永遠跑在掌聲之前。

這句話很耐人尋味。大家想一想，一個跑步比賽，不管是一百米還是馬拉松，冠軍跑到終點之前，聽眾席上是沒有掌聲的；只有當冠軍衝過了線，掌聲才會響起。所以，落後的運動員聽到的掌聲比冠軍要多。

冠軍是在寂寞中第一個衝到終點的人，而這種寂寞，最終會打開掌聲的輝煌。所以，冠軍永遠跑在掌聲之前。

其實這句話對我們每一個人都是一種啟發。

古人的散淡，古人的恬靜，古人的辭讓，到底是為什麼呢？他們留一份寂寞給生命，讓生命終於可以開闊靈動起來。

而今天，我們卻希望用繁忙驅散心頭的寂寞。寂寞不是一件好的東西嗎？

> 我們有什麼樣的眼睛，
> 就有什麼樣的生活。
> ——于丹心語

有時候，寂寞並不意味著愁苦。其實，寂寞意味著一段靜止下來的時光，當你自己獨自面對寂寞的時候，有可能會看到你意想不到的境界。

眞正的大境界，用莊子的話説，叫做「旁礴萬物」，可以凌駕萬物之上，將萬物融和爲一體。

每個人的經歷不同，稟賦各異，將最終決定自己的眼界，決定自己的命運。

這種境界在〈逍遙遊〉裡面有過描述。莊子講述了一個寓言：有兩個修道之人，一個叫肩吾，一個叫連叔。一天，肩吾對連叔說：我聽說有這樣一個不可思議的神人，他住在姑射之山上。「肌膚若冰雪，淖約若處子」，他的肌膚晶瑩剔透，像是從來未被汙染的冰雪一樣的潔淨，神態像處女一樣天真柔美，沒有煩惱。他「不食五穀，吸風飲露」，根本不用吃五穀雜糧，他可以駕著飛龍，乘著雲氣，「遊乎四海之外」，可以自由翱翔於天地之間。他只要稍稍一凝神，就可以使五穀豐登，使這一年裡沒有任何的災害。肩吾說：我可不信這樣的事情，哪有這樣的神人呢？

連叔說：我告訴你吧，這個世界上，你無法和瞎子一起欣賞文彩的美麗，你無法和聾子一起欣賞鐘鼓的樂聲。你只知道人的形體有瞎子、有聾子、有外在的殘疾，你不知道人的心智上也有這樣的殘疾。這話說的就是你這種人。說因為你沒有那麼開闊的眼界，沒有那麼博大的胸懷，所以你不相信可以有這樣的人。我告訴你，這樣的人確實存在。「之人也，之德也，將旁礴萬物以為一。」這個神人啊，他的道德啊，可以凌駕萬物之上，將萬物融和為一體。旁礴，就是磅礴。

連叔用了一個激動人心的詞：「旁礴萬物」，其實，就是讓自己成為天地至尊。這種磅礴萬物不一定借助神仙功力，這往往指的是我們內心。

當一個人在這個世界上可以「仰觀宇宙之大，俯察品類之盛」，當天地萬象完全在你的眼界之中，我們的心怎麼不能磅礴萬物呢？

莊子在書當中多次提到「心遊萬仞」，多次提到「獨與天地精神往來」，這不就是磅礴萬物嗎？

所以，連叔說：「之人也，物莫之傷。」外物傷害不了這個神人：洪水滔天可以吞沒一切，但是淹不死他；大旱可以讓金石熔化、土山烤焦，他也不覺得熱。為什麼呢？因為他的心有這樣的定力，這樣的功力，這樣的境界。

其實，這樣的一個神人，顯然是莊子杜撰出來的神話人物。莊子最終的落點不是給你講神話，而是給你談人生。人生的經歷不同，稟賦各異。經歷和悟性最終決定了你的眼界。

反過來說，一個人的生活完全是可以由態度來改變的。一個人先天的性格、後天的機遇、固有的價值觀，最終會決定自己的命運。

我們經常說，命運這個東西太客觀了，完全依附於機遇。其實，你自己有什麼樣的價值觀，就會決定你的取捨。

我們需要一種清明的理性。這種理性是在這個嘈雜的物化世界中拯救生命的一種力量。同時，我們也需要一種歡欣的感性。這種感性之心可以使我們觸目生春，所及之處充滿了歡樂。

關於這兩個意象，在宋代的筆記當中有一個特別有意思的記載。蘇東坡和佛印經常共同出遊，看到很多的事物情景，但是他們各自有自己的解讀。

有一天，兩個人結伴出遊，見到一個木匠鋪，看見木匠自己在那兒正在做傢俱。木匠拿出一個墨盒，「啪」一彈墨線。

佛印見了，馬上就拿起這個墨盒來，做了一首詩：

吾有兩間房，一間賃與轉輪王。
有時拉出一線路，天下邪魔不敢當。

這詩是拿墨盒做比喻。墨盒有兩個墨池，就是「兩間房」；墨盒裡面不有一個輪子嗎？墨盒的一頭通過輪子把這個墨線拉出來，叫做「賃與轉輪王」。這個墨線彈出一條筆直的線，就是正直與準則。在這樣正直與準則的標準制衡之下，所有的妖魔鬼怪是不能抵禦的。這就是說，人的心中要有一把尺子，做人要有底線，不能超越這個世界上行為的守則。這就是理性。

蘇東坡也做了一首詩：

吾有一張琴，五條絲弦藏在腹。
有時將來馬上彈，盡出天下無聲曲。

蘇東坡說，我也有一樣東西，不是墨盒而是一架琴，五條琴弦都藏在我的肚子裡。我自己隨興所至的時候拿出來就彈，但曲聲是別人聽不到的，只有我的心智可以聽到，「盡出天下無聲曲」。

這無聲的音樂是至極的天籟，這琴就是人心中感性的歡欣。每到一處地方，每見一個風景，心中便有一種悲憫之情自然生發，一種歡欣之意自然流露。

其實，蘇軾與佛印分別代表了我們人格理想上的兩個支點，叫做「依於仁，游於藝」。

「依於仁」，指一個人內心要有仁愛的準則。這是一種標準，就像墨盒彈出墨線一樣，清清楚楚，不容置疑，定為標準。「游於藝」，就是人的自由境界，就是蘇東坡心中的那架琴，可以自由演奏內心的音樂。一個人擁有了這樣的一種心遊萬仞的境界，擁有了這樣一種自由歡暢的心靈，他在這個寂寞的世界上還會不果敢嗎？他面對所有的紛紜萬象時，還不能超越嗎？

不同價值觀念的人，在經歷相同的事情時，會得到完全不同的人生感悟。莊子提出，道法自然，道無所不在。那麼，怎麼樣才算是道法自然了呢？

「遊」是個動詞。「遊」告訴我們，人想要體驗逍遙，必須要有一種動態的系統，也就是說，讓你生活有更多的靈動，不要讓它僵死，要善於打破常規。因為在這個世界上，有這樣一種辯證的關係，真正穩當的東西都處在動態之中。

比如陀螺旋轉，這是一個特別有意思的現象。真正會抽陀螺的人，總是不停地讓陀螺旋轉著，旋轉就是它的價值。等陀螺一旦靜止下來，就失衡了，就倒地了。所以動態是最好的平衡。

我們都會騎自行車。自行車如果靜止擺在那兒的時候，得靠車支子才能立住，兩個輪子是立不住的。但是騎起來以後，兩個輪子就可以行進，為什麼呢？因為它在動態中保持了平衡。這在靜態中做不到。

我們今天的生活中，有太多人應對挑戰的時候，感到失去了心理的平衡，那是因為世界在動，而你不動。

時代在變遷，一個人真的能做到與時俱進，真的能做到取捨自如，以一種清楚的眼界給自己確定準則，並且以這樣心遊萬仞的心態去調整自己的生活秩序，永遠保持動態中的平衡，你就永遠不會倒，你永遠是行進中的自行車和旋轉著的陀螺。只有當你靜止下來，你才會真正倒下。你倒下來是沒有外力可以拯救的。

每個人看見的世界大體相同。但每個人得出的經驗與道理卻大相逕庭。這關係到兩點，第一是智慧，第二是慈悲。我們有沒有能力從一草一木中得到啟發？能不能夠以一種善良在一花一葉上體現關懷？

莊子對於一個葫蘆、一棵樹、一隻小狸貓、一隻小鳥，都抱有慈悲。他會自然而然地尊重它們先天的物性，從來不以一種人為的標準去刻意地要求改變。

莊子說過這麼一個故事：

有個宋國人想到越國去賣帽子。這個宋國商人按照自己的認識和理解，覺得越國地處蠻荒之地，沒見過帽子，我要去那兒賣的話肯定生意興隆。可是到了那裡才知道，越國人「斷髮文身」，就是剪了頭髮，身上刺著花紋，風俗習慣和中原地區完全不同，根本用不著帽子。

莊子的這個故事告訴我們，不要以自己想當然的價值觀去評估這個世界。

我們在很多時候都會感到憤憤不平，說，為什麼會這樣？為什麼會那樣？這是因為我們的心帶有成見。

我們做了多少自以為是地去「斷髮文身」之地推銷帽子的事情，然後又抱怨生活給我的機遇不夠好。其實這就是缺乏智慧。

由於我們看到的功利的、所謂有用的事情太多，所以，我們已經失去了這種悲天憫人的情懷。

什麼是生命逍遙之境？

這種逍遙絕不是人的生命凌駕於外在世界之上、跟萬物成為對抗的一種自尊霸主。這種逍遙需要用我們的心、我們的眼、我們的呼吸、我們的行動與世間萬物緊密相連，水乳交融。

這種逍遙需要我們能夠欣賞花開、聆聽水流，能夠看見飛鳥掠過天際、朝陽躍上雲端。這樣的話，我們的心才是乾乾淨淨的。

春有百花秋有月，夏有涼風冬有雪。
若無閒事掛心頭，便是人間好時節。

人間真正的好時節，就是沒有閒事掛心頭。那麼，這種閒事往往表現為什麼呢？就表現為我們給自己設置的一種障礙，讓我們的境界不能開闊。

那麼，在生活中，眼界怎麼樣能夠看得真正開闊呢？

禪宗有這樣一句話，叫做「眼內有塵三界窄，心頭無事一床寬。」眼睛裡要是有事，

道法自然，
就是鼓勵每一個人用自己的腳步去丈量你的歷程，
用自己的體驗去開啟你的心智。
——于丹心語

心中就有事，人就會看得「三界窄」。三界是什麼？前世、此際、來生。只要你眼裡的事化不開，心裡成天牽掛著，你就會把前世來生、上輩子下輩子都抵押進去。但是，如果你胸懷開朗，心頭無事，用不著擁有多大的地盤，坐在自家的床上，你都會覺得天地無比寬闊。

所以，要想做到真正與天地共逍遙的境界，需要先開闊自己的眼界。

道法自然，就是讓我們的心感受天地之氣。天地無處不在，所以道無所不在。

道法自然，就是鼓勵每一個人用自己的腳步去丈量你的歷程，用自己的體驗去開啟你的心智。

道法自然，就是讓你無處不看見。

關於道法自然，莊子是怎麼樣說道呢？

東郭子曾經去問莊子：道在哪兒呢？莊子說：「無所不在。」

東郭子沒聽懂，還挺固執，說：你總要說出一個地方來。

莊子便隨口說：「在螻蟻。」道就在地上那些個小蟲子身上。

東郭子挺不滿，說：道就這麼卑下嗎？

莊子又說：「在稊稗。」道在小小的野草上。

天地無處不在，
所以道無所不在。
——于丹心語

東郭子更加不滿了：為什麼道就更加卑下了呢？
莊子就更沒好氣了，說：「在瓦甓。」道在磚瓦上。
東郭子更加痛苦了：怎麼越說越卑下啊？
莊子實在煩了，就說：「在屎溺。」道就在糞便中。
這下東郭子終於不說話了。
其實，如果我們真正看懂這段對話，我們會明白，所謂道法自然，也就是說，自然之中皆是道理。
天地無處不在，所以道無所不在。
有一句諺語，說：山坡上開滿了鮮花，在牛羊的眼中它只是飼料。
這就是我們的生活。
有的時候，我們能夠看見鮮花，但是當一個人的心被名和利那兩條船遮蔽的時候，我們能看見的世界也差不多遍布飼料。畢竟，飼料是可吃的東西，是有用的，而鮮花是神祕的，是審美的，啟迪心智的。
不要認為只有牛羊才看見飼料，其實，在我們今天的生活中，每天看到飼料太多，看到鮮花太少。

這就需要我們重歸莊子所說的道。我們去看一看，在那些最卑下的，甚至是最不堪的東西裡，有沒有真正的道理。放低我們的心去發現，這是一種態度。

大家知道，佛家的僧人出家時都穿僧鞋。這個僧鞋的形狀很有意思，前面露五指，後面露腳後跟。為什麼？

其實，穿這樣的鞋是為了提醒一個道理，所謂六根通透，要去掉貪、嗔、癡、怨、疑、慢。你只有看穿這六根，心靈才真正清淨，真正通透。

那這人生至理為什麼要把你放在腳下鞋上呢？用佛家的話講，人只有低下頭，才能看得穿。你不低下頭是看不見的。

逍遙遊的境界告訴我們放眼長天，告訴我們道無所不在，甚至告訴我們道在屎溺，就是希望你用心去看、用心去問、用心去想。

可以說在這個世界上，真正的、至極的道理，既需要我們有遼闊浩瀚的眼界，也需要我們有眼前腳踏實地的實踐。

據說佛祖在講經佈道，釋迦牟尼拈花，弟子中只有迦葉微笑。迦葉微笑的那一刻，叫做有所心會，心領神會，他懂了，所以微笑。

我們來設想兩種結果，第一是佛祖拈花，舉座沒有一個人笑，那麼這個講經失敗了。

第二是佛祖拈花，舉座全笑了，其實那也很失敗，也不可能。

因為這個世界上的道理，只要是一種精妙的、能夠貼近人心的道理，人的參悟都會有深有淺、有遠有近，都會根據人心智的不同、閱歷的不同、價值取向的不同、理想境界的不同而有高下之分。

這個世界永遠沒有一個規整。真正的道理，不會像一加一等於二那樣精確無誤，人人明白。

當佛祖拈花的時候，只有迦葉在微笑。當莊子逍遙遊的時候，又有多少心靈真正得到自由的長空？真正有幾個人能夠與他的天地精神共往來呢？

這句話我們不能追問莊子，但是我們可以追問自己的內心。

「悠然心會，妙處難與君說。」這是南宋張孝祥寫的一句詞。其實，當我們閱讀《莊子》，每一個人有了拈花微笑時的感悟；當我們徐徐合上一頁，感到悠然心會的時候，莊子的價值就真正體現出來了。因為他的逍遙遊給了我們每一個凡俗的生命一雙非凡的翅膀。

于丹《莊子》心得之四

認識你自己

每一個人都希望自己的一生是幸福的，是有效率的。只有眞正清醒地認知了自己，才可能獲得成功的人生。而認識自己，卻是一件非常難做到的事。

爲什麼最難認識的是自己？我們又怎樣才能眞正認識自己呢？

今天我們來說一個話題：認識你自己。

這是千古以來一個最難解決的命題。在西方的神話寓言體系裡，這被表述為著名的斯芬克斯之謎。

獅身人面獸斯芬克斯每天都在問過往的行人一個問題：「有一種動物，牠在早晨的時候四條腿，在中午的時候兩條腿，在晚上的時候三條腿，那麼這個動物是什麼呢？」過往的人答不上來，就被獅身人面獸吃掉了。

年輕的阿狄浦斯在路過的時候，說出了最終的答案：「這個動物就是人。」斯芬克斯大叫了一聲，就跑到懸崖邊跳下去了。

這個故事說明了什麼呢？說明離我們最近的東西，往往是最難認知的。

在人生整個成長的經驗過程中，我們可以不斷地認知天地萬物，增長經驗，但惟獨難以認清我們自己。

因為人生的變化在不經意之間經過了很多階段。一個孩子，當他匍匐著四肢爬行的時候，這是在生命成長的初期。等到他可以站立起來了、可以走路了、可以奔跑了，在這個世界上，就有很多東西需要積累、需要建立，也因此有了很多內心的惶惑和游離。到了晚年的時候，我們所積累的那些財富、聲名、情感，一切一切負累於心，蒼老了生命，讓我們日漸疲憊，就要借助拐杖，就成為了人的第三條腿。

在這樣一個歷程中，哪一個階段是我們最快樂的呢？哪一個階段是我們對自己認識最清晰的呢？哪一個階段我們的心中是了無遺憾，而充滿了溫暖富足之感的呢？在這個過程中，中西文化體系在以不同的話語不斷地追問著。

《莊子》這本書，亦幻亦真，充滿了這樣的追問。莊子說，從前自己做夢，夢到自己是一隻翩翩飛舞的大蝴蝶，但究竟是自己做夢化為蝴蝶了呢？還是蝴蝶做夢化為自己了呢？這是不清楚的。

很多時候，我們人是以自己的標準去推斷其他動物的，而大自然中有很多規則是我們所不知道的。

莊子說，我們人要是在潮濕陰冷的地方睡覺，醒了以後，輕則腰疼，重則半身不遂

只有清楚地了解自己的內心，
才能夠在這個世界上找到最基本的出發點，
才能夠去善待他人。
——于丹心語

了，那泥鰍住在那兒，也會像人這樣嗎？

莊子繼續追問說，人是吃肉的，鹿是吃草的，蜈蚣喜歡吃小蛇，貓頭鷹和烏鴉喜歡吃耗子，這四種口味你能說出哪種最符合標準呢？哪種更可口或者哪種更不可口呢？你也說不清楚。

莊子甚至說，像毛嬙、像麗姬，這都是人間的美女。但魚見了就潛到水底了，鳥見了就飛上高空了，麋鹿見了就急速跑開了，對這四種動物來說，到底什麼才是天下最美的呢？

這就是莊子在〈齊物論〉裡面提出的觀點：世界的一切，以它自己的角度去觀察，永遠都有它自身的密碼。這個密碼是看不破的。

從這個意義上講，莊子告訴我們，人最難認知的是自己的心。人最難解答的就是：我究竟是誰？我想要的生活是什麼？

只有清楚地了解自己的內心，才能夠在這個世界上找到最基本的出發點，才能夠去善待他人。

世間萬物，千差萬別。站在不同的角度，看到的事物就會完全不一樣。

察乎盈虛，故得而不喜，失而不憂：知分之無常也。

——〈秋水〉

如果我們僅僅站在自己的角度，以自己之方式，去看待推斷所有的事物，就會產生巨大的偏差。這是我們難以正確認識自己的第一個障礙。

莊子的寓言故事告訴我們：世間的一切事物都應該順其自然，而不能自以爲是地把自己的想法強加於人。

我想，一個不能真正認清自己的人，也不會真正認清他人。有的時候，你的好意有可能會遭遇惡報，因為你在以自己的方式強加於人。

莊子在〈至樂〉篇裡，借孔子的口，講了這麼一個故事：

魯國的郊外飛來一隻很大的海鳥，魯國國君很喜歡，就必恭必敬把這隻海鳥迎進了太廟，演奏《九韶》這樣莊嚴的音樂取悅牠，準備了美酒給牠喝，宰了牛羊給牠吃，每天用這樣的禮儀供奉這隻海鳥。

而這隻海鳥呢？目光迷離，神色憂鬱，不吃一口肉，不喝一口酒，就這樣鬱鬱寡歡，三天就死了。

莊子借孔子之口總結說，這叫「以己養養鳥也，非以鳥養養鳥也」，也就是說，這是以養人的方式養鳥，不是以養鳥的方式養鳥。這是以人喜歡的禮儀對待鳥，而不是以鳥自己的心思在對待鳥。

這樣的事情在我們的生活裡還少嗎?其實不要說對朋友,對他人,就有很多人對自己深愛的孩子,是不是也是以這種方式養育著呢?

當小小的嬰兒剛剛出生,中國傳統的一種方式,就是給孩子打蠟燭包,用小被子把這孩子緊緊地裹起來,據說這樣可以讓孩子的腿長得直,而且可以防止孩子抓破臉蛋、咬破手指。

但是,按照今天科學的育兒研究,認為孩子的手就是他的第二大腦,如果你束縛了他的手,固然他不會摳破自己的臉,他也不會咬破自己的手,但是他的認知神經從一開始就受到局限,不利於孩子的健康。所以,現代醫院裡提倡注意看護孩子、剪指甲,防止孩子出現小小的傷害,但一定不要束縛他的手腳。

這個蠟燭包現在解開了。但是我們想想,有多少家長在孩子一生的成長中給他打了一個精神的蠟燭包?

我們總在以成人世界的標準去要求孩子,你以後要想出名,要想在社會上建功立業,你從三歲就必須彈鋼琴,你從四歲就必須學美術,你從五歲就必須跳芭蕾。如果不這樣的話,你六歲上小學時,有什麼東西可以去跟別人抗衡?而六歲一上學,你就必須報名參加一個奧數（奧林匹克數學）班，等等，等等。只有這樣，你才能像我們父母一樣在社會上競爭立足，你才能讀大學。

我們用成人世界的規則和方式來對待自己最親愛的孩子，沒有把孩子應有的快樂時光還給他，而是用一種成人的標準去進行剝奪，這不就是給海鳥擺上酒肉嗎？

這種好意有的時候可能會導致出乎意料的惡果。這種惡果就像莊子在〈應帝王〉裡面寫的一個寓言：

南海的帝王叫做儵，北海的帝王叫做忽。南海和北海就像莊子寫的南溟北溟一樣相距遙遠，他們要是想會面的話，經常在中央之地相會。這個中央的帝王名字叫做渾沌。

渾沌據說就長成一個蒙昧未開的大肉球。他為人非常熱情好客，每次都很好地招待他們。儵與忽看著這個渾沌，覺得心裡很內疚，他眼耳口鼻都沒有，什麼人間的至樂都享受不了。於是，為了報答渾沌的好意，兩個人就在一起謀劃，說：「每個人都有七竅，有了七竅可以吃，可以喝，可以聽，可以看，人間的喜怒悲歡，聲色美麗，都可以入得眼目。而渾沌卻沒有，怎麼辦？我們給他鑿開吧。」

兩個人就每天給渾沌鑿一竅，整整鑿了七天。結果是什麼呢？「七日而渾沌死」。鑿了七天，七竅成了，渾沌卻死了。

渾沌鑿開了七竅，就失去了自己的本真。他之所以可以活著，就是因為他的渾沌之態，他可以去綜觀天地；等你把他的七竅分開的時候，他已經遠離了他的生命本體。

這僅僅是一個寓言嗎？

所謂人的社會化，就是在我們成長的過程中，被社會鑿開了我們的一竅又一竅。到最後，我們變成一個社會標準下的成人，但離我們的赤子之心、渾沌之態又有多遠呢？

莊子講的這個寓言離我們很遠嗎？我們聽的僅僅就是一些故事嗎？其實，它可能離我們很近很近。

我曾經讀過這樣一個故事：

有一隻小鷹，牠從小跟著雞群一起長大，小鷹也一直以為自己是一隻小雞。所以，當主人真正要放飛這隻鷹的時候，怎麼誘惑、怎麼打罵，鷹就是飛不起來，因為牠認定自己是一隻不會飛的小雞。

最後主人失望了，說：「我白養了一隻雛鷹，一點用處都沒有。我把牠扔了吧。」主人把這隻小鷹帶到了懸崖邊，像扔一隻雞崽一樣撒手將小鷹扔下懸崖。

小鷹垂直地從懸崖上掉下去，就在急速墜落的過程中，這隻小鷹撲棱撲棱翅膀，在墜地之前竟突然飛起來了。

這是為什麼呢?是因為就在從懸崖下落的高空的落差中,鷹的天性被啟動了,恢復了,牠知道自己的翅膀是有用的。

其實,我們有多少人在成長過程中,有某種潛能從來沒有被開發出來。

比如,你從來沒有遇到過你真正熱愛的職業,可以讓你用心去做。你沒有在這個職業中體會到被激發的樂趣,沒有享受自己得到提升的快樂,所以有一些技能永遠地被遮蔽了。

比如,在這個世界上,你如果沒有遇到真正的愛人,你的愛情的力量一生可能是被遮蔽了。儘管你有家庭、有兒女,過著尋常人眼中正常的生活,但是,你的生命沒有燃燒過,僅僅因為你沒有遇到那個人。

我們需要認眞想一想,我們需要不斷地追問:這一生我們曾經多少次錯失過自己?我們眞正找到了被開發的那個機會了嗎?怎麼樣才能找到那個機會呢?

莊子在〈人間世〉篇中教給我們一種認識自己的能力,總結成兩個字,叫做「心齋」,就是用心的齋戒去真正反躬內省,看看你自己。

這個話是莊子假託孔子說的。孔子的學生顏回對孔子說:我想出去做事,我要去衛國我們每一個人的眼睛都有向外發現和向內觀看的兩種能力。
向外可以發現一個無比遼闊的世界，
向內可以發現一個無比深邃的內心。
——于丹心語

阻止暴虐的國君的惡行。他的老師孔子特別不屑地說：你別去了。你去了以後，碰到這麼暴虐的一個人，你勸不好他，反而就被他殺了。

顏回說：我總要出去做事啊。老師說：你現在還太毛躁，還沒有看清自己，你出去做什麼事都會一事無成的。你先自己去齋戒吧。

顏回就問他老師：我們家可窮了，不喝酒不吃肉已經好幾個月了。我一直過著這苦日子，這算不算是齋戒啊？

孔子說：你說的是祭祀上的齋戒，而不是心的齋戒。

顏回問：什麼叫心的齋戒？

孔子告訴他，在這個世界上，你不光用耳朵聽，還要用心來聽，更要用氣來聽。用你的氣息去進行一切的感受，回歸到心裡，得到自我的確認，這就是心齋。

這段話雖然假託孔子說的，但是卻出自《莊子》。他寫的這段話是告訴我們每個人一種認識自己的方式。

其實我們每一個人的眼睛都有向外發現和向內觀看的兩種能力。向外可以發現一個無比遼闊的世界，向內可以發現一個無比深邃的內心。

可以說，外在的世界有多大，內心的深度就有多深，這是完全成正比的。

可惜，我們這一生一直用於外在的發現，而從來看不見自己的心到底有什麼願望。

在很多時候，我們的成長過程中有太多太多被人安排好的事物，比如從小的讀書、長大的職業、以後的家庭，好像所有的事情都被安排好了，沒有自己的追逐，沒有自己的嘗試，甚至沒有自己的挫折，所以，也就無法真正確認內心的願望。

有這樣一個故事：

有一個叫做漁王的人，捕魚的技能太強了，甚至被譽是漁神。他有三個兒子。這三個兒子從小跟從他出海，但是，捕魚的技能卻還在一般人之下，更不用說和父親相比了！所以，漁王特別沮喪。

後來，來了一位哲人，問漁王：這三個孩子，從什麼時候開始跟你捕魚的？漁王說：他們從小就在船上長大的，他們沒離開過漁船。

哲人問：孩子們都是跟你學習捕魚技術嗎？漁王說：從小我就手把手地教給他們，一丁點閃失都沒有。我總是把我最重要的訣竅毫不保留地教給每一個兒子。

哲人問：孩子們自己捕魚的時候都在哪裡？漁王答：當然在我的船上。因為有我給他們把關，他們就不可能有閃失。我總告訴他們，哪種徵兆會有大魚，怎麼樣起網會有最好的收穫。

從某種意義上講，
人生沒有彎路可言。
——于丹心語

人生的每一條路都是你必須要用自己的腳步去丈量的。
——于丹心語

問完這三個問題，哲人就告訴漁王：你三個兒子的悲哀就在於他們的一切都被你安排好了。他們得到了你的經驗，但他們缺少的是捕魚的教訓。他們沒有離開過你，自己出去實踐，他們不知道坎坷和困難，所以沒有教訓。你一生由教訓總結出來的經驗，對他們來講，就是一些平庸的教條。

其實，這個故事也適用於我們每個人。我們得到的那些間接經驗是有用的，但僅僅有間接經驗就夠了嗎？

我們今天常常說，人生要少走彎路。其實，從某種意義上講，人生沒有彎路可言。如果你沒有走過那一段路程，怎麼能抵達到現在？如果不站在現在，你怎麼能回頭去看，說那是彎路呢？

人生的每一條路都是你必須要用自己的腳步去丈量的。而在這個過程中，讓我們發現自己並且得到了確認。

每個人都應該不斷地審視自己，這是我們認識自己的又一個重要條件。

正確地認識自己，最重要的是需要我們能夠有自知之明。那麼，我們怎樣才能做到自知之明呢？又怎樣才能不受外部評價的影響，而正確地認知自己的能力呢？

一個人要在自己的形骸之外，
保有一雙靈魂的眼睛。
——于丹心語

莊子始終保持著對自我清醒的審視。從物理意義上人生的狀態，到精神意義上人生的境界，莊子始終保有清醒的關照。

一個人要在自己的形骸之外，保有一雙靈魂的眼睛。

這件事情沒有別人可以做。儘管永遠有人在提醒你的得與失，你的對與錯，但是，我們往往在他人過多的言論中盲從，迷失了自己的心。

如果保有這樣一雙靈魂的眼睛始終審視自己，我們才可以做到寵辱不驚，把握住自己內心真正的願望。

在莊子的〈養生主〉裡面，有一個大家很熟悉的故事，叫做庖丁解牛。我們權且把自己的生命看成是庖丁手中的那頭牛，今天，我們真正解得開嗎？

庖丁是怎麼解牛的呢？他的手臂舞著、肩膀倚著、腳下踩著、膝蓋頂著，整個的動作像舞蹈一樣，「合於《桑林》之舞」，符合《桑林》樂章的舞步；解剖一頭牛發出的聲音節奏，「乃中《經首》之會」，符合《經首》樂章的節奏。刀鋒過處，那頭牛稀里嘩啦就解體了，「如土委地」，像一攤泥掉在地上，骨骼清晰，牛肉全都剮下去了。

這簡直就是一場表演！是一個漂亮的行為藝術。

觀看的人大驚讚歎，問：你是怎麼做到這樣的呢？

庖丁解釋說：我在一開始解牛的時候，「所見無非全牛者」，看到的都是整頭牛，也就是渾然一體，什麼都看不清楚。但是，我所為在乎的是「道」，「進乎技矣」，已經不在乎技巧了。我能夠從道上去追求，而不僅僅依憑技巧，三年之後我就不見全牛了。我已經不是用眼睛去看，而是用心神去體會了。透過厚厚的牛皮和牛毛，我完全知道牛骨骼的結構、肌理的走向、經絡的連接。這個時候，我就可以用刀子準確地進入它骨骼的縫隙，順著牛的自然結構去解牛，而不會硬來。這樣的話，我就獲得了一種效率，遊刃有餘。

這個庖丁說：每個庖丁是不一樣的。大家都是屠夫，但是你看，一個優秀的屠夫一整年才換一把刀子，因為他用刀割斷筋肉；一般的屠夫一個月就得換一把新刀，為什麼？因為他用刀砍骨頭。我這把刀用了十九年了，還像新的一樣，這是為什麼呢？

這個庖丁說了一句很奧妙的話，叫做「以無厚入有間」。刀很鋒利，本身是很薄的，而牛的骨骼之間是有縫隙的，用不厚的刀準確地進入縫隙，我又怎麼會磨損呢？所以，整整十九年，刀還像新的一樣。

我們把這個故事運用在今天的生活中。我們不必去砍骨頭、背負擔。我們不必每天在唉聲歎氣中做出一副悲壯的姿態，讓人生隕落很多價值。

如果我們人人能成為這樣一個庖丁，如果我們的靈魂上也有這樣一把可以永遠鋒利的刀子，如果我們把迷失在大千世界的生活軌跡變成一頭整牛，如果我們能夠看到那些骨骼的縫隙，最終能夠準確地清理它、解清它，那麼，我們獲得的會是人生的高效率。

莊子告訴我們：只要你心中有大境界，你才能夠看清超越言行的內心真正的質地。也就是說，內心裡面的這種真正的大道、大辨、大仁、大廉、大勇，一切都不是表露於外的，是內斂於心而不張揚的。

這種內斂於心卻又能涵泳天地萬物的地方，莊子說，叫做天府，是天地萬物的府庫。這天府裡無限博大，就好像你往裡加水永遠不會滿，從裡面舀水，永遠不會枯竭，你不知道它源頭是哪裡。莊子說：「此之謂葆光。」

葆光是什麼呢？就是你內心保全的、潛藏不露的一種大的光明。你心中有大境界，才能擁有這種大光明。它取之不盡，用之不竭，普照萬物，光芒永在。

從認識你自己，到傾聽你自己，到涵養、孕育你自己，這是一個美好的人生歷程。

每一個人都擁有一個天府，每一個人都擁有一種葆光的能力。到這個時候，人就不以外在的事功來看待自己的能力了。

有這麼一個故事：

從認識你自己，到傾聽你自己，
到涵養、孕育你自己，
這是一個美好的人生歷程。
——于丹心語

大家都知道扁鵲的名字，是中國古代著名的醫生，成為中國名醫的代稱。

扁鵲去見魏王。魏王說：「我聽說你們家兄弟三人都擅長醫術，你跟我說說，你們三個人中，誰的醫術最高明啊？」

扁鵲老老實實地回答：「我大哥醫術是最高的，我二哥其次，我的醫術最差。」

魏王驚訝地問道：「那為什麼你天下聞名，而他們兩個人卻沒沒無聞呢？」

扁鵲說：「因為我大哥給人治病，總能夠做到防患於未然。這個人得病，但還沒有顯出徵兆，他手到病除，把病根給消除了。這個病人就像沒得病一樣，所以所有的人都不知道，他是在給別人去除預先的病。

我二哥治病，是在病兆初起之時，他一用藥就把病給除去了。大家總認為他能治的是小病，不知道這個病如果發展下去，那就是要命的大病啊。

我的技術最差，因為我只能在人已經生命垂危的時候才出手治病，往往能夠起死回生，所以我的名聲就傳遍天下。

行醫治病，防患於未然者最高，但天下無名；病初起而手到病除次之，但被人認為是治小病，只能名傳鄉里；病人垂死時才挽救人，保住了生命，但早已元氣大傷，還會留有後遺症，這個人已經受損了，但是我卻能名傳天下。」

這個故事告訴我們什麼呢？它告訴我們，世俗的評判標準，未必真的能評價一個人的真正質量。只有我們的內心能做出準確的回答。

有一個民間故事，說有一家主人帶著一隻小猴和一頭小驢一起生活。小猴子很機靈，牠總在房上跳來跳去。主人見人就誇小猴子聰明。

小驢子看猴子老受表揚，也想像小猴子一樣上房。有一天牠終於踩著柴垛艱難地上了屋頂，踩破了屋頂瓦片，結果被主人給拖下來暴打了一頓。

小驢子不理解，我終於做成了小猴子做的事情，為什麼牠要受表揚，而我要挨打呢？為什麼呢？

其實，這樣的境遇發生在很多很多人的身上。我們過分地仿效了他人的行為，我們刻意地強調了社會流行的標準。

所謂時尚、所謂流行往往有一種潮流的趨勢，讓我們迷失了自己的心，而趨同於大眾的標準。這樣的事情比比皆是。

莊子一直在提醒我們，怎麼樣可以不流於俗呢？首先要認清你內心的願望，你真正在以你自己生命的方式善待你自己嗎？

在今天這樣一個媒體充分發達的時代裡，流行的標準是很可怕的。流行是一種勢力，流行是一種洗腦。流行可以告訴你，它未必是好的，但是你必須要從眾。

我們往往有一個概念的混同，就是，流行就是時尚。但是，時尚有的時候是少數人的一種趣味，而流行有時候像流感一樣，它只標誌著一種數量，並不代表著品質上的更高級。

在今天這個時代，我們也許比莊子的時代更需要內心的火眼金睛，更需要常常反省，更需要擺脫外在的標準和評價來判斷自己的能力。只有確立了這一切，以自己的清明理性去善待他人、善待朋友、善待子女，才能夠做到對人對己的真正尊重，認清每一個人的價值取向，理解每一個年齡段的生活方式，按照他本來的樣子，讓他發揮到最好。

如果我們站在當下，來閱讀莊子那一個又一個環環相扣的寓言故事，來解讀其中的奧祕，那麼，我們都會擁有一雙靈魂的眼睛，都會擁有一把庖丁的利刃，我們可以看破世間的是是非非，最終獲得一份清明的理性，而完成自己獨一無二的人生。

總有路可走

于丹《莊子》心得之五

在人生的道路上，人們總會遇到種種困難，有的人天生醜陋，有的人身有殘疾。善於講寓言的莊子，借用了一個個或身有殘疾，或外表醜陋的怪人，來表達了自己的一個觀點，那就是：無論人生遇到什麼情況，世界上總有路可走。

在《莊子》的寓言中，有很多形態與常人不同的人，比如殘疾人、受過刑的人。從表面上看，他們身體條件都與常人不同，但是這些人或者有抱負，或者有理想，或者活得很快樂，或者活得很成功，堪稱奇人異士。

莊子在〈人間世〉篇中寫過一個叫支離疏的人。這個人名字已經夠奇異了，他長得什麼樣子呢？

支離疏雙肩高過他的頭頂，頭低到肚臍以下，本應該是垂在後面的髮髻，卻是衝著天的。他的五臟六腑都擠在後背上，還是個駝背，兩條腿就直接長在肋骨旁邊。經過莊子這樣一番形容，這個支離疏不僅是醜陋了，而且近乎猙獰，像個怪物一樣。

支離疏又是怎麼生活呢？莊子說，他替人縫衣服、洗衣服，已足夠養活他自己。他還有餘力替別人去篩糠啊、簸米啊，掙的錢足夠養活十口人。

最後莊子得出一個結論：像支離疏這樣肢體不全的人，他只要自食其力，一樣可以養活自己，安享天年。

由支離疏的故事，讓人想起了武俠小說家溫瑞安寫的《四大名捕》系列。熟悉武俠小說的人都會知道，四大名捕之首就是無情。

無情出身於一個武林世家。由於他的父母在江湖上結下了冤仇，被仇家屠滅了全家。他的父母都死了。仇家心狠手辣，抓到這個小嬰兒，決定讓他活下來，但作為一個武林後人，從小就廢掉他的武功，讓他生不如死，不能為父母復仇。所以，仇家殘忍地把這個孩子的腳筋挑斷了。無情還沒有學會走路，就先癱瘓了。

無情長大以後，是一副手無縛雞之力、孱弱不堪的書生模樣，是個殘疾人。但在四大名捕裡面，無情為首。他具有超凡的武功和內力。無情的獨家絕活是什麼？是他在微笑的時候，可以從嘴裡猛噴出來一口鋼針，足以置敵於死地。雖然他有先天肢體的殘疾，但是他卻有了無人可比的精湛內功。

這個故事是不是可以作為支離疏的一個延伸呢？這樣的故事在我們今天的社會裡，是不是也有呢？

莊子〈德充符〉篇還講過一個名叫哀駘它的醜人的故事：

魯哀公曾經對孔子說：衛國有個面貌特別醜陋的人，名叫哀駘它。這個人雖然醜，但

一個人真正的力量並不表現有某種卓越的才華，
某種炫耀的技巧，
而是一種和緩的凝聚力。
——于丹心語

有一種神奇的魔力，男人如果跟他待上一段時間，就會留戀這個人的德行，不想離開他；女人一旦跟他見了面，就會回家去跟父母說「與為人妻，寧為夫子妾」，就算是給他做小妾，我都不嫁到別人家去做正妻。這樣的女孩子有十幾個，而且人數還在增長。

魯哀公說：這個人怪了，他沒有權位，也沒有錢財，我也沒見他有多麼過人的見解，倒是經常附和別人的一些意見。我想他一定有什麼跟常人不同的地方，就把他給請來了。他果然醜陋得讓人驚駭。但是，我跟他相處，我就發現很舒服，不到一個月我就特別信任他。最後，魯哀公就問孔子：你說說看，這個哀駘它到底是一個什麼樣的人呢？

是啊，這是一個什麼樣的人呢？莊子無非是在告訴我們，這個世界上有這樣一種人，他們的外貌平平，甚至醜陋，但是內心有一種人格的力量，可以不知不覺地把人吸引在他的身邊。一個人真正的力量並不表現有某種卓越的才華，某種炫耀的技巧，而是一種和緩的凝聚力。

臺灣著名的教授傅佩榮先生在研究莊子之後，得出一個心得，他說：真正看懂《莊子》就會明白，世界上總有路可走。

這句話很樸素，它不是一個學術結論，而是一個人生結論。

莊子的寓言告訴我們，一個人即使外貌醜陋、身體殘缺，也可以自食其力，得享天年，這是因爲他找到了一條屬於自己的人生道路。

在我們當今社會的現實生活中，也有一些人很不幸地成爲身體上有殘障的人，他們是如何選擇自己的人生之路的？而他們的選擇又給我們什麼樣的啓示呢？

人皆知有用之用，
而莫知無用之用也。
——〈人間世〉

當今中國的殘疾人將近六千萬，他們有的是肢體殘疾，有的是智力有障礙。他們的生活比我們普通人要困難得多，他們該怎麼生活呢？

有一個非常著名的紀錄片——《舟舟的世界》，記錄了武漢的一個男孩子舟舟。這個孩子先天智障，他的智力水平相當於三、四歲的兒童，而且再也沒有成長發育。我們看到這個片子的時候，舟舟已經二十六歲了，但是他的智力水平遺憾地停留在了這個水準上。但是他有一個鮮為人知的世界，那就是他的音樂世界。

舟舟在指揮上是一個天才。這是因為他父親在武漢歌舞劇院工作，他從小生活在這個環境裡面。這個環境對他來講，不是一種知識的學習，不是一種業務的培訓，而是一種生命性靈的浸潤。他是被音樂滋養大的。

每當有大型的交響樂演出的時候，指揮在前臺，他在後臺，一個人心醉神迷地指揮。

他跟音樂之間有一種超越任何知識的默契。後來，舟舟的這個才能得到了發揮，他獲得了指揮樂團演奏的機會。他不僅家喻戶曉，在全國成為名人，而且可以走出國門，在國際舞臺上參加演奏比賽。

舟舟的這個現象，應該說是一個生命的奇蹟。他雖然智力殘缺，但他生命裡面的一種性靈的天真卻得到了開發，這種天真和藝術之間不經意地有了這麼一點默契。

在春節晚會上，大家都記住了《千手觀音》這個舞蹈。從領舞邰麗華，到千手觀音這個殘疾人的表演群體，大家看到的是端莊、肅穆、優美、純淨，是美奐美輪、金碧輝煌。這個表演群體都是聾啞人，她們心神安靜、內斂、專注，臉上、身上表現出一種天然的祥瑞之氣。這種氣質，是健全人絕難表演出來的。

所謂殘疾就是身體的某一器官功能受到了損害。但是，人體的器官是有代償功能的。所以大家經常說，眼睛不好的人耳朵特別靈敏，這就是代償功能。其實，人體是有很多很多奧祕的，我們有太多太多的能力還沒有開發出來。

莊子所說的支離疏也許僅僅是一個意象，但是把這個意象放大，我們會覺得，有很多我們以往覺得是人生遺憾的事情，一樣可以獲得生命的圓滿。

《莊子》裡面還有一個故事：

鄭國有個叫申徒嘉的人，斷了一隻腳。他跟鄭國的執政大夫子產一起在伯昏無人的門下做學生。子產覺得自己貴為大夫，卻和申徒嘉這樣的斷腳人做同學，心裡頭就總很不舒服。

有一天，子產對申徒嘉說：我要先出去的時候，你停一下後走；如果你要先出去，我就停下來後走。其實，就是討厭他，不願意跟他一起出入。

申徒嘉沒有理會子產。第二天，子產覺得忍無可忍了，又一次重申這個要求，並且說：你見了我這個執政大夫都不知道回避，難道你當自己也是執政大夫嗎？

申徒嘉說：有你這樣的執政大夫嗎？我聽說，一個鏡子如果它真的明亮，是不落塵埃的；如果真正落上塵埃的話，鏡子就不能明亮。人心也是如此啊。我們在這裡跟從先生修養德行，你卻說這樣的話，不覺得過分嗎？

子產有點急了，說：你都是這樣的人了，你真應該好好反省自己到底是個什麼人？

申徒嘉說：咱們老師的門下怎麼會有你這樣的執政大夫？我跟老師之前，聽到有很多人恥笑我，笑我兩腳不全，笑得我心裡很不平衡。我是滿懷的怨氣。但是我自從跟老師學習之後，我的怨氣就四散了。我在老師門下整整學習了十九年，他從來不讓我覺得我是一個獨腳之人。現在，你用形體標準而不是道德標準來看待我，還說你自己是一個執政大夫，你難道不慚愧嗎？

子產聽完，覺得很慚愧。這是一個肢體健全的人在一個肢體不全的人面前流露出的慚愧。這種慚愧源自於他內心的缺失。他明白了，一個人能否成功，並不靠他的肢體，甚至不靠他的權位，而在於是不是真的知道自己的努力和自己的位置。

莊子說了這樣一個故事：

有一個叫叔山無趾的人，因為早年間犯了過失而被砍去了腳趾。有一天，叔山無趾用腳後跟走路，到孔子的門下求教。孔子正在給學生上課，見叔山無趾來了，就跟他說：你年輕的時候做人不謹慎，犯了過失，招致了禍患，所以落成今天這個樣子。儘管你今天還想到我這裡來學習，不過你覺得還來得及嗎？叔山無趾平靜地回答說：我正是因為年輕無知，才會使身體受到傷害。但是我現在知道，生命中有比腳趾更尊貴、更重要的東西，所以我來找你求教。「天無不覆，地無不載」，上天什麼東西都能覆蓋，大地什麼東西都能承載。我把夫子你視為天地，哪裡知道你是這樣一個人？

孔子頓覺慚愧：我實在是淺陋。請你進來指導指導我的學生吧！

但是，叔山無趾還是離開了。

孔子深感遺憾，回頭對學生講：你們勉勵啊！叔山無趾這樣一個斷了腳趾的人，還知道來學習，還知道生命中有比他的腳趾更尊貴、更值得尊敬的東西，我們這些是全身全德之人，我們孰能不進取呢？

從申徒嘉到叔山無趾，也許在他們的人生經歷上都曾經有過汙點。他們付出了身體上的代價。他們並不像支離疏那樣先天殘疾，他們其實背負著雙重壓力，但是為什麼他們能在世界上活得坦然？

因為他們有一種內心的力量。他們敢於正視自己的弱點，勇於改過，對新的生活孜孜以求，仍然能獲得人們的尊敬。

無論是申徒嘉還是叔山無趾，他們雖然犯過錯誤並受到嚴厲的刑罰，但是他們知恥而改，用一種內心的力量，找到了屬於自己的人生道路。在現代社會中，人們的生活壓力、工作壓力都很大，當心理不堪重負、產生殘缺時，將會導致什麼樣的後果呢？

人有肢體殘疾，難道沒有心智上的殘疾嗎？

今天，是一個媒介發達、資訊貫通、科技給了我們無窮力量的時代，但是，這並不意味著每一個人的人格在今天更健康、更明朗。也許，我們在心智上的殘缺更多了。

中央電視臺播出了一期節目，叫做《一隻貓的非常死亡》。二〇〇六年四月，在網路上發生了一起令人震驚的虐貓事件。當一隻高跟鞋踩死一隻小貓的整個過程曝光在網上時，激起了一片指責、憤慨。大家一直在搜尋這背後的兇手是誰？

這個事件裡面有三個角色，第一，踩死小貓的這個女人是誰？第二，誰拍下了這段錄影，並把它掛在網上？第三，這背後是一個什麼樣的網站？

看完這節目，大家會震驚地發現，踩死小貓的那個人是黑龍江一個醫院的藥劑師。她平時工作非常認真，對患者負責盡職，從不出錯；她把工作環境打掃得乾乾淨淨，與人和善，寧可自己吃虧，也從不讓他人受委屈，在單位受到一致好評。

但是，她有十七年的婚姻危機，在離異以後，她無處傾吐，心裡充滿了委屈和憤怒。在電視鏡頭前，她直言不諱地說：當有人找她做這件事的時候，她一口答應，根本不是為了錢，就是為了一種發洩。

記者問她：你在踩死小貓的時候，臉上的微笑是別人要求你這麼做的嗎？她說：不是，沒人要求，好像我自己就願意這樣。

這是一種心靈的扭曲所釋放出來的一種反常行為。而把這個全過程拍攝下來並掛在網上的那個網站，是中國戀足前線裡面的一個分支，叫做踩踏網站。它的主辦者說：我和我的群體，生活在一個陰暗的社會角落。由於我們自己特殊的性取向，把腳部作為惟一的美的標準。所以，就會希望這種腳部力的釋放最大化。讓高跟鞋去踩踏，就是這種釋放。國際上也有這樣的一批人，他們踩踏的是衣服、水果，是無生命的東西，後來就發展到踩小魚、小蝦，再後來就發展踩踏小貓、小狗。這種對於生命的踐踏是沒有止境的。

其實，這個網站背後的這個群體是一些具有相當知識水平的。他們有體面的工作。但是，他們的心理上永遠有這樣一塊抹不去的殘疾。

這個虐貓事件，當它背後的角色一一走到我們眼前的時候，我們不僅僅止於一種憤怒，更多的是感到一種悲憫。在今天這樣一個高速發展、科學文明的時代，有多少人因為心靈殘疾，而不能走到陽光底下？

如果我們都像申徒嘉、都像叔山無趾，我們也許倒幸運了，因為我們可以去解釋、可以去認錯、可以去追尋、可以獲得心靈的拯救。問題是，太多的人不能解釋，甚至不可認知。

我記得在一次學術沙龍上，一個心理學系的學科負責人，給我們講過他做過的一個心理診療的個案：

有一次，一個非常成功的白領小伙子，西裝革履來到他的辦公室。進來以後，他就四下搜尋，坐下時就抓起一個煙灰缸，從左手倒到右手，從右手倒到左手。他就一直在那兒倒著，才開始說話。

他說：「我想跟你諮詢一個事。我現在老有一種心理暗示，就是不祥預感。比如，我上班時要走一條路，遠遠地看見那個地方在挖土，明明我可以繞過去，但突然之間我就覺得要有不祥的事情發生，我就調轉車頭，改走一條可能要擁堵兩小時的路，寧可遲到，我決不再走這條路。這樣一些事情不斷發生，我已經無法左右我自己了，我總是見到一個細微的徵兆就覺得要出事。」他一邊說，手裡還在不斷地倒騰著那個煙灰缸。

心理諮詢師看了他很久，突然問了他一個問題：「你小時候是跟誰長大的？」他回答說：「我是跟我奶奶長大的。」

諮詢師就開始跟他聊起遙遠的童年，最終揭示了這個心裡的祕密。這個祕密令人驚訝，聽起來似乎發生在我們每家每戶。

小孩子不睡覺，老奶奶哄他說：「五分鐘之內你要是再不閉上眼睛，狼外婆就來了！」孩子還是沒有睡。奶奶說：「三分鐘之內，你要是再不睡著的話，大風就把你給捲走了！」孩子還是沒有睡。奶奶說：「一分鐘以後，妖精就出來了！」

小孩因為害怕，睡不著也得閉著眼睛，而閉著眼睛的時候，他就一直在想著，這些狼外婆和妖精來了會怎麼樣？

諮詢師說，就是由於大家司空見慣的這種哄孩子睡覺的方式，可能使那種特別敏感的孩子在某種機遇下會得上這種強迫症。

當時，諮詢師突然問小伙子：「你手裡倒著這個煙灰缸，這是一種儀式。你告訴我，你現在心裡有什麼預感？」聽了這話，小伙子突然就停住了，說：「對啊，你說了我才明白，我現在覺得我媽媽可能要出什麼事，我要是不倒騰那個煙灰缸，她就會出事。但是你真說出來，我就覺得沒事了。」

心理疾病的治療遠遠不是這麼一句話就能完成的，這往往是一件很痛苦的事情。這是因為心理上的殘疾，不像身體上的殘疾這麼容易被人看見。這種殘疾有可能是在某一個偶然的情況下自己犯的一個錯誤，也有可能是在某種時刻自己不經意地受到的一個打擊，從此不知不覺就積澱下一種毛病。

在某種意義上講，心理疾病的治療更多地要靠自己，真正看見自己的缺失。成為自己的心理醫生。

莊子告訴我們，在天地之間，如果一個人真的順應生命形態，那麼首先把這些個遺憾和殘缺都接受下來吧，不要委屈、不要較勁，而想的是怎麼樣改良它，能讓自己更好。翻開《莊子》，從第一篇〈逍遙遊〉開始，到他所列舉的凡此種種這些人，一直貫穿著一個核心的思想，那就是大與小的區別。大與小絕不是好看與難看之分，真正的外在形態與內心境界有時候相去甚遠。

莊子告訴我們，這些表面看起來稀奇古怪的甚至是形貌恐怖的人，他們的內心有一種大境界，是我們這些健全人不能比擬的。有些人，可能由於自己的健全、機敏、矯健，反而使自己受制於心。

看莊子的文章，有時會覺得無邊無際，他描述出來的一切奇思異想都超乎我們的生活經驗之外。但是，如果換一個角度，從內心來看，我們還是可以對應上莊子所描寫的一個又一個形象的。

我們到底有哪些隱疾？我們到底有什麼樣的心理障礙？我們到底有什麼童年的陰影？我們到底有什麼人生的缺憾？

這一切一切是不是都像莊子所描述的這些人呢？而這些人以其德行的超越，是不是會給我們一種啟發？給我們一種勉勵？給我們一些參照？

有一句名言說得好：這個世界上無所謂垃圾和廢物，所謂廢物，只是放錯了地方的財每一個人都應該保有一顆平常心。
——于丹心語

富。有很多財富無非是放錯了地方。李白說：「天生我材必有用。」大材大用，小材小用，有用和無用之間，只不過是看你自己生命的質地和你所處的環境之間是一種什麼樣的匹配。

莊子給我們指出，每一個人都應該保有一顆平常心。無論他是後天受刑罰的，還是先天殘疾的，無論是肢體上殘疾了，還是智力上有缺憾，他們都是我們的一面鏡子。

我們沒有在他們的殘缺裡面照出健全，反而在我們自己的健全中照出了殘缺。這種殘缺靠心智可以補足，靠精神與天地之間的遨遊可以去完善，這大概就是莊子對於今天的人們一種最好的啟發。在這種啟發中，我們可以抵達他那種與天地共往共來的逍遙境界。

于丹《莊子》心得之六

談笑論生死

生與死，是人生起始的兩個端點。
人生是一條不歸路，當你走到終點時，才會想起途中的遺憾。
只有眞正理解了生命的意義，才能正確地面對死亡。

《莊子》裡面一個永恆的命題：關於生死。

人生百年，終有一死。對於生死，莊子有很多故事，比如他妻子去世的時候鼓盆而歌，這都是大家熟知的故事了。

莊子說：「古之真人，不知說生，不知惡死。」古代的真正懂得生命奧祕的人，沒有覺得擁有生命有多麼可喜，也不覺得死亡來臨有多麼可怕。

真正的君子對生死的態度從來是不刻意的，不追問自己從哪裡來，也不擔憂自己往哪裡去。因為，生和死只不過是一個生命形態的變化。

這樣的態度說起來瀟灑，但是貫穿到每一個凡人的生命裡，就不是一件容易的事了。人的一生都在忙忙碌碌、緊緊張張中度過。在這個匆忙的過程中，對於越來越短的時光，每一個人都心存畏懼。

有一個寓言說得很好。兄弟兩個人，他們家住在一座摩天大樓的第八十層。這天，兩個人深夜回家，恰好忘記了看通知，電梯停了。

兄弟倆背著沉重的大背包，在樓底下商量一下，決定一鼓作氣，爬樓梯回家。兩人抖擻精神，開始爬樓。爬到二十樓的時候，開始覺得背包很重了。兩人商量，決定把背包存在二十樓，到時候再回過頭來取。卸下了背包，兩個人覺得很輕鬆，說說笑笑地繼續往上爬。

爬到四十樓的時候，兩人已經很累了，就開始互相抱怨指責。哥哥說：你為什麼不看通知啊？弟弟說：我忘了看通知這件事，你怎麼不提醒我呢？兩個人就這樣吵吵鬧鬧，一路吵到六十層。

到了這時候，兩人實在疲憊不堪，終於懶得吵了，覺得還是應該安安靜靜地繼續爬樓。當他們終於爬完了最後二十層，來到了家門口的時候，兩個人互相一看，不約而同想起了一件事：鑰匙忘在二十樓了，在背包裡。

其實，這說的就是人的一生。

我們假設它是八十個年頭的人的一生。剛剛開始的時候，人人都是意氣風發的。我們背負著沉沉的行囊，行囊裡裝著理想、裝著抱負、裝著很多很多的願望。

我們不畏艱險，從腳底下第一個臺階開始上路了。爬到二十歲，這是人走入社會的時死生無變於己，而況利害之端乎！
——〈齊物論〉

候，開始認同規則了，覺得社會給了我們很多的負擔，我們自己奮鬥，已經足夠疲憊，誰還背著那麼多夢想啊？先把它安頓下來吧，等到衣食無憂，有了社會的名分地位，回頭來再撿起夢想也不遲。放下以後，頓時有這麼一陣輕鬆，大家又開始往前走。

隨著人越來越年長，積累越來越多，爭鬥越來越猛，內心越來越焦慮，人不免抱怨。這就是到了兄弟互相指責的時候，都覺得社會辜負了自己，都覺得自己付出太多，回報太少，自己內心倉皇猶豫，就這樣吵吵鬧鬧一路走來。

走到四十歲，所謂年近不惑的時候，所有意氣風發的東西都過去了，人開始變得疲憊、頹唐，互相扶持著再走。

走到六十歲，覺得晚年的時光應該是美好的，是應該珍惜的，讓我們安靜下來吧，不要再抱怨了。這個時候大概到了孔夫子所謂的「而耳順」，心順應了，少了很多指責，終於走到了八十歲。

站到最後的這個終點上，突然之間悵然若失，想起來這一生最寶貴的東西留在了二十歲的行囊裡，那就是一直還沒有打開的夢想，從來沒有放飛過，從來沒有跟隨過自己，徒然一身，走完了一生的歷程。但是，二十歲回不去了，這就是一條不歸路。

這是一個很有意思的關於人生的寓言。

縱觀人的一生，可以提示我們，應該以什麼樣的態度去最終面對生與死？

莊子之所以能夠笑談生死，是因爲他悟出了生死的眞諦。生死之間不過是一種形態的轉變。

莊子之所以對死亡曠達，是因爲他對生命的順應，既然人生自古誰無死，那麼死亡還有什麼可怕？還有什麼可悲傷的呢？

莊子在〈大宗師〉篇裡講了一個這樣的故事：

子桑戶、孟子反、子琴張，三個人都是方外之人。他們心意相通、忘懷生死，結伴在一起，成為好朋友。

後來呢？子桑戶先死了。孔子聽說了，就派自己的學生子貢去幫忙處理喪事。子貢去的時候，看見子琴張和孟子反兩個人，一個在編輓歌，另一個在彈琴，正對著子桑戶的屍體唱歌呢。他們唱道：子桑戶啊子桑戶，你現在已經回到本真了，我們還寄跡在人間。

子貢就非常不理解，說：你們三個人是這麼好的手足兄弟，有一個人先走了，你們卻對著屍體唱歌，這合乎禮嗎？

在這個生命之中，
每一個人都可以以不同的形態活下去。
——于丹心語

子琴張和孟子反兩個人反而笑了，說：他哪裡懂得什麼是禮的真意啊？

子貢回去以後，問孔子：他們到底是什麼樣的人啊？他們到底是什麼心思啊？

孔子當時就說：他們都是一些心遊世外的人，而我是一個拘泥世內的人。我怎麼還派你去幫助做喪事呢？這是我的孤陋啊。他們這些人已經沒有生和死的邊界了，他們完成的是心神跟天地的共同遨遊。有沒有這個形骸對他們來講是不重要的。所以，一個朋友走了，兩個朋友就像是送一個人遠行那樣坦坦然然相送。

這個故事裡講了一個道理，就是在這個生命之中，每一個人都可以以不同的形態活下去。

莊子在〈大宗師〉篇裡還講了這樣一個故事：

子來生病了，看來不久於人世了，快死了。子犁去看他，看見子來的妻子兒女都圍在那兒大哭。子犁上前對他們說：你們快走開，不要再打攪這樣一個馬上要有大變化的人。子犁靠著門，對子來說：偉大的造物主啊，下面又會把你變成什麼呢？是把你變成老鼠的肝呢？還是把你變成蟲子的手臂啊？

子來長長地出了一口氣，對他說：「夫大塊載我以形，勞我以生，佚我以老，息我以死。」

人的身體、人的生命是可以消耗掉的，
但是人的思想仍然可以傳承。
對莊子來講，思想的傳承遠遠勝於一個生命。
——于丹心語

這四句話講出了人生的歷程。天地造化，鍛造出了我的生命，賦予我一個形體。我來到世界之初，有了這個生命，就要完成生命的社會化，就要去穿越人生。所以就要「勞我以生」。人的這一生沒有不受勞苦的，一輩子要經歷很多磨礪。到了晚年，我老了，終於可以讓我優優閒閒地安享我的晚年。但是，晚年的這個休息也還是有限的，最後給我的安頓，叫做「息我以死」，用死亡給了我最大的休息。這就是我的一生。所以，子來說：我相信，善待我生的也一定會善待我死，我是怎麼樣被安排來這個世間走了一回，我還會好好地離去。

說完這個話以後，子來就安安靜靜地睡去了。睡了一覺，再醒的時候清清醒醒，身上的大病都沒有了，子來重新又復蘇了。

這是一個寓言。其實，一個人當他的內心把生命當做一次穿越的時候，也許死亡在他的心中已經變成生的延續。死亡早已被超越了。

莊子在〈養生主〉篇裡有這樣一句話，說：「指窮於為薪，火傳也，不知其盡也。」油脂在柴火上燃燒，油脂燒完了，柴火燃盡了，但是火卻可以傳續下去，沒有窮盡的時候。

人的身體、人的生命是可以消耗掉的，但是人的思想仍然可以傳承。對莊子來講，思想的傳承遠遠勝於一個生命。

這就是莊子對於生和死這個形態的一種感悟。

當代社會，人的壽命得以延長，已經遠遠勝於遠古。但是，在心理上，對於死亡的畏懼，對於生命的留戀也遠遠超乎從前。應該說，在今人的生活裡，有太多太多的隱私，有太多太多的牽絆，有太多太多讓人閉不上眼睛的事情在心頭糾纏。

但是，莊子講了這麼多關於自己的、親人的、朋友的生死故事，他對生死的看法與今人全然不同。在他已經穿越的這個生命中，他看重的是火光，而不是柴火的長度。人生的事蹟是可以寫下來的，但每一個人的判讀又是各不相同的。

孔子說過：未知生，焉知死。也就是說要想知道死，先要懂得生。每個人對生命的解讀不同，對事物的看法就會完全不同。我們常常會發現，即使在同一個社會環境中，在同一件事情裡，不同的人會產生完全不同的看法。這是爲什麼呢？

有這樣一個故事：

有三個人在路過一個牆角的時候，看到了同樣一個情景：一個小蜘蛛在往牆上爬，爬著爬著，前面有一塊湮濕了的雨跡。小蜘蛛一爬到潮濕的地方就掉下來了，然後，這個蜘蛛又從牆角開始爬，再爬到那個有雨濕的地方又掉下來了。如此一遍一遍，周而復始。

這三個人看到這個場景，都想到了自己的生命。

第一個人想：我看到這個蜘蛛，就像見到了我自己。我和這隻蜘蛛是一樣的，一生就這樣爬上去再掉下來。人的一生碌碌無為，一直周而復始做著徒勞的努力。

第二個人想：我看見蜘蛛這樣爬，才知道人生其實有很多誤區。我們只看到眼前，以為只有一條路，其實潮濕的那一片地方並不大。如果這個蜘蛛能橫著繞過那片潮濕，牠很快就可以順著乾牆爬到更高的地方。所以，我要讓我的人生變得更聰明，有的時候人生需要繞路走。

第三個人看到蜘蛛以後，被深深地感動了：一個蜘蛛還能夠這樣不屈不撓，那一個人這一輩子應該有多少能量可以激發？有多少奇蹟可以出現？這一切，都醞釀在自己的生命之中。

一個小小的場景，在不同的人心中，可以得出不同的結論，獲得不同的人生感悟。

我曾經看到這樣一個故事：

有一個秀才去趕考。趕考，對於任何一個書生來講，都是一生中的大事。這個秀才心裡一直很忐忑，一直想自己會考成一個什麼樣子，會有什麼樣的結果在等待自己。

在趕考的前一天，他做了三個很奇異的夢。

第一個夢，他夢見自己在牆頭上種白菜。第二個夢，他夢見自己在下雨天出門，戴了一頂斗笠，還打了一把傘。第三個夢，他夢見自己和一個非常喜歡的女人背靠背睡在一張床上。

秀才醒來，覺得這三個夢都不同尋常。第二天就要考試了，這一天他就去找一個通靈的人解夢吧。這個人聽了夢境，說：你的人生挺暗淡的。你在牆上種白菜，這不是叫白費勁嗎？你戴了斗笠，還打把傘，這不叫多此一舉嗎？你跟喜歡的女人在一張床上，卻還背對背，這不是沒戲嗎？你也別考了，你收拾行李回去吧。

秀才聽了這些話，回去就收拾行李，準備回家。

這時，旅店的老闆問：你怎麼不考就走啊？秀才就把事情告訴了他。這個老闆說：哎，我也會解夢，我覺得你三個夢挺好。你在牆上種白菜，這個就叫做高中。你戴了斗笠，還打了把傘，這個就叫做有備而來。你跟你喜歡的女人已經躺在一張床上了，這就說明你翻身的時候到了。

經老闆這麼一解釋，這個秀才信心大增，第二天就去應考，結果高中。

這也是一種對於生命密碼的解讀。

可能在很多很多的抉擇之下，沒有人來替我們解夢。我們只有問問自己，我現在處在一個什麼樣的階段？我在這個時候內心要做什麼樣的決斷？

儒家與道家關於生死的觀念，不盡相同。儒家追求「殺生而取義」，而道家強調「不知說生，不知惡死。」兩者殊途同歸，都是讓生命獲得價值。

那麼，什麼樣的生命才眞正有價值呢？

莊子在〈大宗師〉篇推崇真人。他所描述的真人是什麼樣子的呢？

莊子說：「古之真人，不知說生，不知惡死。其出不訢，其入不距。翛然而往，翛然而來而已矣。不忘其所始，不求其所終。受而喜之，忘而復之。是之謂不以心損道，不以人助天，是之謂真人。」

古代的真人，不知道喜歡生命，也不知道害怕死亡。出生了他不欣喜，死去他不拒絕。無拘無束地來，無拘無束地走而已。他不會忘記自己從哪裡來，也不會追求自己要去的歸宿。有事就欣然接受，忘記生死，歸於自然。他不會因為心智的欲求而損壞天道，也不會有意做什麼去輔助天然。

莊子又說：「若然者，其心忘，其容寂」，「喜怒通四時，與物有宜而莫知其極。」這些真人都是那些容貌顯得寧靜淡然，心裡能忘懷一切的人。喜怒哀樂的性情能夠與四時相通，對生活裡的任何事情都能夠坦然應對。

莊子借助真人，表達了對於死亡的一種態度，就是第一不怕死，第二也絕不找死。這種觀點跟儒家思想是有不同的。儒家講仁人志士可以「殺生而取義」，可以捨去自己的生命而維護一個大的道理。

在生命長河中，儒家與道家表現出兩種不同的態度。儒家的姿態是烈士，道家的姿態是高士；儒家的姿態是與時間去爭搶，搶出來有限的時光去建立功業，而道家的態度是在流光中順應，去把握每分每秒，去樂生。

這兩種人生觀最終的殊途同歸是什麼呢？那就是讓生命獲得價值。

但是，人生的價值判斷永遠都不會相同。

有的人更多是看重歷史上的名垂青史，看重社會上的建功立業，讓個人生命付出代價，也要去建立一種社會功勳。也有的人更多是看重自己內心的完善、安頓和自己道德上的成全。

如果是前者，他在對於人生的心有不甘就多一點，而後者則淡泊就多一點。其實這就是儒與道在作用於我們內心時候，在我們擁有的相同的光陰中呈現出的不同的態度。

其實，中國人在對待生死的態度上，往往表現出兩種不同的態度，一種以屈原為代表，一種以司馬遷為代表。

屈原投江自盡，選擇了一種激烈的方式。為什麼？

屈原生當戰國亂世之中，作為楚王的同姓貴族，作為一個士大夫，當楚國被攻破郢都的時候，當秦將白起把郢都屠城的時候，儘管一個人流落在外，儘管他還有很多國家可以去，但是，他知道，自己的宗廟和自己的國家都已經萬劫不復了。他生命的最好的終結就是隨著這一切一同歸去。

屈原之死既是一種殉國，也是一種無奈。用郭沫若先生的話說，他是在自己美好的理想和不能實現理想的現實之中被撕碎的。所以，這樣一個人，他必須採取這樣一種慘烈而決絕的方式來處理生命。

但司馬遷在生死關頭，採用了另一種方式，他看到了比生死名節更重要的事情。

司馬遷有一封著名的信，是寫給好朋友任安的，叫做《報任安書》，完整地表達了自己對於生死的態度。

莊子對於生命的態度，
第一他不怕死，第二他絕不找死。
——于丹心語

在信裡，司馬遷回顧了自己下獄、受刑整個過程。他說自己非常冤枉，以莫須有的罪名被誣陷，滿朝文武沒有人來救他。這種情況下，他當然可以選擇死亡，以維護自己的尊嚴。

可是，他沒有。他接受了作為男人最難以容忍的恥辱：腐刑，就是被割去了生殖器。他為什麼要忍辱偷生呢？因為他有一件更大的事必須完成，就是他亦欲究天人之際，通古今之變，而成一家之言的《史記》。

從他的父親司馬談把這樣一個史官的大業託付給他的時候，就告訴他，周公死後五百年而有孔子，孔子死後五百年至於今，沒有人能夠「紹明世」、「續《春秋》」，來把這樣一個時代記錄下來，傳承歷史。所以，司馬談臨死之前，把編撰《史記》的重任交給了司馬遷。所以，司馬遷說，他面對歷史託付下來五百年一人的使命，他自己的態度是「小子何敢讓焉」。天降大任於斯人，有這麼大的事情，那麼寧可受辱也絕不輕生，這就是司馬遷的態度。

其實這樣的態度，跟莊子給我們講述的生命態度，可以形成一個映襯。

莊子對於生命的態度，第一他不怕死，第二他絕不找死。

但在現實生活中，有這樣一些人，他們因爲在生活中受到挫折，或者感受到壓力，就選擇了輕生。

是什麼原因使他們害怕生命中的挑戰呢？

現在，在大學裡的學生都承受著一種壓力，大家心情很沉重，就是在這個獨生子女時代，輕生的孩子越來越多了。在一些大學裡，按年度去統計，大學生、研究生、博士生的自殺率真是不低啊。

原因無非幾種，最多的一種是感情問題，戀愛沒處理好，覺得此生無望了，殉情。第二種，工作沒找好，覺得自己從小就是一個尖子，上了這麼好的學校，社會還不接納自己，憤而輕生。第三種，覺得學習壓力太大了，覺得太壓抑，人生沒有什麼樂趣。

這些輕生的孩子在他們的人生剛剛到達二十個樓層的時候，把自己連同他們的背包一起從樓上扔了下去。他們的理想還沒打開，甚至也沒來得及放下，一切就都隕落了。

他們絕大多數都是獨生子女，從小就生活在小皇帝的那種環境之中，四個老人、兩個大人供著一個小孩子。這個家庭是個金字塔，孩子永遠在塔尖之上。這樣長大的孩子，怎麼可能不惟我獨尊？

但是，社會也是一個金字塔，每一個公民剛剛走進社會，就意味著要做塔的基座。我們現在一個悖論，就是每個從家庭的塔尖走出來的獨生子女不肯做社會的基座。當不願意做基座的時候，他面對的不是簡單的心理失衡，走到極致就是對於生死輕易的選擇。其實，我們最不希望看到的，就是在今天種種壓力下，人由於這種失衡而採取的對生命最草率的一種處理。

輕生的方式在今天有兩種，一種明顯的方式是果決地把自己像一件破衣服那樣從高樓頂上扔下去。

另外還有一種隱蔽的輕生方式，就是讓自己放任自流。在工作崗位上他不思進取了，在一個無望的家庭中不營建感情了，在朋友圈中窮困潦倒、醉生夢死了。這個人成為了行屍走肉。他的肉體的生命沒有寂滅，但是心其實已經死了。他那個痛至極點的心也已經寂滅了。

今天我們討論生死這個話題，看起來很遠，其實離每一個人很近。

我們生命中究竟還有多少肌體在活著？我們的心中到底還有多少夢想在活著？我們的未來到底還有多少希望在活著？人跟人的回答並不相同。

所以，帶著自己心裡最初的夢想，以莊子的豁達去穿越生死大限，也許在今天要比莊

抉擇過多，人生之累相對也多。
——于丹心語

子生活的那個時候更重要。莊子那個時候物質太貧瘠了，人的選擇太少了，所以活下去會變成一個單純的願望。

而今天人可能擁有太多的富足，但是在抉擇的迷惑中反而會不堪重負。也就是說，抉擇過多，人生之累相對也多。

所以在當下，不僅是抉擇生與死這種外在的選擇，更重要的是在自己的心靈中讓多少有價值的生命能夠真正活下去。

《莊子》看似都是一些「謬悠之說，荒唐之言，無端崖之辭」，如果真正把他和我們自己的狀態聯繫起來，會發現莊子的悲天憫人在於他的每個故事都貼近人心。

看見自己內心中生與死的較量，看見我們可以活下去的那個希望，其實我們是可以在有生之年真正做到樂生，做到順應，做到當下的快樂，活好每分每秒。真正到生死大限來臨的時候，有一份微笑的坦然，可以面對死亡說：我此生無憾。

其實這是我們每一個凡人可以企及的境界，這也就是莊子在今天的一個解讀。

堅持與順應

于丹《莊子》心得之七

每個人都是一個獨立的個體，但同時也是社會中的一員。莊子認爲，在人的內心應該堅持自己的秉性而不要隨波逐流，而面對外在的世界，則應該通達和順應。我們怎樣才能做到內心的堅持和外在的順應呢？

莊子在他的書裡面提出一種人生的價值觀。這一次他是假託了孔子之口說的。〈知北遊〉篇中說：「仲尼曰：古之人外化而內不化，今之人內化而外不化。」

這兩句話怎麼理解呢？

「外化而內不化」，字面上的意思是說，外表隨物變化，而內心有所堅持，凝靜不變。一個人在社會上生存，需要順應規則、遵從法度、與人交往，這一切都是我們可以叫做外化的東西。一個人在表面上可以非常隨和，一切可以放下來，與人融通，這就是一種化境。但是，一個人之所以成為他自己，有他獨特的價值觀，有他獨特的風格，有一個人內心的秉持，就在於他的內心真正有他的「不化」。

也就是說，生命應該有所堅持，而生存可以隨遇而安。

我們真的能夠做到這一點嗎？其實，這個命題對今人來講更加重要。

我們外在的大千世界每天都在變化著，已經進入了一個資訊時代。每天出現的新情

> 生命應該有所堅持，
> 而生存可以隨遇而安。
> ——于丹心語

況、提出的新規則對每個人來講都是一種新的尺度、新的座標。我們是食古不化，堅持自己保守陳舊的、循規蹈矩的、墨守成規的準則，還是與時俱進調整自己呢？

「外化而內不化」，就是說，面對外在的世界，則應該通達和順應；而人的內心應該堅持自己的秉性而不要隨波逐流。

那麼，為什麼對於外在世界，我們一定要通達和順應呢？

芸芸眾生，大千世界，有太多太多的不得已，不是我們能夠左右的。人人會在這個世界上遭遇危險，人人都會面臨一些困境，人人都會在一些突然而來的變故中遭遇到一種內心的挑戰。

我們能做到處變而不驚嗎？

莊子在〈秋水〉篇裡面講了這樣一個故事：

這個故事的主人公還是假託為孔子。孔子有一次周遊衛國匡地的時候，突然之間遭到了衛國人的圍攻，大家把他一層一層地包圍起來。孔子坐在那裡，「絃歌不輟」，在那兒彈著琴、唱著歌，沒有停下來的意思。

這時候，他的弟子子路慌慌張張地進來了，一看老師還這樣呢，就質問老師說：「何夫子之娛也？」外面都要打進來了，咱們有性命之憂了，您怎麼還有娛樂的心思啊？

孔子淡淡地說：「來，吾語女。」你過來，我告訴你我是怎麼想的。

孔子說：子路啊，你看看我這個人，我的道行陷於窮困之境已經很久了，叫做「我諱窮久矣」，這是為什麼呢？這是我的命。我希望我的道行通達也已經很久了，但是也沒有得到，為什麼呢？這是時運不好。在堯舜的時代，政治清明，天下是沒有不得志的人的，並不是因為他們智慧高超；在桀紂的時代，暴君當道，天下沒有得志的人，也不是因為他們才能低下。這一切都是時勢造成的啊！

世界上有很多不同的勇敢，一個人在水中穿行不避蛟龍，這是漁夫的勇敢；一個人在陸地行走不避犀牛猛虎，這是獵人的勇敢；一個人在白刃相交於前，能夠視死若生，這是烈士的勇敢；懂得窮通之道是由於天命時運，遭遇大難而不畏懼，這是聖人的勇敢。

最後，他安慰了子路一句，說「由處矣」，你就稍安勿躁，歇歇吧，「吾命有所制矣」，我自己知道我的命數是有定數的。

又過了一會兒，果然有個帶著兵器的軍官進來，對孔子說：對不起，我們弄錯人了，我們圍的是一個叫陽虎的人。《論語》裡面對這件事也有記載，說陽虎的面貌跟孔子面貌有點相似。現在知道你不是陽虎，我們向你道歉，撤兵了。

莊子在他的〈秋水〉篇裡為什麼要引用到這個寓言呢？這是為了告訴人們，只有內心

只有內心安靜、勇敢，
在外在的氣度上才能表現為處變不驚。
——于丹心語

安靜、勇敢，在外在的氣度上才能表現為處變不驚。

這就是內心有所秉持，是為「內不化」。

在今天的世界上，我們太容易受外在言論的干擾了。這樣一個物質豐富的時代，只要有幾個人跟你說話，三人而成虎，就能夠影響人的想法；如果七、八個人一起鼓譟，那改變一個人的想法就很容易了。

我讀過一個很有意思的小故事：

有一個人，他的朋友跟他打賭，說：你今天在你屋子裡面掛一個空鳥籠子，掛一些天之後，你非養鳥不可。他說：不可能。掛鳥籠子和養鳥，是兩回事。

他朋友說：那我們打個賭吧，你掛一個鳥籠子試試。

他就真在屋裡掛了一個鳥籠子。從他掛上鳥籠子起，到他家來的客人不經意地都要看一眼籠子，然後就問他：你的鳥是死了，還是飛了？你原來養的是什麼鳥啊？要不然我給你送一隻吧。

這個人跟人解釋。第二天，客人又來了，說：你看看空籠子還掛在這兒，你特傷心吧！你那鳥死了多長時間了？你是不是不會養鳥啊？我給你買了一本養鳥的書，看看吧。

到第三天，有人就開始捧著小鳥來了，說：大夥兒看見了空鳥籠子，鳥死了，挺可惜的。我送你一隻鳥吧，還有鳥食，我告訴你怎麼養鳥。拿鳥的、拿食的、拿書的，來的實在讓這個人不堪其擾。

沒過一星期，他說：算了，我就養隻鳥吧，省得別人成天問這個鳥到底是怎麼回事。所以，這個籠子裡真地養上了鳥。

這是一個寓言嗎？它多像是我們的生活。

我們在年輕的時候內心都是有所堅持的。但是，日常生活總是在考驗著我們，外部世界總是在試圖改變我們。這其實就跟空籠子終於養上了鳥是一個道理。也就是說，我們為什麼會改變一種習慣呢？是因為我們「內不化」的力量太弱了。

> 莊子所說的「內不化」，是指無論外界如何變化，一個人的內心不要受外界的影響，一定要有所堅持。
>
> 莊子所說的外化，則是指在與外界相處時要通達，要使自己的行爲與社會相順應。
>
> 但一向超脫的莊子，爲什麼會提倡順應外在世界呢？

莊子在他的〈人間世〉裡，假託孔子之口說：人間萬事有很多規則，有兩種東西你必須遵守，一個是命，一個是義，這是「天下大戒」。什麼叫大戒？就是足以為法的最大的戒律。子女事親，對父母盡孝，這就是命，命定的必須要這麼做。人臣事君，對國家盡一份忠誠，這就叫義，是無法逃避的必須做的事。

我們所了解的莊子一直提倡特立獨行、遨遊天地、心遊萬仞。在這裡，他又提倡遵守這命與義的「天下大戒」，與我們的想像有所不同。

其實，在當今世界，我們哪一個人能夠跟他人沒有關係呢？我們哪一個人光憑著內心的驕傲，光憑著內心的一種秉持，就可以安身立命呢？

有一個故事說得好：

有一個使者考察天堂和地獄。他下到地獄的時候發現，被罰到這裡來的人，一個個餓得面黃肌瘦，都像餓死鬼一樣，每天非常痛苦。地獄裡不給他們吃的嗎？不，有吃的，問題是給他們手裡的勺子太難用了。每個人手裡都拿著一把一公尺長的勺子，儘管勺子裡面裝滿了食物，但怎麼也放不到自己的嘴裡。所以，地獄裡的人越想吃到東西，內心就越受煎熬，所以形容槁枯、面黃肌瘦。

這個使者又到了天堂。他看到天堂裡每一個人都是紅光滿面、精神煥發。他覺得天堂的日子這麼好啊。但是他看到一個現象，大吃一驚。天堂裡的人吃食物跟地獄沒有差別，大家互相扶助，才會其樂融融。
——于丹心語

每個人手中拿的也是一公尺的長把勺子。

為什麼天堂裡的人能夠那麼和美歡暢呢？只有一個奧祕，天堂裡的人用長把勺子互相餵別人食物，而地獄裡的人是用長把勺子往自己的嘴裡餵，所以永遠挨餓。

其實，這就是我們的社會真相。我們手中可能都拿著一公尺長的大勺子，這就是社會賦予我們的、你必須接受的一種規矩，是社會的法則。

為什麼要提倡人的外化呢？當你用長勺子給他人餵食物的時候，你內心真正有所堅持的東西才會得以實現。大家互相扶助，才會其樂融融。

莊子提倡順應外在世界。同時，他進一步認爲，人在處世時，有一件更難的事：言語。

說話可是人們在社會交往中最基本的工具，我們在說話時，應該注意什麼？什麼可說？什麼不可說？

說話這件事可是個難事，言多語失啊。莊子還是借孔子之口說：那個時候，兩國之間的外交，遠的地方要有使者傳話，近的地方要憑書信保持交往。兩國之間，不管書信往來，還是言辭往來，都要可靠，都要忠信。

莊子說：什麼樣的話最難傳？「夫傳兩喜兩怒之言，天下之難者也。」最難傳的就是兩國國君帶有喜怒的言詞。兩個國君喜歡的言詞，傳話者往往會添上更多的好話，兩國國君憤怒的言詞，傳話者往往會加上更多的壞話。失真的言詞沒有人相信，傳話者會招惹殺身之禍。

那麼，傳話者怎麼才能做到不失真呢？應該「傳其常情，無傳其溢言也。」也就是說，平平實實傳話，千萬不要添枝加葉，添油加醋。所以，語言一定要非常慎重。

有這麼一個傳說：

在非洲的一些部落，老酋長在傳位的時候，總要找到富於智慧的年輕人來繼承衣缽。酋長用什麼去考驗人的智慧呢？

老酋長問一個他看重的年輕人，說：「你給我做兩頓飯。你一定要讓我吃得非常舒服，合乎我的胃口，我才能把衣缽傳給你。第一頓飯，你去給我找天底下最好最好的東西來給我做。」

這個年輕人做好了，端上來，揭開蓋子，老酋長一看，是用舌頭做了一餐飯。酋長問：「為什麼你要找動物的舌頭呢？」這個年輕人說：「因為天底下最好最好的言辭都是說出來的，再也沒有比舌頭更美的東西。」老酋長說：「說得對。」就把這頓飯吃了。

酋長接著說：第二頓飯，你去找天底下最最難吃的東西，拿來也給我做一頓飯。」

這個年輕人又做好了。老酋長揭開一看，一模一樣，還是舌頭。

酋長問：「你為什麼又給我做了一頓舌頭啊？」這個年輕人說：「這個世界上真正的災難都是因為舌頭造成的，再也沒有一樣東西比舌頭更惹禍的，天底下最壞的東西就是舌頭。」老酋長說：「好，你已經洞悉了天下的明理，所以這個酋長之位是可以傳給你了。」

這樣一個傳說恰好和莊子所說的「傳其常情，無傳其溢言」相吻合。

這個舌頭怎麼能讓它不成為天下最巧言令色、最虛妄無聊的東西，也不成為天下災難的肇端呢？那就是要做到「傳其常情」，實實在在傳遞出事情最真實的部分。

現代人最大的困惑，就是如何面對千變萬化的外在世界而內心不變。

如果我們沒有內心的定力，就會隨波逐流，喪失自我；但如果我行我素，桀驁不馴，又會被社會所不容。

那麼，我們如何才能做到內心的安定？我們如何才能達到莊子所提倡的堅持內心而順應外在的境界？

莊子在〈大宗師〉裡面，講了這麼一個老人的經驗：

一個老者，年事已經很高了，卻面如孩童。別人很奇怪，問他，為什麼這麼年輕？

老人說：我懂得道啊。要參透聖人之道，必須有所持守。這持守參悟，有七個階段：「吾猶告而守之，三日而後能外天下；已外天下矣，吾又守之，七日而後能外物；已外物矣，吾又守之，九日而後能外生；已外生矣，而後能朝徹；朝徹而後能見獨；見獨而後能無古今；無古今而後能入於不死不生。」

首先一步，要「外天下」，也就是說，忘記天下所有牽絆你的人情世故。比如說住房子，你住得舒服還是不舒服，吃美食是可口還是不可口，所有的這一切，其實是身外之事，不要在心裡牽掛太重。如果你把外在的一切，包括社會規則、人際關係等等，都排除在你的心外，你就遠離了世故，遠離了很多外在能約束你的規矩法度，這是第一步。

第二步，叫「外物」，就是把物質世界的東西盡量剝離出去。其實「外物」很不容易。比如人的口腹之欲，要真正忘掉，真難。現在有多少人因為吃河豚而中毒，他們為了河豚的美味，甘願用生命去冒這個危險。其實，冒險的人有沒有想過親人的牽掛？有沒有想過他生命的分量？有沒有想一想明天你自己生命中還有哪件事情沒做？其實這就是不能做到「外物」。所以，莊子說，外物是第二步，把所有物質的東西，從你的心裡拿走。

第三步，有點難了，叫做「外生」，也就是說，超越了生死。超越生死，並不是不看重生命，不重視人生，而是順應自然規律，從容自在，樸素歡喜，活在當下，享受你的生命中的每一個時刻，安詳地穿越人生。

第四步，人就要徹悟了，叫做「朝徹」，心境洞明澄澈。當你把外在一切東西都騰空了，你的心靈開始有了虛靈之境。大家知道，只有空曠的屋子可以裝下光明，只有真正乾淨的房間，陽光照進來的時候可以達到「虛室生白」，這是一種溫暖歡欣的境界。

第五步，叫做「見獨」。獨是什麼？是指惟一，指的是惟一的天地大道。見獨，就是人能夠達到洞見天地萬物的道理這一精神世界。天下紛擾的萬事萬物，在你的眼睛裡已經不再神祕。你不會再孤立地看很多事了。你的思想會更加通透了。

第六步，叫做「無古今」，你能夠貫穿古今的長河，沒有時間的限制和阻隔。我們今天講莊子、講孔子、講先秦的諸子，我們都會有一種溫暖的感覺，所謂「道不遠人」，他們真正的道理都貼近當下，在今天依然讓我們感慨感動。我們今天看古往今來的文人墨客，他們的詩詞歌賦依然讓我們怦然心動。這就是無古今。

當古人的這些切膚之感、天地之歎都進入到我們的生命之中，我們才達到莊子所說的第七重境界，叫做「不死不生」，追求到了一種人生的永恆。

人生不會因為物質生命的隕落而真正寂滅，也不會因為有這個形體存在而忽略了生命的本真，這大概就是莊子所謂的不死不生吧！

不要認為道家永遠只提倡精神的自由，而沒有規則的順應。道家並不是只知道吸風飲露、不食五穀、遨遊天下，他們也跟我們一樣。

莊子所提出來的「外化而內不化」，是要我們的心靈逐漸地騰空，把我們心中雜念逐漸地排除，讓我們心底真正那個內化的依據能夠有所秉持。而在外在，本著內心的寬容和洞察的清明，隨遇而安，不與世爭，這樣的話，我們可能會把每一個當下活得更好，會把人生整個的流光以一種從容的姿態安詳走過，少了很多的紛爭，少了很多矛盾，而我們最後會獲得一個圓融的、合乎道的、合乎天地自然的自己的生命境界。

本性與物性

于丹《莊子》心得之八

莊子認爲，人生的最高境界是逍遙遊。

人的本性是無羈無絆的，只有釋放了人的本性，才能達到逍遙遊的境界。

人的本性，不應該被外物所役使，所左右。順乎自然，就能獲得人生的幸福快樂！

讀《莊子》，大家都知道有一個最高的境界叫做「逍遙遊」。

這個「遊」字，莊子用過很多。比如，他說在天地之中，要達到「乘萬物以遊心」的境界。那麼，什麼是「遊」呢？我們每一個人能夠達到「遊」的境界嗎？

《莊子》裡有一篇叫〈在宥〉，這一篇裡面，莊子講了這樣一個故事：

雲將到東邊遊歷，經過扶搖神木之枝的時候，見到了這樣一個人，名叫鴻蒙。鴻蒙是自然元氣凝聚、渾沌未開的老頭兒，此刻他正用手拍著大腿，像鳥一樣跳來跳去地玩兒，「雀躍而遊」，很開心的樣子。

雲將問道：老頭兒，你是誰啊？你在幹什麼呢？

鴻蒙也不停，還在用手拍著大腿，像鳥一樣跳著玩兒，回答了一個字：「遊！」說我在遨遊呢。

雲將說：我有問題想要來問問您。老頭兒天真得像個小孩，仰面看著雲將，又回答了一個字：「啊！」

雲將說：「天氣不和，地氣鬱結，六氣不調，四時不節。」這樣的一個天地萬象，沒有一樣事情是和諧順利的。我願意合天地所有精華之氣來養育芸芸眾生，使百姓的生活風調雨順。我這樣一個理想，怎麼才能做到呢？

沒想到這個鴻蒙繼續拍著大腿蹦來蹦去，嘴裡回答說：「吾弗知！吾弗知！」我不知道啊！我不知道啊！

雲將什麼答案也沒問出來。

又過了三年，雲將又東遊，在有宋這個地方恰好又一次碰到了鴻蒙。這一次雲將非常認真，快步上前，把鴻蒙尊稱為「天」，說：您還認識我嗎？我終於又遇到你了。你這一次一定要回答我的問題。

鴻蒙對他說：我在天地之間浮遊，從不知道追求是什麼；我隨心所欲，自由自在，不知道要到哪裡去。我只知道縱遊在紛繁的世間，觀察天地萬物。我哪裡知道什麼道理啊？

最後在雲將一而再、再而三的堅持之下，鴻蒙終於脫去了一副老頑童的外表，把心裡最樸素的真理說了出來。他說了兩個字：「心養。」「心養」，其實也就是「養心」，修養心靈。

鳧脛雖短，續之則憂。
鶴脛雖長，斷之則悲。
——〈駢拇〉

現在我們常常提到「養生」，但是很少提到「養心」。讓你心中有一些意念，有一些徹悟，有一些天地至理，有一些生命最真純的願望，能夠真正地自然生成，並且讓你看清自己。

其實，小到一個個人的生命，大到自然社會的萬物之理，都在乎心養。

鴻蒙告訴雲將「墮爾形體，黜爾聰明」，你要忘掉你的肢體，拋開你的聰明，把你所有外在的一切都忘掉，做到「倫與物忘」，人投身到大自然中，用你更多的心智，去體會大自然給你的一切。當你真正能夠順乎自然，讓心真正飛翔起來，釋放出來，就做到了「解心釋神」。

我們怎麼樣才能像鴻蒙一樣，拍著大腿跳來跳去，玩樂天真得像個孩子，逍遙自由？莊子認為，只有釋放了人的本性，才能達到逍遙遊的境界。

但是，對於我們現代人來說，當我們在生活的壓力之下，當我們處於社會所賦予的各種角色之中時，我們想到過自己內心的真正感受嗎？我們是不是已經被束縛了本性而全然不知呢？

當我們真正進入社會之中，當我們被一個社會角色所規範的時候，當我們追求名利的時候，我們已經被束縛了。

在這個過程中，沒有別人可以幫助自己，只有自己解放自己的心靈、釋放自己的魂魄，所有的一切都已經自然順暢。到這個時候，天下的眾生萬物會各復其根，人不再矯情了，人不再強制了。去掉了所有的強制，這個世界會是一片蔥蘢的綠色。

我們大家都有過這樣的經驗，節假日去逛公園，看到的樹木都是被修剪過的。有很多公共場所都把樹木修剪成一個個動物的形狀。每當我看到這樣的景觀時，心裡就非常納悶兒，植物本身不是動物，我們沒有必要逼著動物成為植物，我們又何必非逼著植物去做動物呢？

其實，我們今天繁華的物質世界不是不夠美好，而是這種美好有了太多人為的痕跡和社會化的標準。我們能夠貼近自然的地方已經太少了，所以我們就不再有拍著大腿像鳥兒一樣跳來跳去那樣的歡欣。

什麼樣的人生是至極人生呢？

鴻蒙告訴雲將：「萬物云云，各復其根，各復其根而不知。渾渾沌沌，終身不離。若彼知之，乃是離之。無問其名，無窺其情，物固自生。」

天地萬物紛紜，應該各自回歸各自的本性。渾然不用心機，其本性才會終身不離。如果使用心機，就會失去本性。不要去追問它們的名稱，不必去探究其中的道理，讓這個世界上的一切自由生長吧，讓各種生命自然蓬勃吧，這才構成了天地和諧。

我們今天遠離這個境界已經太遠太遠了，我們已經有太多的時候習慣於追問、習慣於探究，卻忘記了自己的本性。

有一個寓言，說的是青蛙看見蜈蚣行走，非常好奇，就問蜈蚣說：「你看我就四條腿，有前後的分工，每次都是一蹦一蹦地前進。你這蜈蚣號稱百足之蟲，有這麼多隻腳。我就是不明白，你走路的時候，最先邁的是哪隻腳？」

這句話一問，蜈蚣「啪」地就頓在那兒，不會走路了。

蜈蚣說：「你不能再問我這個問題，希望你以後也不要問任何蜈蚣這個問題。我不知道先邁哪隻腳。我要一思考，我所有腳都不會動了，我都不知道該怎麼走路了。」

這多像我們的生活。

大家想一想，我們生活中的頭緒之多，大概比蜈蚣的腳只多不少吧？你的生活、你的工作、你的交友，從老人到孩子，從上司到同事，當這一切一切順理成章地成為你生活的組成部分時，我們是無法過多思考的。

大家都知道這句話：人類一思考，上帝就發笑。上帝也許是在笑我們違背了一種順其自然的真實。

所以，莊子有這樣一個觀點，叫做「有大物者，不可以物」，也就是說，真正擁有了這個天地世界，就不要被外物所役使、所左右。不要拘泥，不必刻意，順乎自然，這一直是莊子至極根本的觀點。

莊子提倡順乎自然，但在現實生活中，有那麼多的社會標準規範著我們的言行，有那麼多名利誘惑擺在我們的面前。

那麼，我們該怎麼樣面對誘惑，減少迷惑，讓自己保有本性的眞實和澄澈呢？

莊子說過一句驚心動魄的話：在我們的這種以聖賢為規矩法度的價值標準中，「自三代以下者，天下莫不以物易其性矣。」

也就是說，從堯、舜、禹大治天下以來，人們無不在以外在的物質標準去改變人的本性。

莊子說：人人都看重自己的一些東西，「小人則以身殉利，士則以身殉名，大夫則以身殉家，聖人則以身殉天下。」

同樣是拋棄生命，聽起來好像很不一樣，小人為了一點點利益，可以丟了性命，大家會不齒。士為了名譽放棄了生命，大家會覺得這是應該的。士大夫為了一個家族的利益，犧牲了自己的生命，大家會覺得很好。而聖人為了天下的安定而拋棄了個人的生命，這叫做崇高。

但是在莊子看來，這一切是一樣的，無非是「事業不同，名聲異號」。但是，「其於傷性以身為殉，一也」，從「以物易性」這一點上來講，都是一樣的，都是不應該的。

莊子說：這個世界上有很多很多的誘惑和迷惑，「小惑易其方，大惑易其性。」小迷惑改變的是人生的方向，大迷惑改變的是人的本性。

這兩句話值得我們今天好好地玩味。

今天這個世界，迷惑少嗎？誘惑少嗎？困惑少嗎？疑惑少嗎？充天斥地這一個「惑」字，古往今來莫過於二十一世紀如此之多！

在這個惑裡面，小惑能改變我們的人生方向。比如說孩子高考，填報志願。一個孩子說：我想學物理，我對宇宙的奧祕、對天體黑洞感興趣。但是家長說：學理論科學能學得出來嗎？咱們學金融管理吧，以後能掙錢啊。一個考文科的孩子說：我想當詩人，我的志願是念中文系。家長說：當詩人以後能掙飯吃嗎？學法律吧，以後當律師啊，收入高。其實這就叫「易其方」，為了某種現實的功利的目的，改變心中的理想。

這是小惑，而大惑會「易其性」，也就是說，讓一個人做出跟本性相違背的事情來。比如說，這個世界的不忠、不孝、不義。這一切都是因為什麼呢？所謂利令智昏，當利能夠令智昏掉，心中就不再有洞明清澈的智慧，那麼，一切迷惑會讓我們改變本初之性。

有這樣一個故事：

有一個人得到了一張天下無雙的弓。這把弓用多年的紫檀古木製成，沉實、壓手，非常好用。

這個人愛不釋手，但又覺得它不夠華美，太樸素了。於是，他找了一個天下第一的能工巧匠，請他在弓上雕刻一幅行獵圖。

這個巧匠盡心施展一身的技藝。行獵圖完成了，雕刻在弓上，果然維妙維肖，有奔跑的馬、有追逐的獵物、有搭弓射箭的勇士、有天上的太陽、地下的土地，還有遍布整張弓的美麗花紋。

這個人欣賞著這張弓，感覺現在這張弓才真正叫做至極完美。這個時候，他搭弓引箭，用力一拉，「嘣」的一下，弓在他手裡斷了，恰恰是因為這個木頭上承載了過多的美麗花紋。

弓看起來很美麗，卻因為美麗而失去了它成為一柄良弓的可能。我們有多少時候就是為了這種表面的裝飾而失去了生命本初的質地。這就叫做「捨本而逐末」。

我們自己又何嘗不是這樣的一柄弓呢？我們本來可能比現在更好，但是，我們由於沒有看見自己真正的生命本初，沒有認清未經雕琢的原始面貌和心中的樸素願望，我們常常會做出損性而傷命的事情。

貪欲往往折損了人的本性，使人成爲物質的奴隸。

人的欲望是沒有止境的。如果一個人丟失了自己的本性，在瘋狂地追求物質利益的同時，災難也會隨之而至。

人心應該是自然的，不應有很多刻意的羈絆和外在的雕琢。只有這樣，才不會迷失自我。

有一個傳播很廣的寓言：

一隻小狗問牠媽媽：「我有一個朋友跟我打賭，說你只要做到一件事，就能夠得到最好的幸福、最大的歡樂，就是抓住自己的尾巴。我這一天就跳著蹦著追自己的尾巴，怎麼抓也抓不著。媽媽，我這一輩子是不是就達不到幸福和快樂了呢？為什麼我連自己身上的人永遠不要和自己已經獲得的東西去較勁。
——于丹心語

東西都抓不著呢?」

小狗媽媽笑了:「幸福和快樂就跟你自己的尾巴一樣,你沒有想著抓住它的時候,你自己往前走,它永遠都跟著你。你為什麼非要抓住它不可呢?你忘了它吧!」

人永遠不要和自己已經獲得的東西去較勁。

小狗的尾巴是牠身體的一部分,自己往前走,一切會跟隨你的。人生的幸福快樂,其本身也是人生的一部分,刻意追求,往往得不到。但如果認真地生活,幸福快樂就永遠跟隨著你。其實,這就叫做無心得。

莊子一向不崇尚人的刻意,一向不崇尚人的矯情。他希望所有的生命就像天地間蓬勃的植物和快樂的動物一樣,真正能夠在這個世界上以一種樸素歸真的姿態而出現。

莊子有一種觀點,說我們每一個人的心應該像一面鏡子。「水靜猶明,而況精神!聖人之心靜乎!」水什麼時候能夠照到天地萬物呢?只有在一種情況下,就是水是安靜的時候。

我們想一想,急流大浪中,水照得到自己的影子嗎?當我們的心也像急流澎湃、大浪洶湧的時候,世間萬物也照不進我們的心裡。

我們應該怎麼樣去參破世間的至理呢？需要我們心靜，靜得像一面鏡子，成為「天地之鑒也，萬物之鏡也。」

這樣的心對於世間的萬物既不逢迎，也不拒絕，安安靜靜、坦坦然然地去接受、去反射、去照見而已。

當我們的心靈保持這樣的狀態時，我們會以一種最清明的理性看見了世界，也看見了自己。

鏡子是什麼？從鏡子表面來講，無非就是一層玻璃。鏡子和玻璃的區別是什麼？就在於它裡面含有一層薄薄的水銀。

沒有水銀的玻璃，你只能透過它看見外在的世界；當有一層水銀膜擋在那裡，你就可以通過它看見自己，同時你也可以看見世界。

我們的心裡應該擁有這麼一層水銀，把我們眼前的玻璃化為一面鏡子，不僅外視世界，而且自視內心，讓這樣的一方天地之鑒可以照見自己生命的本真。

莊子一直都提倡人心一定要自然，不要有很多刻意的羈絆和外在的錘鍊。

《莊子》中有一篇叫〈馬蹄〉，說：「馬，蹄可以踐霜雪，毛可以禦風寒。齕草飲水，翹足而陸，此馬之真性也。」馬的蹄子可以踏霜雪而飛奔，馬的皮毛可以抵禦風寒。牠吃

每一個生命都要求得到尊重，
也應該得到尊重。
——于丹心語

草喝水，自由馳騁，蹦蹦跳跳，歡歡暢暢，這就是馬的本性。你讓馬住進高大的殿堂，牠不會感興趣。

但是很不幸，伯樂出現了。伯樂說：「我善治馬。」他是怎麼對待馬的呢？他要修剪馬的毛髮，對馬蹄子要燒治、要削刻、要烙印，給這些馬勒上馬嚼子、捆上腳絆子，關進馬槽裡拴住。等伯樂做完這些的時候，馬的十有二三都已經死了。

伯樂還要訓練呢！他要讓這些馬餓著、渴著，奔跑、馳騁，編隊整齊、步伐一致，前面有馬嚼子勒著，後面要有鞭子趕著。到這個時候，馬已經死傷過半了。

其實，莊子給我們提供了一種與眾不同的價值判斷。

我們站在社會需要的角度，可以評價伯樂是一個善於發現駿馬、訓練駿馬的優秀人才。但是莊子認為，伯樂恰恰是戕害馬天性的最大的兇手。因為他違反了馬的先天本性，扼殺了馬的歡樂。

在莊子看來，所有這些外在的雕琢治理，實際上都違反了自然本初之意。也就是說，每一個生命都要求得到尊重，也應該得到尊重。每一個生命的本初是什麼樣的，就應該讓它是什麼樣的。

所以，莊子說：「吾所謂聰者，非謂其聞彼也，自聞而已矣；吾所謂明者，非謂其見

一個人真正的聰明，不是作用於外在世界，
而是靜下心來，發現自己生命中最本初的願望。
——于丹心語

彼也，自見而已矣。」我所說的耳聰，不是說他能聽到世間所有的聲音，而是他自己能夠聽到自己的聲音；我所說的目明，不是說他能看見世間所有的事物，而是能看見自己。

一個人真正的聰明，都不是作用於外在世界，而是靜下心來，發現自己生命中最本初的願望。

一個小小的嬰兒，他的價值觀跟我們是不一樣的。

我見過這樣的場景：一個六七個月的小嬰兒，周圍堆著各式各樣的玩具，豪華的積木啊，漂亮的絨毛熊啊，電動火車啊。可是他一概不感興趣，手裡擰著一個空瓶子，專心致志地玩兒。

家長會按照自己的判斷，熱烈地對孩子說：「你看這個電動娃娃多漂亮啊！你看看這個小火車可貴了！這個益智玩具設計得多巧妙啊！這個瓶子是個廢物，給你扔了，咱們不玩這個。」

這個空瓶子真的是廢物嗎？一個孩子在把玩這個瓶子的時候，那是他智力的發現，快樂的享受，而那些所謂昂貴的、華美的、益智的玩具，在他的眼中，可能視如糞土。

我們想想，身為父母，我們有幾個人尊重過我們的嬰兒？我們總認為孩子必須接受著大人的訓導，殊不知在一個小嬰兒的心中，有自己的快樂。

對一個家長來講，家裡的東西，只要安全和衛生，沒有什麼不是孩子的玩具。一切一切，他喜歡的就是他的快樂。

在紛繁喧囂的世間，怎麼樣才能認清自己的心靈，發現自己的本性呢？

莊子認爲，只要保持內心的恬淡清淨，以淡漠自然的態度去面對，你就可以保持一顆健康的、恆久的心。

其實，對人、對馬、對植物，甚至對自己，我們缺少的就是以一種靜觀之心去尊重真正的物性。

有這樣一個故事：

有一位木匠在幹活的時候，手一甩，把手腕子上的表給掉了。他到處找，但是遍地都是刨花木屑，一時找不到。徒弟們也來幫著找，人多眼雜，四處翻查，可是房間太亂，地上雜物太多了，怎麼都沒找到。這時候天黑了，大家說，等明天天亮再找吧。

木匠的小兒子一個人在木工房裡玩兒。晚上，他回去對爸爸說：「爸爸，我把你的表找回來了。」

木匠大吃一驚，問：「天都黑了，你怎麼找到的呢？」

小孩子說：「你們大家都走了，我一個人坐在那兒，就聽見那個秒針滴答滴答的聲音。我順著聲音過去，翻開刨花木屑，就把表拿著了。」

這是生活裡發生的一件小事，但卻說明了一個大道理。當我們身處世間的喧囂嘈雜，紛紛擾擾地追求，忙忙亂亂地尋找，往往一無所得。

一顆孩子的心，安靜天真地傾聽，就能聽到最細微的聲音。這時候就是我們找到的依據。

一塊巨石，懵懵懂懂、渾渾沌沌放在那裡，雕塑家開始工作了。他要雕一個美女頭像。

一個小孩子坐在旁邊。他驚訝地看著雕塑家用手中的刻刀，把一小塊一小塊石頭鑿落下來，一個玉潔冰清的美人，就從石頭裡一點一點地浮現出來。

浮出她的眼睛，眼睛是顧盼生輝的；浮出她的嘴巴，嘴巴好像能說話似的；浮出她的面頰，面頰上有一層聖潔的光彩。

孩子感到很奇怪，問雕刻家：「你怎麼知道她藏在裡面啊？你是怎麼把她給找出來的啊？」

雕刻家回答說：「我不知道她藏在石頭裡，她其實藏在我心裡。我只不過是把我心中的美人搬到了石頭裡。」

其實，我們把每天從事著的日常工作僅僅當作一個職業，完成的僅僅只是一件器物，而並沒有在工作中移植我們心中的願望和夢想。

我們沒有把手中的職業變成一個載體，來實現生命與職業的溝通。

其實，做到生命與職業的溝通，並不是依賴技巧，而是依賴我們心中的願望和夢想。這是需要勇敢和自省的。這需要我們每一個人真正能夠養心，讓自己的心合乎自然。用莊子的話來講，叫做：「汝遊心於淡，合氣於漠，順物自然而無容私焉，而天下治矣。」

今天我們說淡漠，似乎這是一個貶義詞。莊子的淡漠，指的就是恬淡的心境，清靜的行為。當這個世界過於喧囂嘈雜的時候，我們是需要一點點恬淡清靜的。當我們的心對世界萬物可以淡然處之，很多事情就可以持久了。

有一個小故事說得很有意思：

有一個國王得到了三個進貢來的小金人。這三個小金人形態一模一樣，重量分毫不差。國王就問：「那這三個小金人哪個更好更貴重呢？」

有一個睿智的大臣告訴國王：「拿一根草，從它的耳朵捅進去，看從哪兒出來，就能夠知道了。」

第一個小金人，草從左耳朵捅進去，從右耳朵出來了。第二個小金人，草從左耳朵進去，卻從嘴裡出來了。第三個小金人，草也從左耳朵捅進去，結果掉到肚子裡，不出來了。

這個國王恍然大悟，說：「我明白了，第三個小金人最貴重！」為什麼呢？其實這就像是我們的生活。

在今天這樣一個過於喧囂的世界裡，我們聽到的言辭、消息、故事、道理太多太多了，左耳進，右耳出，這是絕大多數人的情形，根本就沒有經過大腦。

第二種人呢，是進了耳朵，從嘴裡出來了，聽見什麼道聽塗說的消息，信與不信，都去傳播。

而第三種人，從耳朵進去，落在肚子裡，再不說話了。這是一個沉默的人，但他是一個有辨別的人。他能了解自己的願望，他能分清世間的真偽，很多東西不熱中，不逢迎，而以一種沉默的姿態讓自己「遊心於淡，合氣於漠」。

我相信，一個真正明朗、健碩的精神世界，是要依賴於我們自然的、樸素的、健康的、富於活力的肢體之上的。

讓我們放下更多的計較，放下更多的喧囂，放下更多的急功近利，看到長遠的未來，以莊子所說的這樣一種淡與漠，去保持我們恆久的心。

這種淡與漠不會消除我們生命的激情，卻能把我們的情愫變為一種更恆久的、更持續的生命力量。它會讓我們終其一生，保有自己的本真。

人生的本性，就是不受到社會的雕琢，不違逆內心的本真，看清晰心中的願望，真真實實地走自己的人生路。在這樣的淡與漠中，在這樣的不違真實裡，合於天地大道，實現自我修煉，終至大化天成。

心態與狀態

于丹《莊子》心得之九

面對生命，我們首先要有一種曠達的態度。
這種態度會決定我們生命的質量。
——于丹心語

我們常常感歎人生苦短，如何在短暫的人生中將自己的才能發揮到最佳狀態呢？莊子告訴我們：一個人的心態，決定了他的生活狀態。怎樣才能有一個好心態？怎樣才能活出生命的最佳狀態？

「生年不滿百，常懷千歲憂。」

「人生代代無窮已，江月年年只相似。不知江月待何人？但見長江送流水。」

人生百年。我們生命裡面的這一段光陰，跟整個時間的流程相比，是微不足道的。用莊子的比喻來講，「人生天地之間，若白駒之過郤，忽然而已」，好像是一匹白馬從門縫裡跑過去，那樣倏忽一瞬一樣。

那麼，這麼短的流光在我們自己的手裡，怎麼樣才能真正地善待生命？怎麼樣的生命才是人生最有效的呢？

莊子面對這個問題，給我們提供了一種態度，那就是：達生。

面對生命，我們首先要有一種曠達的態度。這種態度會決定我們生命的質量。心態決定人的狀態。

什麼是真正的曠達？

達生之情者，不務生之所無以爲。
——〈達生〉

莊子說：「達生之情者，不務生之所無以為；達命之情者，不務命之所無奈何。」「達生之情者，不務生之所無以為」是什麼意思呢？真正通達生命真相的人，不去追求生命中不必要的東西。也就是說，在生命中沒有價值的東西，就不要用此生的光陰去追逐了。

大家會反問，既然我認為沒價值，我還會追求嗎？當然，有的時候我們為聲名所累，有的時候我們趨同於社會的價值，為了人生中「無以為」的事情，我們就為了一口氣，去追求的還少嗎？

有時候，一個高考生，考上了一個他並不喜歡的專業，僅僅因為這個專業在清華大學。所以，他寧可服從調劑。家長驕傲地說：「我兒子上了清華啦！」孩子說：「我戴著清華的校徽啊！」其實他心中也許會有一種隱痛。他真正喜歡的專業可能在他第二志願的那個學校。此生，他錯過了。

有時候，年輕人，可能為了娶一個絕色的女子，也可能是為了嫁一個富商，也許會捨棄心中真正的愛情，僅僅因為眾人的目光和心裡的虛榮。此生，他（她）錯過了。

如果說真正做到「達生之情」，能夠不去追求生命中的「無以為」，這並不是一件容易的事情。

「達命之情者，不務命之所無奈何」是什麼意思呢？通達命運真相的人，不去追求命運中無可奈何的東西，命運中達不到的目標。他提醒我們，放下我們心中那點較勁兒的、執拗的東西。

在艾爾基爾這個地區，山裡的猴子經常跑到農田裡禍害莊稼。牠們的目的很簡單，無非是為了自己一點生計，儲備一點糧食。所以，這個地區就發明了一種捕猴子的方法，農民們在家門口放一點米，誘使猴子來。其奧妙在於用什麼樣的容器來裝這點米。

這是一種大口的瓶子，卻有細細的瓶頸。瓶頸的尺寸有奧祕，很細小，恰好可以容納一個猴子的爪子伸進去。但是，一旦猴子抓住一把米，攥上拳頭，就拔不出來了。

這個時候，如果「達生」，那麼猴子可以放下米，爪子還能拔出來。但是沒有一隻猴子願意這麼做。

在這個瓶子裡面，自然有大把大把誘人的白米，猴子們夜裡來偷米的時候，把牠細細的爪子，順著那個瓶頸伸進去。到了早上，你會看見一隻一隻猴子在那裡跟那個瓶子較勁兒，手裡緊抓著大把的米，但就是拔不出來。

這僅僅是一個群猴圖嗎？這是一個世相圖呢！

聽到這個故事，大家都會啞然失笑。但是，我們有多少人，手中抓著一把米不肯放下，因此連累了一生呢？

莊子說：「生之來不能卻，其去不能止。悲夫！」

生命這東西來臨的時候，父母沒有徵求我們的同意，就把我們帶到世界上了，我們是無法拒絕的。流光要把我們的年華帶走的時候，同樣不會徵得我們的同意，我們阻擋不住，最後，它自然就走了。

來也無奈，走也無助，這是一件多麼悲哀的事情啊！關鍵是在於你心中怎麼看待你的生命呢？

人們常感歎人生的短暫，希望在短暫的人生中能夠獲取成功的事業。

那麼，當我們在確定人生目標時，如何判斷何事可爲，何事不可爲呢？

莊子用他的寓言故事告訴我們：一個人的見識和閱歷，決定了你的能力和膽識。

莊子曾假託孔子說了這樣一件事：

孔子最喜歡的學生顏淵對孔子說：我曾經渡過一個名字叫觴深的深淵，看見擺渡的人，划船技術太高明了，簡直是「操舟若神」，如有神助一般。我就很羨慕地問他：操舟可以學嗎？他回答說：可以。但是他又透露了一個祕密，說：如果你要是會游泳的話，你學划船就特別容易；要是你會潛水的話，即使你從來沒見過船，你也會划船了。我就問他為什麼？他卻什麼也不說了。請問老師，這是怎麼一回事呢？

孔子聽了，說：「善游者數能，忘水也。」一個真正會游泳的人就不怕水了，甚至把水都忘記了。這樣他划船的時候，他不害怕，因為即使船翻了，他生命也有保障。為什麼會潛水的人，沒見過船都敢划呢？是因為會潛水的人，他可以把波浪看成是陸地上的小山丘，把深淵看作是前方的一個高岡，哪怕船翻了，也看作是車子後退一樣。他連水底都可以潛，還會怕翻船嗎？

孔子告訴他的學生，世間的道理就是這樣，人如果有大見識，他再去學一件技巧，就容易得多；人如果沒有閱歷，心中就會忐忑。

孔子甚至還給顏淵舉了這樣的一個例子：你看看賭博，賭博的時候有下注大的，有下注小的。拿一個瓦片當賭注的人，他賭得自如瀟灑，反正他賭的就是個瓦片；拿漂亮昂貴的帶鉤當賭注的人，他賭起來可能就戰戰兢兢，施展不開，心存恐懼了；拿黃金當賭注的人，一定會神志昏亂。

為什麼？這是因為他太看重外物了。技巧都是一樣的，「凡外重者內拙」，凡是看重

你心底的在乎與不在乎，
你個人的經驗系統，會決定你的生命效率。
——于丹心語

外物的人，內心一定笨拙。

其實，在我們今天的生活裡，很多人越是面臨重大的抉擇，越會失手。他並不是敗給了對手，而是敗給了自己。

有很多人的失敗，真正是敗給了內心的「在乎」二字。這種「在乎」會讓我們在面臨大事的時候，戰戰兢兢、束手束腳、驚慌失措。因為我們心中過分地患得，所以患失。

所以，莊子告訴我們：在這個世界上，在有限的生命中，我們可以去學習很多，我們可以去經驗很多，但你心底的在乎與不在乎，你個人的經驗系統，會決定你的生命效率。

在生活中，我們會發現，決定成敗勝負的，不一定是一個人的技術水平，而是一個人的心態。

當我們患得患失時，當我們心有所慮時，你所有的經驗和技巧，都不可能得到最好的發揮。

莊子在〈田子方〉裡面說了這樣一個故事：

列禦寇，就是那個御風而行的列子，為伯昏無人表演射箭。他射箭的時候，志滿意得，滿是驕矜之氣，拉滿了弓弦，然後在自己的胳膊肘上，放了滿滿的一杯水，彎弓射箭。第一支箭剛剛射出去，第二支箭就緊跟著發射出去了，而第三支箭已經在弦上等著呢，手臂上那杯水紋絲不動，而列禦寇這個人也正像個木頭人一樣站在那裡，巋然不動。

像列禦寇這樣的射箭技巧，不可謂不高，但這樣的人真正達到大境界了嗎？

伯昏無人不以為然，說：你這種箭術，只能算是有心射箭的射術，而不是無心射箭的射術。「是射之射，非不射之射也。」伯昏無人說：我現在要邀請你，我們一同去「登高山、履危石、臨百仞之淵」，我看看你射得如何？

伯昏無人就當先走上高高的山岡，腳上踏著風化的危石，身臨百丈深淵，然後轉過身來，倒退著向深淵退步，一直走到自己的腳掌有一部分已經懸在懸崖之外。站在這個地方，伯昏無人請列禦寇上來射箭。

而此時此刻，列禦寇只能趴在地上，「汗流至踵」，汗都流到腳後跟了。

這時，伯昏無人說：「夫至人者，上窺青天，下潛黃泉，揮斥八極，神氣不變。」人世間真正高明的人，向上可以看透蒼天，向下可以看清黃泉，世界萬象了然於心，在任何時刻都可以神色不變、氣定神閒。

他對列禦寇說：你現在心驚目眩，再讓你射箭，你能射中的可能性就太小太小了。

這個故事說明，在這個世界上，我們永遠不要過分相信技巧。也就是說，沒有人可以擺脫環境而生存。

當我們都面對惡劣環境的時候，就要看我們內心所醞釀的心境如何。當一個人的心境可以抵消外在恐懼的時候，這個人才成為真正的勇者，這個人的技巧才有發揮的空間。如果你的心境已經被環境挫敗的時候，你做任何事情都將一事無成。

有人做過這樣一個實驗：

一個科學家和十個實驗者參與這個實驗。在一個黑咕隆咚的屋子裡面，鋪了一條獨木橋。科學家對實驗者說：「這屋子很黑，前面是一座獨木橋。現在我領著你們過橋。你們只要跟著我走就行了。」

十個人跟著教授，如履平地，穩穩當當走過了獨木橋，來到屋子的那一端。這時，教授打開了一盞燈。這些人定睛一看，頓時嚇得趴下了，原來他們剛才走的，不僅是一座獨木橋，在獨木橋下面，是一個巨大的水池，水池裡面有十幾隻鱷魚，正在來回游著。

這時教授說：「來，這就是剛才你們走過的橋。現在我再走回去，你們還有幾個人願意跟著我回去？」

一個人都沒有！他們全都趴在那兒不動了。教授說：「我要求你們，一定要站出來。

在這個世界上，
我們永遠不要過分相信技巧。
——于丹心語

真正的勇敢者跟著我過去。」

最後好歹站出了三個人。而這三個人裡面，有一個人走到一半兒就哆嗦了，最後蹲著蹭著過橋了。還有一個人，剛走幾步就趴下了，最後爬著過去了。只有一個人還算是走著過去了。教授再動員剩下那七個人，結果他們說什麼也不走。

這時，教授又開亮了幾盞燈，大家又看到一個事實：在橋和鱷魚之間，還有一層防護網。教授說：「現在還有誰願意跟著我走這個橋呢？」這回又有五個人站了出來。因為知道有了防護網，所以他們放心地跟著教授走過橋去。

教授問最後趴下的兩個人：「剛才你們不是從這上面走過來了嗎？為什麼現在死活都不願意跟我走回去了呢？」那兩個人哆哆嗦嗦地說：「我們一直在想，這個網子它就真的安全牢靠嗎？」

其實，這可能就是我們所面對的真實的生活。

有的時候，在你看不清生活坎坷的時候，你反而可以闖過去了。在你僅僅看到一些表象的時候，你就被徹底嚇暈了。而當你真正看清楚生活中的安與危、利與弊的時候，也許我們會鼓起勇氣，心懷恐懼，但還能戰勝自我地走過去。

這個時候，行走作為一種技巧，還重要嗎？我們內心的判斷，才是最重要的。

一個人的心態，決定了他生活的狀態。

那麼，一個人的內心要達到什麼樣的狀態才最好呢？怎麼樣才能達到這樣的狀態呢？

莊子又講了一個鬥雞的故事：

紀渻子為大王培養鬥雞。大王顯然很喜歡鬥雞，希望紀渻子能養出一隻雄霸四方的鬥雞，能夠盡快出戰。

十天過去了，大王就去問這個紀渻子：我那隻雞能鬥了嗎？

紀渻子回答說：還不行，因為這隻雞「方虛憍而恃氣。」大公雞盛氣凌人，羽毛張開，目光炯炯，非常的驕傲，胸中有一股氣。

我們一般人認為，這個時候鬥雞不是正好嗎？但真正懂得訓練雞的人說，這個時候是根本不行的。

又過了十天，大王又問。紀渻子回答說：還不行。儘管牠的氣開始收斂了，但別的雞一有響動，牠馬上還有反應，還想去爭鬥，這還不行。

又過了十天，大王第三次去問。紀渻子說：還不行。牠現在雖然對外在的反應已經淡了很多，但是牠的目光中還有怒氣，不行，再等等。

真正的爭鬥，取得勝利，
不在於勇猛，不在於技巧，而在於德性。
——于丹心語

又過了十天，大王來問。紀渻子終於說：這回雞差不多可以了。別的雞有一些響動鳴叫，牠已經不應答了。現在牠像個什麼樣子呢？這就引出我們生活中常用的一個成語，叫做「呆若木雞」。紀渻子說，這隻雞現在已經訓練得看起來像個木頭雞一樣，「其德全矣」，就是精神內聚，牠的德性已經內化了，內斂了。所以，這隻雞往那兒一站，任何雞一看見牠，馬上會落荒而逃。這個時候的雞可以去參加鬥雞了。

在《莊子》裡面，有很多寓言是發人深省的，因為它提供了與我們常人大相逕庭的判斷系統。

我們認為，一隻雞如果去爭鬥的時候，就像一個將士上陣三通鼓一樣，需要趾高氣揚，需要躊躇滿志，需要有必勝之心張揚顯露。

而莊子給我們的境界是，當牠一層一層把外在的鋒芒全都消除了，把一切的銳氣納於內心。這並不是說，牠沒有真正的鬥志了，而是鬥志內斂。這種時候，才可以叫全德。

真正的爭鬥，取得勝利，不在於勇猛，不在於技巧，而在於德性。

莊子在〈達生〉篇裡，講了一個木匠的故事：

這是一個魯國的木匠，名叫梓慶。他「削木為鐻」。

這鐻，是懸掛鐘鼓的架子兩側的柱子，上面會雕飾著猛獸。這鐻還有一種解釋，說它是一種樂器，上面雕成老虎的樣子。

這木匠把鐻做成了「見者驚猶鬼神」，看見的人都驚訝無比，以為鬼斧神工啊，怎麼會做得這麼好？那上面的猛獸栩栩如生。

梓慶的名聲傳了出去，傳著傳著就傳到國君那裡了，所以魯侯召見這個木匠梓慶，要問一問他其中的奧祕。

梓慶很謙虛，說：我一個木匠，我哪有什麼訣竅？根本沒有什麼技巧啊！

他對魯侯說：我準備做這個鐻的時候，我都不敢損耗自己絲毫的力氣，而要用心去齋戒。齋戒的目的，是為了「靜心」，讓自己的內心真正安靜下來。

在齋戒的過程中，齋戒到第三天的時候，我就可以忘記「慶賞爵祿」了，也就是說，我成功以後可以得到的封功啊、受賞啊、慶賀啊，等等，這些東西都可以扔掉了。也就是說，齋戒到三天，我可以忘利。

齋戒到第五天的時候，我就可以忘記「非譽巧拙」了，也就是說，我已經不在乎別人對我是毀是譽、是是是非，大家說我做得好也罷，做得不好也罷，我都已經不在乎了，也就是忘記名聲了。

還要繼續齋戒。到第七天的時候，我可以忘卻我這個人的「四枝（肢）形體」，也就是說，到第七天，達到忘我之境。這個時候，我可以忘記我是在為朝廷做事了。大家知道，為朝廷做事心有惴惴，有了雜念，就做不好了。

這個時候，我就進山了。進山以後，靜下心來，尋找我要的木材，觀察樹木的質地，看到形態合適的，彷彿一個成型的鐻就在眼前。然後我就把這個最合適的木材砍回來，順手一加工，它就會成為現在的樣子了。

梓慶最後說：我做的事情無非叫做「以天合天」，這就是我的奧祕。

木匠的故事讓我們認識到，有一個坦蕩的好心態，就能達到最佳的狀態，做到「以天合天」，才能把事情做到最好。

那麼，到底什麼叫「以天合天」呢？怎樣才能做到「以天合天」呢？所謂的齋戒具有什麼樣的意義呢？

這四個字值得我們記住：「以天合天。」

人就應該用那些本身最合乎規律的事情去應對規律，也就是說，人永遠不要和規律較勁兒，不要違背規律，不要做徒勞的努力，而應該用自己澄淨清明的心，用一種世間大智

> 人做事要做得好，要穿越三個階段：
> 忘利、忘名、忘我。
> ——于丹心語

慧，看到哪些事情可以「以天合天」。這就是人生的效率，木匠齋戒七天，其實是穿越了三個階段：第一個階段，忘記利益，不再想著用我的事情，去博取一個世間的大利；第二個階段，忘記名譽，不再想著大家的是非毀譽對我們有多麼重要；第三個境界，忘記自己，人其實只有達到忘我之境，才可以做到最好。

在今天這樣一個資訊時代，真正能夠打動人心的新聞，來自於什麼地方？來自於那種最前沿的現場。那裡一定有一批出生忘死的記者，他們已經忘記自我的存在，而僅僅把新聞的傳遞當成他的天職。他們發回的報導才是最好的。

如果一個記者在現場還在想：我妝化得好不好？我哪個角度照出來最好看？我該怎麼提問？那麼，他一定不會採訪到好新聞的。所以，真正好的職業狀態，是要達到忘我。

所以，這個木匠告訴我們一個樸素而又玄妙的道理，就是人做事要做得好，要穿越三個階段：忘利、忘名、忘我。如果能做到這三點，你就會知道世間大道的規則，做到「以天合天」。

想一想，這個道理很難嗎？並不難！這只是需要我們在心中，把很多樸素的東西重新撿回來，這就是所謂的「見素而抱樸」。把人世間很多很多世故的規則打破，打破之後，我們就能品嘗到生活本初的滋味。

有一個故事說得好：

一個普通的園丁，他致力於種各種各樣的瓜果。

一個夏天，他收穫了滿滿一架葡萄，這是他一直用心栽培的成果，又大又甜。他高興極了，希望大家都能夠嘗到葡萄的滋味。他就抱著一串串葡萄，站在家門口，只要有來往的路人，他就要遞上去，讓人家嘗嘗。

有一個富商路過。園丁抱著葡萄上去說：「你嘗嘗我的葡萄好不好？」這個富商吃了，說：「這個葡萄這麼好，你要多少錢？我一定得付給你錢。」園丁說：「我不要錢，我就想讓你嘗嘗味道怎麼樣。」富商說：「你憑什麼白給我葡萄呢？你給我葡萄，肯定得要錢啊！你不要不好意思，來來，我先把錢給你，這個葡萄，我買回去再慢慢嘗。」商人硬塞給他一筆錢，捧著葡萄走了。

園丁特別失落。這個時候，過來一個官員，他又捧了一抱葡萄遞過去，說：「你嘗嘗葡萄味道怎麼樣？」官員一嘗，太好了，說：「你是不是有什麼事求我啊？你看見我穿官服了吧？有什麼事你就開口，我也不能白拿你葡萄。你快說說，你有什麼事？」園丁說：「我什麼事都沒有，我就是想讓你嘗嘗這葡萄的味道啊！」官員說：「你還是讓我幫你點什麼忙吧，否則，我白拿你的葡萄，也不合適。要不我給你放下吧！」官員放下葡萄，走了。

這個園丁就更失落了。接著，他看見有一對恩恩愛愛的小倆口走過來了。他就想，這個年輕女孩子肯定是愛吃這個新鮮水果。他就很殷勤地對那個少婦說：「你趕緊嘗嘗我的葡萄怎麼樣？」那少婦接過來吃了，喜笑顏開，還沒說話呢，她丈夫就虎視眈眈地盯著園丁，說：「你什麼意思？」園丁一看，轉身就跑了，也顧不上問滋味怎麼樣了。

他太鬱悶了。有一天，鬱悶的園丁看見一個穿著破衣爛衫的老頭兒過來了。他也捧了一大抱葡萄過去了，說：「你想嘗嘗我的葡萄嗎？」這老頭兒接過來，一顆一顆地吃，一邊吃一邊讚美，說：「這是天底下最好的滋味了。這個葡萄又多汁、又甜美，這個味道，跟所有的葡萄都不一樣。」他高高興興把葡萄吃完了以後，揚長而去。

這個園丁特別高興，覺得一天下來，只有最後的這個老頭，真正懂了葡萄的滋味。

其實，在我們的生活中，有多少葡萄就在眼前，但是我們已經失去了認真品嘗它的心願，我們認為這個葡萄的背後，一定有著某種寓意，要麼為利、要麼為名、要麼為色，人怎麼能沒點兒目的呢？所以在我們計較內心的時候，我們就失去了葡萄的美味。

其實，這樣的寓言，跟莊子給我們的啟發不是一樣嗎？兩千多年的道理，莊子告訴我們的是什麼呢？也就是說，人只有打破了一切的世俗心，用你自己本初的那種願望，去遇合這個世界，這個時候，你才能夠體會到世界的真意。

在這樣的一個世界上，擺在我們眼前的機遇和美味是一樣的，只不過要求我們，要以什麼樣的生存狀態去解讀它。

生命只是一段流光。流光在我們手中，絕對的時長不會太多。我們每個人，再善養生也不過活出百歲。

但是，流光在手中的質量卻因人而異。

這種質量並不一定像我們想像的知識越多、財富越豐、官位越高，他就一定有更高的品質。恰恰相反，很多時候返璞歸真，用一顆天真的心去面對世界，讓我們的生命回到赤子的爛漫狀態，我們的情懷才可能開放，我們的心才真正像通過齋戒一樣，可以破名破利，達到渾然忘我；而忘我之境視為天成。

當一個人個體的生命，與大道自然合乎一體，我們會在天成之境中，體會到生命至真至純的歡欣。

于丹《莊子》心得之十

大道與自然

《莊子》中講了許多寓言故事，其中所有的道理，都是非常樸素而合乎自然的。其中的奧祕只有一個，那就是：「大道合乎自然。」

那麼，我們應該如何理解莊子的「大道合乎自然」呢？

綜觀整部《莊子》，所有的理論，所有的寓言，其實只有一個奧祕，那就是：大道合乎自然。

在道家的理論中，人以大地為法，地以蒼天為法，天以道為法，而道法自然。可以說，世間萬象，合乎規律為最好。也就是說，每一個人之間、每一件事之間，沒有單純的技巧高下之分，只有境界優劣之辨。那麼，境界優劣取決於什麼？只有一個標準：大道合乎自然。

莊子在他的〈知北遊〉篇裡，託一個名字就叫「知」的人去追問，什麼才是人間的道？知，讀作智，實際就是大智慧的人。

知向北遊歷到玄水之上，見到了一個高人，名叫「無為謂」，問這個人：

「何思何慮則知道？何處何服則安道？何從何道則得道？」

這個問題是人間至問：人怎麼樣才能知道大道呢？怎麼樣才能安於大道呢？又怎麼樣

才能獲得大道呢？

這個無為謂不說話，什麼都沒告訴他。知於是離開了玄水，又回到白水的南岸，登狐闋之丘，見到了另外一個高人，名叫「狂屈」。他又問他這樣一段話。

狂屈說：「我知道，正要告訴你，可是我卻忘了我要說什麼了。」

知得不到回答，又去問黃帝。黃帝給他的回答是：「無思無慮始知道，無處無服始安道，無從無道始得道。」

「無思無慮始知道」，不要思考你才能懂得大道。「無處無服始安道」，不要考慮怎麼樣安身處世，你才能安於大道。「無從無道始得道」，不想途徑、不問方法，你才能真正獲得大道。也就是說，當我們忘卻了一個一個人生座標的參照，真正洞明自己的內心，我們會把握住人生獨一無二的自己。

> 當我們忘卻了一個一個人生座標的參照，
> 真正洞明自己的內心，
> 我們會把握住人生獨一無二的自己。
> ——于丹心語

在這個世界上，我們花費太多太多地時間用來羨慕他人。所以，莊子在他的〈秋水〉篇裡講了這樣一個故事：

這個世界上有一種一條腿的神獸叫做夔。夔特別羨慕蚿，因為蚿比牠腳多能夠行走。蚿是一種長了很多條腿的蟲子。蚿又羨慕蛇，因為蛇沒有腳，卻比蚿行走得還要天地有大美而不言。
——〈知北遊〉

快。蛇又羨慕風，因為風比蛇要移動得更快，卻連形狀都沒有。風又羨慕什麼呢？風羨慕人的眼睛，因為目光所及，風還沒到，人的目光已經到了。目光是不是最快的呢？目光最終羨慕一樣東西，就是人心。當人的目光未及的時候，人心可以到。我們的心中一動，有所思而心意已達。

這就是莊子所說的：「夔憐蚿，蚿憐蛇，蛇憐風，風憐目，目憐心。」這個憐，憐愛的憐，也就是羨慕、喜歡，覺得別人的境界比自己高。

在我們每一個人的生命中，都曾經有過榜樣的力量。過去叫榜樣，今天叫偶像，也就是說，總會有一些人比我們完美，總讓我們羨慕，總想要成為像榜樣、偶像一樣的人。

我們真的能成為別人嗎？有這樣一個寓言：小老鼠覺得自己太渺小了，一直希望找到最大的東西。抬頭一看，什麼大啊？莫大於天。所以，小老鼠說：「我人生的境界就是要找到天的真諦。天無所畏懼，它太遼闊了，籠蓋四野。」小老鼠問天：「天啊，你什麼都不怕，我卻這麼渺小，你能給我勇氣嗎？」

天告訴牠說：「我也有怕的，我怕雲。因為雲是可以遮天蔽日的，太陽和天空都可以被雲彩密密地遮住。」

小老鼠覺得雲更了不起，就去找雲，說：「你能遮天蔽日，你是天地之間最大的力量吧？」

雲彩說：「不，我怕風。我好不容易把天遮得密密的，嘩，大風一吹，雲開霧散，風過雲飄。所以我還是有怕的東西。」

小老鼠又跑去找風，說：「你力量太大了，天空上萬物都抵擋不住你，你沒有什麼可怕的吧？」

風說：「我也有怕的啊，我怕牆。天上的雲彩我能吹散，但是地上有堵牆我就繞不過去了，所以牆比我厲害。」

小老鼠就跑去找牆，說：「你連風都擋得住，你是不是天下最強大的？」

牆卻說了一句令小老鼠非常驚詫的話，牆說：「我最怕的就是老鼠。因為老鼠會在我的根基上一點一點咬出很多牆洞，總有一天，我這面偉岸高大的大牆，會因為這些個老鼠洞而轟然倒塌。」

在這個時候，小老鼠恍然大悟：原來這個世界上最了不起的就是牠自己。其實，這樣一番尋找，難道不是我們從小到大膜拜偶像、崇尚榜樣，一生追逐而最終發現自己內心的一個過程嗎？

雖然我們的人生道路上會有坎坷和不平，
但無論是榮譽還是困苦，
一切都會成為過去。
——于丹心語

每一個生命的個體雖然表面各異，但本質卻是相同的。

每個人的一生都是獨特的，崇拜偶像不如認清自己，因爲我們自己永遠不可能成爲別人。

雖然我們的人生道路上會有坎坷和不平，但無論是榮譽還是困苦，一切都會成爲過去。

在這個世界上，人會遭遇太多太多的事情，一切機遇會來，一切風波會走，在每一個機遇中把握自己，這就是道家所說的合乎天地大道。

莊子最終要提醒世人的，叫做：「喪己於物，失性於俗，謂之倒置之民。」一個人如果把自己迷失在物質世界中，一個人如果把自己的性情流失在世俗之中，這個人叫做倒置之民，就是說，整個人本末徹底顛倒了。

我們真正要辨清的是外在的兩個障礙，一是物質，二是世俗。物質往往是一種利益，可以迷惑我們的判斷；而世俗往往是一種言論，一種眼光，可以擾亂我們的價值觀。如果一個人喪己於物、失性於俗，那麼他就會徹底找不到自己內心真正的價值與力量。

人怎麼樣才能不喪失？怎麼樣才能不迷惑？就在於我們應該明白：眼前遭遇的每一件事情，最終都將被穿越。有太多美好的東西，我們享受當下，但這美好總會過去；有很多苦難的事情，我們要把它扛過去，這苦難也會過去。

有這樣一個故事：

一個國王曾經在夢中得到了一句箴言，可以行之終身。有人告訴他：在世界上你只要記住這句話，那麼這一生你都將忘懷得失，能夠安然度過任何的大寵大辱。

但是，當國王醒來，竟然把這句話給忘了。有一言可以行之終身，這麼重要的一句話，到底是什麼呢？國王百思不得。他就傾宮中所有的錢財打造了一個巨大的鑽戒，對自己所有的大臣們說：「你們去給我找這句話。誰把這話找回來，我就把這個鑽戒給誰。」

有一天，一位最聰明的老臣對國王說：「把你的鑽戒先給我吧！」

國王說：「你找到了嗎？」

老臣不說話，拿過鑽戒來，在鑽戒的戒環上刻了一句話，把鑽戒又還給了國王，揚長而去。

國王一看，恍然記起了夢裡正是這句話，一句淡淡的話，叫做：「一切都會過去。」

這一句話是我們每個人都會記住的。光榮會過去，恥辱會過去，輝煌會過去，苦難會過去。我們身邊的一切都只是過往。就在我們的生命穿越其中的時候，我們要追究每一個當下的質量。

莊子說，「大道合乎自然」。

那麼，什麼是眞正的天地大道呢？大道無非是一種規則。我們每一個人年齡不同，境遇不同，學養不同，出身不同，走過的道路不同，經歷的滄桑各異，所以每一個人要符合天地大道之法，只有看自己的，而不能去看別人的。別人的經驗也許你可以借鑒，但是眞正要了解、要懂得的，只有自己的心。

莊子說，在天地之間，真正了解自己內心的人叫做善養生者。那麼，什麼人是真正了解自己內心的人呢？

莊子說，真正的善養生者，若牧羊人，就好像是放羊的人。牧羊人雖然揮著鞭子，但他對整個羊群都很和善。他的鞭子會落在誰的身上？「視其後者而鞭之」，一定要落在最後的那隻羊身上。前面的羊你都不用打，讓最後的一隻羊加快腳步，整個羊群就前進了。

這恰好映照了現代管理學一個家喻戶曉的理論，叫做木桶理論。一個桶是用很多塊木板箍起來的，木板有的長、有的短。這個木桶能夠盛多少水，不取決於最長的一塊板子，而取決於最短的一塊板子。

人生的大智慧是，
為自己雪中送炭，而不要總是錦上添花。
——于丹心語

羊群也罷，木桶也罷，總有最後一隻羊，總有最短一塊板。只有我們自己可以看清，你的羊群裡最後一隻羊是哪一隻，你的木桶上最短一塊板是什麼。

什麼樣的人生是沒有效率的呢？是那種損不足以益有餘的人生。有些人的眼睛永遠只看著自己最長一塊板，永遠只看見領頭的頭羊。他總有資本去炫耀，他總可以說，我人生的最高分在那裡。

當頭羊依然威風凜凜，但是後面的羊群已經在山坡上散落，丟失了不知多少的時候，他還在看著頭羊沾沾自喜。當他看著最長的一塊板超過常人，卻不知道木桶中的水因為那塊最短的板子流失了。

所以，我們要經常問一問：我人生的最後那頭羊是什麼？我最短的那塊板在哪裡？人生的大智慧是，為自己雪中送炭，而不要總是錦上添花。錦上添花是給別人看的，而雪中送炭是為自己的。

用這樣的道理來看這個世界，莊子說：「道德不廢，安取仁義？性情不離，安用禮樂？」這個世界上，如果每一個人的道德都固守在心中，用得著外在禮儀規範嗎？每一個人的性情如果不離散，不違背人的本真，用得著外在的禮樂嗎？

我們現在看一看，媒體上經常宣傳弘揚的很多道德觀念，很多正面的褒獎，實際上已經低於道德的底線。比如說，很多地方在選孝子，表彰說孝子在父母的病榻旁伺候，孝順老人。實際上這用得著媒體表揚嗎？孝敬父母已經是做人的一個最基本的底線了。

莊子認為，在人世間，最樸素的就是人心中的本真，而不應該由外在嘈雜的聲音去刻意地提倡弘揚。

莊子認爲，所有的道理法規，無非就是人心中最自然的本眞，是用不著任何外在的形式去刻意而爲的。

但孔子卻認爲，禮儀對於一個人，乃至一個國家都是非常重要的。

莊子與孔子，到底孰是孰非？我們又應該如何理解儒家與道家的不同？

在這裡，我們可以看到，道家與儒家的真正的不同。

儒家是提倡禮儀的，讓每一個人遵守外在的行為規範，以禮義去應對他人，投身社會，用外在的規矩準則來締造世界的和諧。而道家，提倡每一個人遵循內心的道德，聽從自在的聲音，而不必有外在任何的刻意。

可以說，儒道相生相濟，孕育了中國人的人格。

儒家教給我們入世，一個人的自我實現，必須扎根於這塊土地。道家教給我們出世，實現人格的超越，讓我們在天空上有飛翔的翅膀。

儒家教給我們的，是在土地上踐行的能力，所以人與人之間要有禮儀。而道家告訴我們的，是天空中飛翔的理想，所以每一個人要遵守內心的道德。

其實這兩者以我們今人的眼光來看，並不偏廢。儘管儒道之間有些衝突，有些觀點之間看起來是矛盾的，但是當應用於每一個人的時候，就形成了一種互補。

在這個世界上，真正重要的莫過於認知自己，以自己的生命合乎大道，這會讓我們少走很多很多彎路。

很多時候我們不是輸在自己奔跑的速度上，而是輸在自己的智商上。

有這麼一個寓言：

羚羊是最靈巧、最機敏的動物，牠欺負烏龜，跟烏龜賽跑。你想想，這比賽的勝負不是明擺在那兒的嗎?羚羊要勝一場肯定要贏的比賽。可是烏龜居然就答應了，說第二天早晨咱們開始比賽賽跑。

第二天一早，羚羊跟烏龜站在同一個起跑線上。比賽一開始，羚羊看都沒看烏龜，就箭一般地竄出去了。牠急匆匆地奔跑了一段，停下來，很得意地叫了一聲：「小烏龜，你

在這個世界上，
智力比速度更重要，判斷力比技巧更高明。
——于丹心語

在哪兒呢？」突然，牠聽見在前面不遠的草叢裡面，烏龜慢吞吞說：「我在這兒呢。你接著跑吧。」

羚羊嚇了一大跳，怎麼烏龜在自己之前呢？這羚羊撒腿就跑。又跑了一段，羚羊又停下來，叫道：「小烏龜，你跟上我了嗎？」突然牠又聽見比牠遠幾步的草叢裡面，小烏龜慢悠悠地說：「我已經超過你了，你趕緊跑吧。」

羚羊開始惶惑了。牠又跑一段，再問。烏龜應聲而答，還比牠要快幾步。羚羊最後在極度沮喪之中跑到了終點，發現烏龜早已經在終點線外等著了。羚羊承認，自己失敗了，自己的速度毫無用處。

事情真的是這樣嗎？其實，在頭一天晚上烏龜答應和羚羊賽跑之後，就把牠整個家族都調動起來了，在比賽要經過的路上，隔不遠就埋伏了一隻烏龜。無論羚羊跑到哪兒，都有一隻烏龜等在牠前面。而在終點，早有烏龜以勝利者的姿態迎接羚羊。可憐的羚羊就敗給了這樣一個假象，牠真心地承認自己失敗了。

這個寓言講述了一個什麼樣的道理？它告訴我們，在這個世界上，智力比速度更重要，判斷力比技巧更高明。

莊子認為，這個世界應當返璞歸真，也就是說，外在的道德少一點，不要過分相信技巧，讓我們回到最樸素、最本初的狀態。

現代社會競爭激烈，甚至有人不擇手段獲取利益和名譽。莊子對於我們現代人的意義就在於，多一些內心樸素自然的淡泊，少一些投機取巧的刻意行為，否則，我們有可能在這個大千世界裡迷失了自己。

但是，我們怎麼樣才能讓自己有限的生命，眞正進入自然的大道之中呢？

莊子說：「虛無恬淡，乃合天德。」一個人自己的行為做到虛無恬淡了，讓心真正靜下來，不慌亂、不迷茫，這就合乎天德。

在很多時候，生命是會陷入絕境的。陷入絕境之後，只有依靠我們明確的判斷和心底的冷靜，才能使我們真正走出絕境。在這個時候，究竟是誰引領了我們的心？

有一個真實的故事：

有一批地質學系的學生，跟隨他們的教授去一個千年古洞考察。在這個古洞中，傳說有珍貴的水晶石，所以他們一直想要進去看一看。但是這個古洞非常幽深，很多人進去出不來，大家把這個地方視為絕境。

學生們帶了很多的裝備，照明燈啊、火把啊、指南針啊，全都準備好了，在教授的引領下，進入了這個洞。這個洞果然峰迴路轉，曲徑通幽。他們一洞一洞地探尋，一層一層地跨越，最後終於走到了洞的最深處，找到了夢寐中的水晶石，驚為奇觀，覺得真是不枉此行。大家興奮地驚歎啊、觀察啊、取樣啊。等工作結束，準備返回時，忽然發現，這麼多的洞口幾乎一樣，幾乎每一個洞口都深不可測。大家已經不辨來時路了。

這個時候，他們的教授淡淡地說：「這裡頭還有前人留下來的標誌的。你們看，這個路口有石灰石畫的印記，我們順著這裡走出去。」然後大家就往外走，教授拿著一盞燈，領著大家走。每走一段，他就驚呼說：「這裡還有前人的印記！」他總是第一個發現印記的人。

順著一個又一個石灰石的印記，大家終於走出了這千年古洞，終於又看見陽光。學生們一下子就癱在地上，有人甚至大哭起來。有人說：「真是絕境逢生啊！如果沒有前人的引導，我們根本就走不出來了。」

這個時候，教授默默地從兜兒裡面掏出來只剩下一小點的石灰石。其實，所有的標誌都是這個教授一路畫的。

本來他們探的就是一處絕境，本來他們就有走不出去的危險，本來就沒有前人的指引。但是，靠了自己的用心，順著自己的心路，教授把學生們帶出了絕境。

其實，這就好像是人一生的歷練。當我們追尋一個輝煌的目標，獲得一個誘人的物質利益時，我們都有可能忘記風險，在一路上不做標識就一頭扎進去，結果到最後，我們會發現沒有了退路，「回顧所來徑，蒼蒼橫翠微」。

當我們不辨來時路的時候，還有能力回到本初、重見陽光嗎？在這個時候，我們才想到，來的時候為什麼只憑著一種激情，盯著一個目標，而忘記給自己的退路做一點記號呢？這是我們在大千世界中的真正的迷失。

莊子在〈天道〉篇裡面，講了這樣一個故事：

堯和舜一起探討治理天下的問題，兩個人代表了兩種不同的態度。

舜問堯：請問你是用什麼樣的心面對世界、治理天下的？

堯回答說：我「不敖無告」，對無依無靠的人，我從來不輕視；「不廢窮民」，對窮苦貧困的人，我從來不拋棄；「苦死者」，對死去的人，我懷有悲憫之心；「嘉孺子而哀婦人」，我喜歡小孩子，同情婦女。這就是我的用心了。

堯的回答其實代表了儒家的觀點，以寬和、悲憫的態度對待整個世界，尤其是同情弱勢群體。

整個的外在世界就是人生最好的老師。
——于丹心語

舜給了堯一個評價，說：「美則美矣，而未大也。」你的這番心意對於這個世界來講，是善良的，是美好的，但是境界不夠闊大。那麼堯就問他：「然則何如？」你所說的大又是什麼樣呢？

舜說：「天德而出寧，日月照而四時行，若晝夜之有經，雲行而雨施矣！」他說天就生成在那裡，大地寧靜，太陽、月亮輪番照耀著世間，四時周行不惰，整個世界就這樣一直運轉著，好像是白天結束了就有黑夜一樣，好像是天空有雲才會下雨一樣，有它的變幻常規。也就是說，世界的一切自然而然，這就是我所謂的大。

聽完了舜的話，堯說：我明白了，我所說的那番用心合乎的只是人之道，而你說的這番用心合乎的是天之道。天之道才是大道。

可以說，整個的外在世界就是人生最好的老師。只有你自己浸淫其中，真正去感知這一花一世界，一葉一菩提，在這一花一葉上有所徹悟，那麼我們就洞悉了萬物之理。

有一個寓言，說的是一位老酋長，對他部落裡的年輕人說：「你們去遠行吧，闖蕩你的一生。這一生我只要給你六個字就夠了。我先給你們每個人一張紙條，寫著前三個字，你們到世界上歷練，等到你們建功立業以後，回來找我取後三個字。」

這些年輕人拿著一個小小的紙條走向了天地四海。他們經歷了各自的榮辱磨難，在每一個時刻他們會看到紙條上的這三個字，簡簡單單地寫著：「不要怕。」人只要「不要怕」，任何磨難都能闖過去。

等到他們人過中年，已經穿越了太多太多錯失的機遇，或者跨越了太多太多坎坷的時候，他們帶著或是風霜，或是榮耀，回來找老酋長要後三個字。他們看到的是：「不要悔。」

人的前半生不要怕，後半生不要悔。在這個世界上，我們無所畏懼，也無所懊悔。其實人生無非是盡心盡力，如此而已。西方的哲言、東方的至理，天地大道合於此理。

有一個寓言，說一個年輕人跟睿智的老者打賭。他手裡握著一隻小小的雛鳥，說：「智者，既然你能夠洞悉一切，你現在告訴我，我手中的這個弱小的鳥牠是死還是活？」這個年輕人認為他勝券在握，他想，老人如果說鳥是活的，他輕輕一動就能把小鳥掐死；如果老人說小鳥已經死了，他手心一張小鳥就會放飛，老人一定會輸了。老人淡淡地對他說了一句話：「生命就在你的手中。」

每一個人的生命無異於這樣一隻小鳥。生命可生可死，它取決於我們的天地之心。

生命有限，流光苦短，而在天地之間，我們每一個人的心合乎自然大道，最終每一個生命的成全就是這一句話：每一個人的生命在我們自己的手中。

《莊子》原文

目次

【内篇】

【外篇】

逍遙遊第一

北冥有魚，其名爲鯤。鯤之大，不知其幾千里也。化而爲鳥，其名爲鵬。鵬之背，不知其幾千里也。怒而飛，其翼若垂天之雲。是鳥也，海運則將徙於南冥。南冥者，天池也。《齊諧》者，志怪者也。《諧》之言曰：「鵬之徙於南冥也，水擊三千里，摶扶搖而上者九萬里，去以六月息者也。」野馬也，塵埃也，生物之以息相吹也。天之蒼蒼，其正色邪？其遠而無所至極邪？其視下也，亦若是則已矣。

且夫水之積也不厚，則其負大舟也無力。覆杯水於坳堂之上，則芥爲之舟。置杯焉則膠，水淺而舟大也。風之積也不厚，則其負大翼也無力。故九萬里則風斯在下矣，而後乃今培風；背負青天而莫之夭閼者，而後乃今將圖南。

蜩與學鳩笑之曰：「我決起而飛，搶榆枋，時則不至而控於地而已矣，奚以之九萬里而南爲？」適莽蒼者，三飡而反，腹猶果然；適百里者，宿舂糧；適千里者，三月聚糧。之二蟲又何知！

小知不及大知，小年不及大年。奚以知其然也？朝菌不知晦朔，蟪蛄不知春秋，此小年也。楚之南有冥靈者，以五百歲爲春，五百歲爲秋；上古有大椿者，以八千歲爲春，八千歲爲秋。而彭祖乃今以久特聞，眾人匹之，不亦悲乎！

湯之問棘也是已：窮髮之北，有冥海者，天池也。有魚焉，其廣數千里，未有知其修者，其名爲鯤。有鳥焉，其名爲鵬，背若太山，翼若垂天之雲，摶扶搖羊角而上者九萬里，絕雲氣，負青天，然後圖南，且適南冥也。

斥鴳笑之曰：「彼且奚適也？我騰躍而上，不過數仞而下，翱翔蓬蒿之間，此亦飛之至也，而彼且奚適也？」此小大之辯也。

故夫知效一官，行比一鄉，德合一君，而徵一國者，其自視也，亦若此矣。而宋榮子猶然笑之。且舉世而譽之而不加勸，舉世而非之而不加沮，定乎內外之分，辯乎榮辱之境，斯已矣。彼其於世，未數數然也。雖然，猶有未樹也。

夫列子御風而行，泠然善也，旬有五日而後反。彼於致福者，未數數然也。此雖免乎行，猶有所待者也。

若夫乘天地之正，而御六氣之辯，以遊無窮者，彼且惡乎待哉！故曰：至人無己，神人無功，聖人無名。

堯讓天下於許由，曰：「日月出矣，而爝火不息，其於光也，不亦難乎！時雨降矣，而猶浸灌，其於澤也，不亦勞乎！夫子立而天下治，而我猶尸之，吾自視缺然。請致天下。」許由曰：「子治天下，天下既已治也，而我猶代子，吾將爲名乎？名者，實之賓也，吾將爲賓乎？鷦鷯巢於深林，不過一枝；偃鼠飲河，不過滿腹。歸休乎君，予無所用天下爲！庖人雖不治庖，尸祝不越樽俎而代之矣。」

肩吾問於連叔曰：「吾聞言於接輿，大而無當，往而不返。吾驚怖其言猶河漢而無極也，大有逕庭，不近人情焉。」連叔曰：「其言謂何哉？」「曰『藐姑射之山，有神人居焉。肌膚若冰雪，淖約若處子；不食五穀，吸風飲露；乘雲氣，御飛龍，而遊乎四海之外；其神凝，使物不疵癘而年穀熟。』吾以是狂而不信也。」連叔曰：「然，瞽者無以與乎文章之觀，聾者無以與乎鐘鼓之聲。豈唯形骸有聾盲哉？夫知亦有之。是其言也，猶時女也。之人也，之德也，將旁礴萬物以爲一，世蘄乎亂，孰弊弊焉以天下爲事！之人也，物莫之傷，大浸稽天而不溺，大旱金石流、土山焦而不熱。是其塵垢粃糠，將猶陶鑄堯舜者也，孰肯以物爲事！」

宋人資章甫而適諸越，越人斷髮文身，無所用之。

堯治天下之民，平海內之政。往見四子藐姑射之山，汾水之陽，窅然喪其天下焉。

惠子謂莊子曰：「魏王貽我大瓠之種，我樹之成而實五石。以盛水漿，其堅不能自舉也。剖之以爲瓢，則瓠落無所容。非不呺然大也，吾爲其無用而掊之。」莊子曰：「夫子固拙於用大矣。宋人有善爲不龜手之藥者，世世以洴澼絖爲事。客聞之，請買其方百金。聚族而謀之曰：『我世世爲洴澼絖，不過數金。今一朝而鬻技百金，請與之。』客得之，以說吳王。越有難，吳王使之將。

冬，與越人水戰，大敗越人，裂地而封之。能不龜手一也，或以封，或不免於洴澼絖，則所用之異也。今子有五石之瓠，何不慮以爲大樽而浮乎江湖，而憂其瓠落無所容？則夫子猶有蓬之心也夫！」

惠子謂莊子曰：「吾有大樹，人謂之樗。其大本擁腫而不中繩墨，其小枝捲曲而不中規矩。立之塗，匠者不顧。今子之言，大而無用，眾所同去也。」莊子曰：「子獨不見狸狌乎？卑身而伏，以候敖者；東西跳梁，不避高下；中於機辟，死於罔罟。今夫斄牛，其大若垂天之雲。此能爲大矣，而不能執鼠。今子有大樹，患其無用，何不樹之於無何有之鄉，廣莫之野，彷徨乎無爲其側，逍遙乎寢臥其下。不夭斤斧，物無害者，無所可用，安所困苦哉！」

齊物論第二

南郭子綦隱几而坐，仰天而噓，荅焉似喪其耦。顏成子游立侍乎前，曰：「何居乎？形固可使如槁木，而心固可使如死灰乎？今之隱几者，非昔之隱几者也？」子綦曰：「偃，不亦善乎而問之也！今者吾喪我，汝知之乎？女聞人籟而未聞地籟，女聞地籟而未聞天籟夫！」

子游曰：「敢問其方。」子綦曰：「夫大塊噫氣，其名爲風。是唯無作，作則萬竅怒呺。而獨不聞之翏翏乎？山林之畏佳，大木百圍之竅穴，似鼻，似口，似耳，似枅，似圈，似臼，似洼者，似污者。激者、謞者、叱者、吸者、叫者、譹者、宎者、咬者，前者唱于而隨者唱喁，泠風則小和，飄風則大和，厲風濟則衆竅爲虛。而獨不見之調調之刁刁乎？」

子游曰：「地籟則衆竅是已，人籟則比竹是已，敢問天籟。」子綦曰：「夫吹萬不同，而使其自已也。咸其自取，怒者其誰邪？」

大知閑閑，小知閒閒。大言炎炎，小言詹詹。其寐也魂交，其覺也形開。與接爲搆，日以心鬥。縵者、窖者、密者。小恐惴惴，大恐縵縵。其發若機栝，其司是非之謂也；其留如詛盟，其守勝之謂也；其殺如秋冬，以言其日消也；其溺之所爲之，不可使復之也；其厭也如緘，以言其老洫也；近死之心，莫使復陽也。喜怒哀樂，慮歎變慹，姚佚啓態——樂出虛，蒸成菌。日夜相代乎前而莫知其所萌。已乎，已乎！旦暮得此，其所由以生乎！

非彼無我，非我無所取。是亦近矣，而不知其所爲使。若有眞宰，而特不得其眹。可行已信，而不見其形，有情而無形。百骸、九竅、六藏，賅而存焉，吾誰與爲親？汝皆說之乎？其有私焉？如是皆有爲臣妾乎？其臣妾不足以相治乎？其遞相爲君臣乎？其有眞君存焉！如求得其情與不得，無益損乎其眞。一受其成形，不亡以待盡。與物相刃相靡，其行盡如馳而莫之能止，不亦悲乎！終身役役而不見其成功，苶然疲役而不知其所歸，可不哀邪！人謂之不死，奚益！其形化，其心與之然，可不謂大哀乎？人之生也，固若是芒乎？其我獨芒，而人亦有不芒者乎？

夫隨其成心而師之，誰獨且無師乎？奚必知代而心自取者有之？愚者與有焉！未成乎心而有是非，是今日適越而昔至也。是以無有爲有。無有爲有，雖有神禹且不能知，吾獨且奈何哉！

夫言非吹也，言者有言。其所言者特未定也。果有言邪？其未嘗有言邪？其以爲異於鷇音，亦有辯乎？其無辯乎？道惡乎隱而有眞僞？言惡乎隱而有是非？道惡乎往而不存？言惡乎存而不可？道隱於小成，言隱於榮華。故有儒墨之是非，以是其所非而非其所是。欲是其所非而非其所是，則莫若以明。

物無非彼，物無非是。自彼則不見，自知則知之。故曰：彼出於是，是亦因彼。彼是方生之說也。雖然，方生方死，方死方生；方可方不可，方不可方可；因是因非，因非因是。是以聖人不由而照之於天，亦因是也。是亦彼也，彼亦是也。彼亦一是非，此亦一是非，果且有彼是乎哉？果且無彼是乎哉？彼是莫得其偶，謂之道樞。樞始得其環中，以應無窮。是亦一無窮，非亦一無窮也。故曰：莫若以明。

以指喻指之非指，不若以非指喻指之非指也；以馬喻馬之非馬，不若以非馬喻馬之非馬也。天地一指也，萬物一馬也。

可乎可，不可乎不可。道行之而成，物謂之而然。惡乎然？然於然。惡乎不然？不然於不然。

物固有所然，物固有所可。無物不然，無物不可。故爲是舉莛與楹，厲與西施，恢恑憰怪，道通爲一。

其分也，成也；其成也，毀也。凡物無成與毀，復通爲一。唯達者知通爲一，爲是不用而寓諸庸。庸也者，用也；用也者，通也；通也者，得也。適得而幾矣。因是已，已而不知其然謂之道。勞神明爲一而不知其同也，謂之「朝三」。何謂「朝三」？狙公賦芧，曰：「朝三而暮四。」眾狙皆怒。曰：「然則朝四而暮三。」眾狙皆悅。名實未虧而喜怒爲用，亦因是也。是以聖人和之以是非而休乎天鈞，是之謂兩行。

古之人，其知有所至矣。惡乎至？有以爲未始有物者，至矣，盡矣，不可以加矣！其次以爲有物矣，而未始有封也。其次以爲有封焉，而未始有是非也。是非之彰也，道之所以虧也。道之所以虧，愛之所以成。果且有成與虧乎哉？果且無成與虧乎哉？有成與虧，故昭氏之鼓琴也；無成與虧，故昭氏之不鼓琴也。昭文之鼓琴也，師曠之枝策也，惠子之據梧也，三子之知幾乎皆其盛者也，故載之末年。唯其好之也以異於彼，其好之也欲以明之。彼非所明而明之，故以堅白之昧終。而其子又以文之綸終，終身無成。若是而可謂成乎，雖我亦成也；若是而不可謂成乎，物與我無成也。是故滑疑之耀，聖人之所圖也。爲是不用而寓諸庸，此之謂「以明」。

今且有言於此，不知其與是類乎？其與是不類乎？類與不類，相與爲類，則與彼無以異矣。雖然，請嘗言之：有始也者，有未始有始也者，有未始有夫未始有始也者；有有也者，有無也者，有未始有無也者，有未始有夫未始有無也者。俄而有無矣，而未知有無之果孰有孰無也。今我則已有謂矣，而未知吾所謂之其果有謂乎？其果無謂乎？

天下莫大於秋豪之末，而大山爲小；莫壽乎殤子，而彭祖爲夭。天地與我並生，而萬物與我爲一。既已爲一矣，且得有言乎？既已謂之一矣，且得無言乎？一與言爲二，二與一爲三。自此以往，巧歷不能得，而況其凡乎！故自無適有，以至於三，而況自有適有乎！無適焉，因是已！

夫道未始有封，言未始有常，爲是而有畛也。請言其畛：有左有右，有倫有義，有分有辯，有競有爭，此之謂八德。六合之外，聖人存而不論；六合之內，聖人論而不議；春秋經世先王之志，聖人議而不辯。

故分也者，有不分也；辯也者，有不辯也。曰：「何也？」「聖人懷之，眾人辯之以相示也。故曰：辯也者，有不見也。」夫大道不稱，大辯不言，大仁不仁，大廉不嗛，大勇不忮。道昭而不道，言辯而不及，仁常而不成，廉清而不信，勇忮而不成。五者圓而幾向方矣！故知止其所不知，至矣。孰知不言之辯，不道之道？若有能知，此之謂天府。注焉而不滿，酌焉而不竭，而不知其所由來，此之謂葆光。

故昔者堯問於舜曰：「我欲伐宗膾、胥、敖，南面而不釋然。其故何也？」舜曰：「夫三子者，猶存乎蓬艾之間。若不釋然何哉！昔者十日並出，萬物皆照，而況德之進乎日者乎！」

齧缺問乎王倪曰：「子知物之所同是乎？」曰：「吾惡乎知之！」「子知子之所不知邪？」曰：「吾惡乎知之！」「然則物無知邪？」曰：「吾惡乎知之！雖然，嘗試言之：庸詎知吾所謂知之非不知邪？庸詎知吾所謂不知之非知邪？且吾嘗試問乎女：民濕寢則腰疾偏死，鰍然乎哉？木處則惴慄恂懼，猨猴然乎哉？三者孰知正處？民食芻豢，麋鹿食薦，蝍蛆甘帶，鴟鴉耆鼠，四者孰知正味？猨猵狙以爲雌，麋與鹿交，鰍與魚游。毛嬙麗姬，人之所美也；魚見之深入，鳥見之高飛，麋鹿見之決驟，四者孰知天下之正色哉？自我觀之，仁義之端，是非之塗，樊然淆亂，吾惡能知其辯！」齧缺曰：「子不知利害，則至人固不知利害乎？」王倪曰：「至人神矣！大澤焚而不能熱，河漢沍而不能寒，疾雷破山、飄風振海而不能驚。若然者，乘雲氣，騎日月，而遊乎四海之外，死生無變於己，而況利害之端乎！」

瞿鵲子問乎長梧子曰：「吾聞諸夫子：聖人不從事於務，不就利，不違害，不喜求，不緣道，無謂有謂，有謂無謂，而遊乎塵垢之外。夫子以爲孟浪之言，而我以爲妙道之行也。吾子以爲奚若？」

長梧子曰：「是黃帝之所聽熒也，而丘也何足以知之！且女亦大早計，見卵而求時夜，見彈而求鴞炙。予嘗爲女妄言之，女以妄聽之。奚旁日月，挾宇宙，爲其吻合，置其滑涽，以隸相尊？眾人役役，聖人愚芚，參萬歲而一成純。萬物盡然，而以是相蘊。予惡乎知說生之非惑邪！予惡乎知惡死之非弱喪而不知歸者邪！

麗之姬，艾封人之子也。晉國之始得之也，涕泣沾襟。及其至於王所，與王同筐床，食芻豢，而後悔其泣也。予惡乎知夫死者不悔其始之蘄生乎？夢飲酒者，旦而哭泣；夢哭泣者，旦而田獵。方其夢也，不知其夢也。夢之中又占其夢焉，覺而後知其夢也。且有大覺而後知此其大夢也，而愚者自以爲覺，竊竊然知之。『君乎！牧乎！』固哉！丘也與女皆夢也，予謂女夢亦夢也。是其言也，其名爲弔詭。萬世之後而一遇大聖知其解者，是旦暮遇之也。

既使我與若辯矣，若勝我，我不若勝，若果是也？我果非也邪？我勝若，若不吾勝，我果是也？而果非也邪？其或是也？其或非也邪？其俱是也？其俱非也邪？我與若不能相知也。則人固受其黮闇，吾誰使正之？使同乎若者正之，既與若同矣，惡能正之？使同乎我者正之，既同乎我矣，惡能正之？使異乎我與若者正之，既異乎我與若矣，惡能正之？使同乎我與若者正之，既同乎我與若矣，惡能正之？然則我與若與人俱不能相知也，而待彼也邪？

「何謂和之以天倪？」曰：「是不是，然不然。是若果是也，則是之異乎不是也亦無辯；然若果然也，則然之異乎不然也亦無辯。化聲之相待，若其不相待。和之以天倪，因之以曼衍，所以窮年也。忘年忘義，振於無竟，故寓諸無竟。」

罔兩問景曰：「曩子行，今子止；曩子坐，今子起。何其無特操與？」景曰：「吾有待而然者邪？吾所待又有待而然者邪？吾待蛇蚹蜩翼邪？惡識所以然？惡識所以不然？」

昔者莊周夢爲蝴蝶，栩栩然蝴蝶也。自喻適志與！不知周也。俄然覺，則蘧蘧然周也。不知周之夢爲蝴蝶與？蝴蝶之夢爲周與？周與蝴蝶則必有分矣。此之謂物化。

養生主第三

吾生也有涯，而知也無涯。以有涯隨無涯，殆已！已而爲知者，殆而已矣！爲善無近名，爲惡無近刑，緣督以爲經，可以保身，可以全生，可以養親，可以盡年。

庖丁爲文惠君解牛，手之所觸，肩之所倚，足之所履，膝之所踦，砉然嚮然，奏刀騞然，莫不中音，合於《桑林》之舞，乃中《經首》之會。

文惠君曰：「嘻，善哉！技蓋至此乎？」庖丁釋刀對曰：「臣之所好者道也，進乎技矣。始臣之解牛之時，所見無非全牛者；三年之後，未嘗見全牛也；方今之時，臣以神遇而不以目視，官知止而神欲行。依乎天理，批大郤，導大窾，因其固然。技經肯綮之未嘗，而況大軱乎！良庖歲更刀，割也；族庖月更刀，折也；今臣之刀十九年矣，所解數千牛矣，而刀刃若新發於硎。彼節者有間而刀刃者無厚，以無厚入有間，恢恢乎其於遊刃必有餘地矣。是以十九年而刀刃若新發於硎。雖然，每至於族，吾見其難爲，怵然爲戒，視爲止，行爲遲，動刀甚微，謋然已解，如土委地。提刀而立，爲之四顧，爲之躊躇滿志，善刀而藏之。」文惠君曰：「善哉！吾聞庖丁之言，得養生焉。」

公文軒見右師而驚曰：「是何人也？惡乎介也？天與？其人與？」曰：「天也，非人也。天之生是使獨也，人之貌有與也。以是知其天也，非人也。」

澤雉十步一啄，百步一飲，不蘄畜乎樊中。神雖王，不善也。

老聃死，秦失弔之，三號而出。弟子曰：「非夫子之友邪？」曰：「然。」「然則弔焉若此可乎？」曰：「然。始也吾以爲其人也，而今非也。向吾入而弔焉，有老者哭之，如哭其子；少者哭之，如哭其母。彼其所以會之，必有不蘄言而言，不蘄哭而哭者。是遁天倍情，忘其所受，古者謂之遁天之刑。適來，夫子時也；適去，夫子順也。安時而處順，哀樂不能入也，古者謂是帝之縣解。」

指窮於爲薪，火傳也，不知其盡也。

人間世第四

顏回見仲尼，請行。曰：「奚之？」曰：「將之衛。」曰：「奚爲焉？」曰：「回聞衛君，其年壯，其行獨。輕用其國而不見其過。輕用民死，死者以國量，乎澤若蕉，民其無如矣！回嘗聞之夫子曰：『治國去之，亂國就之。醫門多疾。』願以所聞思其則，庶幾其國有瘳乎！」

仲尼曰：「譆，若殆往而刑耳！夫道不欲雜，雜則多，多則擾，擾則憂，憂而不救。古之至人，先存諸己而後存諸人。所存於己者未定，何暇至於暴人之所行！且若亦知夫德之所蕩而知之所爲出乎哉？德蕩乎名，知出乎爭。名也者，相軋也；知也者，爭之器也。二者兇器，非所以盡行也。

且德厚信矼，未達人氣；名聞不爭，未達人心。而強以仁義繩墨之言術暴人之前者，是以人惡有其美也，命之曰菑人。菑人者，人必反菑之。若殆爲人菑夫。

且苟爲悅賢而惡不肖，惡用而求有以異？若唯無詔，王公必將乘人而鬥其捷。而目將熒之，而色將平之，口將營之，容將形之，心且成之。是以火救火，以水救水，名之曰益多。順始無窮，若殆以不信厚言，必死於暴人之前矣！

且昔者桀殺關龍逢，紂殺王子比干，是皆修其身以下傴拊人之民，以下拂其上者也，故其君因其修以擠之。是好名者也。

昔者堯攻叢枝、胥、敖，禹攻有扈。國爲虛厲，身爲刑戮。其用兵不止，其求實無已，是皆求名實者也，而獨不聞之乎？名實者，聖人之所不能勝也，而況若乎！雖然，若必有以也，嘗以語我來。」

顏回曰：「端而虛，勉而一，則可乎？」曰：「惡！惡可！夫以陽爲充孔揚，采色不定，常人之所不違，因案人之所感，以求容與其心，名之曰日漸之德不成，而況大德乎！將執而不化，外合而內不訾，其庸詎可乎！」

「然則我內直而外曲，成而上比。內直者，與天爲徒。與天爲徒者，知天子之與己，皆天之所子，而獨以己言蘄乎而人善之，蘄乎而人不善之邪？若然者，人謂之童子，是之謂與天爲徒。外曲者，與人之爲徒也。擎跽曲拳，人臣之禮也。人皆爲之，吾敢不爲邪？爲人之所爲者，人亦無疵焉，是之謂與人爲徒。成而上比者，與古爲徒。其言雖教，讁之實也，古之有也，非吾有也。若然者，雖直而不病，是之謂與古爲徒。若是則可乎？」仲尼曰：「惡！惡可！大多政法而不諜。雖固，亦無罪。雖然，止是耳矣，夫胡可以及化！猶師心者也。」

顏回曰：「吾無以進矣，敢問其方。」仲尼曰：「齋，吾將語若。有心而爲之，其易邪？易之者，皞天不宜。」顏回曰：「回之家貧，唯不飲酒不茹葷者數月矣。如此則可以爲齋乎？」曰：「是祭祀之齋，非心齋也。」

回曰：「敢問心齋。」仲尼曰：「若一志，無聽之以耳而聽之以心；無聽之以心而聽之以氣。聽止於耳，心止于符。氣也者，虛而待物者也。唯道集虛。虛者，心齋也。」

顏回曰：「回之未始得使，實自回也；得使之也，未始有回也，可謂虛乎？」夫子曰：「盡矣！吾語若：若能入遊其樊而無感其名，入則鳴，不入則止。無門無毒，一宅而寓於不得已則幾矣。絕跡易，無行地難。爲人使易以僞，爲天使難以僞。聞以有翼飛者矣，未聞以無翼飛者也；聞以有知知者矣，未聞以無知知者也。瞻彼闋者，虛室生白，吉祥止止。夫且不止，是之謂坐馳。夫徇耳目內通而外於心知，鬼神將來舍，而況人乎！是萬物之化也，禹、舜之所紐也，伏戲、几蘧之所行終，而況散焉者乎！」

葉公子高將使於齊，問於仲尼曰：「王使諸梁也甚重。齊之待使者，蓋將甚敬而不急。匹夫猶未可動，而況諸侯乎！吾甚慄之。子常語諸梁也曰：『凡事若小若大，寡不道以歡成。事若不成，則必有人道之患；事若成，則必有陰陽之患。若成若不成而後無患者，唯有德者能之。』吾食也執粗而不臧，爨無欲清之人。今吾朝受命而夕飲冰，我其內熱與！吾未至乎事之情而既有陰陽之患矣！事若不成，必有人道之患，是兩也。爲人臣者不足以任之，子其有以語我來！」

仲尼曰：「天下有大戒二：其一命也，其一義也。子之愛親，命也，不可解於心；臣之事君，義也，無適而非君也，無所逃於天地之間。是之謂大戒。是以夫事其親者，不擇地而安之，孝之至也；夫事其君者，不擇事而安之，忠之盛也；自事其心者，哀樂不易施乎前，知其不可奈何而安之若命，德之至也。爲人臣子者，固有所不得已。行事之情而忘其身，何暇至於悅生而惡死！夫子其行可矣！

丘請復以所聞：凡交近則必相靡以信，遠則必忠之以言。言必或傳之。夫傳兩喜兩怒之言，天下之難者也。夫兩喜必多溢美之言，兩怒必多溢惡之言。凡溢之類妄，妄則其信之也莫，莫則傳言者殃。故法言曰：『傳其常情，無傳其溢言，則幾乎全。』

且以巧鬥力者，始乎陽，常卒乎陰，泰至則多奇巧；以禮飲酒者，始乎治，常卒乎亂，泰至則多奇樂。凡事亦然，始乎諒，常卒乎鄙；其作始也簡，其將畢也必巨。言者，風波也；行者，實喪也。夫風波易以動，實喪易以危。故忿設無由，巧言偏辭。獸死不擇音，氣息茀然，於是並生心厲。剋核大至，則必有不肖之心應之而不知其然也。苟爲不知其然也，孰知其所終！故法言曰：『無遷令，無勸成。過度益也。』遷令勸成殆事。美成在久，惡成不及改，可不愼與！且夫乘物以遊心，託不得已以養中，至矣。何作爲報也！莫若爲致命，此其難者？」

顏闔將傅衛靈公太子，而問於蘧伯玉曰：「有人於此，其德天殺。與之爲無方則危吾國，與之爲有方則危吾身。其知適足以知人之過，而不知其所以過。若然者，吾奈之何？」蘧伯玉曰：「善哉問乎！戒之，愼之，正女身也哉！形莫若就，心莫若和。雖然，之二者有患。就不欲入，和不欲出。形就而入，且爲顚爲滅，爲崩爲蹶；心和而出，且爲聲爲名，爲妖爲孽。彼且爲嬰兒，亦與之爲嬰兒；彼且爲無町畦，亦與之爲無町畦；彼且爲無崖，亦與之爲無崖；達之，入於無疵。

汝不知夫螳螂乎？怒其臂以當車轍，不知其不勝任也，是其才之美者也。戒之，愼之，積伐而美者以犯之，幾矣！

汝不知夫養虎者乎？不敢以生物與之，爲其殺之之怒也；不敢以全物與之，爲其決之之怒也。時其飢飽，達其怒心。虎之與人異類，而媚養己者，順也；故其殺者，逆也。

夫愛馬者，以筐盛矢，以蜄盛溺。適有蚊虻僕緣，而拊之不時，則缺銜毀首碎胸。意有所至而愛有所亡，可不愼邪？」

匠石之齊，至於曲轅，見櫟社樹。其大蔽數千牛，絜之百圍，其高臨山十仞而後有枝，其可以爲舟者旁十數。觀者如市，匠伯不顧，遂行不輟。弟子厭觀之，走及匠石，曰：「自吾執斧斤以隨夫子，未嘗見材如此其美也。先生不肯視，行不輟，何邪？」曰：「已矣，勿言之矣！散木也。以爲舟則沉，以爲棺槨則速腐，以爲器則速毀，以爲門戶則液樠，以爲柱則蠹，是不材之木也。無所可用，故能若是之壽。」

匠石歸，櫟社見夢曰：「女將惡乎比予哉？若將比予於文木邪？夫柤梨橘柚果蓏之屬，實熟則剝，剝則辱。大枝折，小枝泄。此以其能苦其生者也。故不終其天年而中道夭，自掊擊於世俗者也。物莫不若是。且予求無所可用久矣！幾死，乃今得之，爲予大用。使予也而有用，且得有此大也邪？且也若與予也皆物也，奈何哉其相物也？而幾死之散人，又惡知散木！」匠石覺而診其夢。

弟子曰：「趣取無用，則爲社何邪？」曰：「密！若無言！彼亦直寄焉！以爲不知己者詬厲也。不爲社者，且幾有翦乎！且也彼其所保與眾異，而以義喻之，不亦遠乎！」

南伯子綦遊乎商之丘，見大木焉，有異：結駟千乘，隱，將芘其所藾。子綦曰：「此何木也哉！此必有異材夫！」仰而視其細枝，則拳曲而不可以爲棟梁；俯而視其大根，則軸解而不可以爲棺槨；咶其葉，則口爛而爲傷；嗅之，則使人狂酲三日而不已。子綦曰：「此果不材之木也，以至於此其大也。嗟乎，神人以此不材。」

宋有荊氏者，宜楸柏桑。其拱把而上者，求狙猴之杙者斬之；三圍四圍，求高名之麗者斬之；七圍八圍，貴人富商之家求樿傍者斬之。故未終其天年而中道之夭於斧斤，此材之患也。故解之以牛之白顙者，與豚之亢鼻者，與人有痔病者，不可以適河。此皆巫祝以知之矣，所以爲不祥也。此乃神人之所以爲大祥也。

支離疏者，頤隱於臍，肩高於頂，會撮指天，五管在上，兩髀爲脅。挫針治繲，足以餬口；鼓筴播精，足以食十人。上徵武士，則支離攘臂而遊於其間；上有大役，則支離以有常疾不受功；上與病者粟，則受三鍾與十束薪。夫支離其形者，猶足以養其身，終其天年，又況支離其德者乎！

孔子適楚，楚狂接輿遊其門曰：「鳳兮鳳兮，何如德之衰也。來世不可待，往世不可追也。天下有道，聖人成焉；天下無道，聖人生焉。方今之時，僅免刑焉！福輕乎羽，莫之知載；禍重乎地，莫之知避。已乎，已乎！臨人以德。殆乎，殆乎！畫地而趨。迷陽迷陽，無傷吾行。吾行郤曲，無傷吾足。」

山木，自寇也；膏火，自煎也。桂可食，故伐之；漆可用，故割之。人皆知有用之用，而莫知無用之用也。

德充符第五

魯有兀者王駘，從之遊者與仲尼相若。常季問於仲尼曰：「王駘，兀者也，從之遊者與夫子中分魯。立不教，坐不議。虛而往，實而歸。固有不言之教，無形而心成者邪？是何人也？」仲尼曰：「夫子，聖人也，丘也直後而未往耳！丘將以爲師，而況不若丘者乎！奚假魯國，丘將引天下而與從之。」

常季曰：「彼兀者也，而王先生，其與庸亦遠矣。若然者，其用心也，獨若之何？」仲尼曰：「死生亦大矣，而不得與之變；雖天地覆墜，亦將不與之遺；審乎無假而不與物遷，命物之化而守其宗也。」

常季曰：「何謂也？」仲尼曰：「自其異者視之，肝膽楚越也；自其同者視之，萬物皆一也。

夫若然者，且不知耳目之所宜，而遊心乎德之和。物視其所一而不見其所喪，視喪其足猶遺土也。」

常季曰：「彼爲己，以其知得其心，以其心得其常心。物何爲最之哉？」仲尼曰：「人莫鑒於流水而鑒於止水。唯止能止眾止。受命於地，唯松柏獨也正，在冬夏青青；受命於天，唯堯、舜獨也正，在萬物之首。幸能正生，以正眾生。夫保始之徵，不懼之實，勇士一人，雄入於九軍。將求名而能自要者而猶若是，而況官天地、府萬物、直寓六骸、象耳目、一知之所知而心未嘗死者乎！彼且擇日而登假，人則從是也。彼且何肯以物爲事乎！」

申徒嘉，兀者也，而與鄭子產同師於伯昏無人。子產謂申徒嘉曰：「我先出則子止，子先出則我止。」其明日，又與合堂同席而坐。子產謂申徒嘉曰：「我先出則子止，子先出則我止。今我將出，子可以止乎？其未邪？且子見執政而不違，子齊執政乎？」申徒嘉曰：「先生之門固有執政焉如此哉？子而說子之執政而後人者也。聞之曰：『鑒明則塵垢不止，止則不明也。久與賢人處則無過。』今子之所取大者，先生也，而猶出言若是，不亦過乎！」

子產曰：「子既若是矣，猶與堯爭善。計子之德，不足以自反邪？」申徒嘉曰：「自狀其過以不當亡者眾；不狀其過以不當存者寡。知不可奈何而安之若命，唯有德者能之。遊於羿之彀中。中央者，中地也；然而不中者，命也。人以其全足笑吾不全足者多矣，我怫然而怒，而適先生之所，則廢然而反。不知先生之洗我以善邪？吾之自寤邪？吾與夫子遊十九年矣，而未嘗知吾兀者也。今子與我遊於形骸之內，而子索我於形骸之外，不亦過乎！」子產蹴然改容更貌曰：「子無乃稱！」

魯有兀者叔山無趾，踵見仲尼。仲尼曰：「子不謹，前既犯患若是矣。雖今來，何及矣！」無趾曰：「吾唯不知務而輕用吾身，吾是以亡足。今吾來也，猶有尊足者存，吾是以務全之也。夫天無不覆，地無不載，吾以夫子爲天地，安知夫子之猶若是也！」孔子曰：「丘則陋矣！夫子胡不入乎？請講以所聞。」無趾出。孔子曰：「弟子勉之！夫無趾，兀者也，猶務學以復補前行之惡，而況全德之人乎！」

無趾語老聃曰：「孔丘之於至人，其未邪？彼何賓賓以學子爲？彼且蘄以諔詭幻怪之名聞，不知至人之以是爲己桎梏邪？」老聃曰：「胡不直使彼以死生爲一條，以可不可爲一貫者，解其桎梏，其可乎？」無趾曰：「天刑之，安可解！」

魯哀公問於仲尼曰：「衛有惡人焉，曰哀駘它。丈夫與之處者，思而不能去也；婦人見之，請於父母曰：『與爲人妻，寧爲夫子妾』者，十數而未止也。未嘗有聞其唱者也，常和人而已矣。無君人之位以濟乎人之死，無聚祿以望人之腹，又以惡駭天下，和而不唱，知不出乎四域，且而雌雄合乎前，是必有異乎人者也。寡人召而觀之，果以惡駭天下。與寡人處，不至以月數，而寡人有意乎其爲人也；不至乎期年，而寡人信之。國無宰，寡人傳國焉。悶然而後應，氾若辭。寡人醜乎，卒授之國。無幾何也，去寡人而行。寡人恤焉若有亡也，若無與樂是國也。是何人者也！」

仲尼曰：「丘也嘗使於楚矣，適見豚子食於其死母者。少焉眴若，皆棄之而走。不見己焉爾，不得類焉爾。所愛其母者，非愛其形也，愛使其形者也。戰而死者，其人之葬也不以翣資；刖者之屨，無爲愛之。皆無其本矣。爲天子之諸御：不爪翦，不穿耳；取妻者止於外，不得復使。形全猶足以爲爾，而況全德之人乎！今哀駘它未言而信，無功而親，使人授己國，唯恐其不受也，是必才全而德不形者也。」

哀公曰：「何謂才全？」仲尼曰：「死生、存亡、窮達、貧富、賢與不肖、毀譽、飢渴、寒暑，是事之變、命之行也。日夜相代乎前，而知不能規乎其始者也。故不足以滑和，不可入於靈府。使之和豫，通而不失於兑。使日夜無郤，而與物爲春，是接而生時於心者也。是之謂才全。」「何謂德不形？」曰：「平者，水停之盛也。其可以爲法也，内保之而外不蕩也。德者，成和之修也。德不形者，物不能離也。」

哀公異日以告閔子曰：「始也吾以南面而君天下，執民之紀而憂其死，吾自以爲至通矣。今吾聞至人之言，恐吾無其實，輕用吾身而亡其國。吾與孔丘非君臣也，德友而已矣！」

闉跂支離無脤說衛靈公，靈公說之，而視全人：其脰肩肩。甕㼜大癭說齊桓公，桓公說之，而視全人：其脰肩肩。故德有所長而形有所忘。人不忘其所忘而忘其所不忘，此謂誠忘。

故聖人有所遊，而知爲孽，約爲膠，德爲接，工爲商。聖人不謀，惡用知？不斵，惡用膠？無喪，惡用德？不貨，惡用商？四者，天鬻也。天鬻者，天食也。既受食於天，又惡用人！

有人之形，無人之情。有人之形，故群於人；無人之情，故是非不得於身。眇乎小哉，所以屬於人也；謷乎大哉，獨成其天。

惠子謂莊子曰：「人故無情乎？」莊子曰：「然。」惠子曰：「人而無情，何以謂之人？」莊子曰：「道與之貌，天與之形，惡得不謂之人？」惠子曰：「既謂之人，惡得無情？」莊子曰：「是非吾所謂情也。吾所謂無情者，言人之不以好惡內傷其身，常因自然而不益生也。」惠子曰：「不益生，何以有其身？」莊子曰：「道與之貌，天與之形，無以好惡內傷其身。今子外乎子之神，勞乎子之精，倚樹而吟，據槁梧而瞑。天選子之形，子以堅白鳴。」

大宗師第六

知天之所爲，知人之所爲者，至矣！知天之所爲者，天而生也；知人之所爲者，以其知之所知以養其知之所不知，終其天年而不中道夭者，是知之盛也。雖然，有患：夫知有所待而後當，其所待者特未定也。庸詎知吾所謂天之非人乎？所謂人之非天乎？且有眞人而後有眞知。

何謂眞人？古之眞人，不逆寡，不雄成，不謨士。若然者，過而弗悔，當而不自得也。若然者，登高不慄，入水不濡，入火不熱，是知之能登假於道者也若此。

古之眞人，其寢不夢，其覺無憂，其食不甘，其息深深。眞人之息以踵，衆人之息以喉。屈服者，其嗌言若哇。其耆欲深者，其天機淺。

古之眞人，不知說生，不知惡死。其出不訢，其入不距。翛然而往，翛然而來而已矣。不忘其所始，不求其所終。受而喜之，忘而復之。是之謂不以心損道，不以人助天，是之謂眞人。若然者，其心忘，其容寂，其顙頯。淒然似秋，暖然似春，喜怒通四時，與物有宜而莫知其極。故聖人之用兵也，亡國而不失人心。利澤施乎萬世，不爲愛人。故樂通物，非聖人也；有親，非仁也；天時，非賢也；利害不通，非君子也；行名失己，非士也；亡身不眞，非役人也。若狐不偕、務光、伯夷、叔齊、箕子、胥餘、紀他、申徒狄，是役人之役，適人之適，而不自適其適者也。

古之眞人，其狀義而不朋，若不足而不承；與乎其觚而不堅也，張乎其虛而不華也；邴邴乎其似喜也，崔崔乎其不得已也，滀乎進我色也，與乎止我德也，廣乎其似世也，謷乎其未可制也，連乎其似好閉也，悗乎忘其言也。以刑爲體，以禮爲翼，以知爲時，以德爲循。以刑爲體者，綽乎其殺也；以禮爲翼者，所以行於世也；以知爲時者，不得已於事也；以德爲循者，言其與有足者至於丘也，而人眞以爲勤行者也。故其好之也一，其弗好之也一。其一也一，其不一也一。其一與天爲徒，其不一與人爲徒，天與人不相勝也，是之謂眞人。

死生，命也；其有夜旦之常，天也。人之有所不得與，皆物之情也。彼特以天爲父，而身猶愛之，而況其卓乎！人特以有君爲愈乎己，而身猶死之，而況其眞乎！

泉涸，魚相與處於陸，相呴以濕，相濡以沫，不如相忘於江湖。與其譽堯而非桀也，不如兩忘而化其道。

夫大塊載我以形，勞我以生，佚我以老，息我以死。故善吾生者，乃所以善吾死也。夫藏舟於壑，藏山於澤，謂之固矣！然而夜半有力者負之而走，昧者不知也。藏小大有宜，猶有所遯。若夫藏天下於天下而不得所遯，是恆物之大情也。特犯人之形而猶喜之。若人之形者，萬化而未始有極也，其爲樂可勝計邪？故聖人將遊於物之所不得遯而皆存。善妖善老，善始善終，人猶效之，又況萬物之所係而一化之所待乎！

夫道有情有信，無爲無形；可傳而不可受，可得而不可見；自本自根，未有天地，自古以固存；神鬼神帝，生天生地；在太極之先而不爲高，在六極之下而不爲深，先天地生而不爲久，長於上古而不爲老。狶韋氏得之，以挈天地；伏戲氏得之，以襲氣母；維斗得之，終古不忒；日月得之，終古不息；堪壞得之，以襲昆侖；馮夷得之，以遊大川；肩吾得之，以處大山；黃帝得之，以登雲天；顓頊得之，以處玄宮；禺強得之，立乎北極；西王母得之，坐乎少廣，莫知其始，莫知其終；彭祖得之，上及有虞，下及五伯；傅說得之，以相武丁，奄有天下，乘東維、騎箕尾而比於列星。

南伯子葵問乎女偊曰：「子之年長矣，而色若孺子，何也？」曰：「吾聞道矣。」南伯子葵曰：「道可得學邪？」曰：「惡！惡可！子非其人也。夫卜梁倚有聖人之才而無聖人之道，我有聖人之道而無聖人之才。吾欲以教之，庶幾其果爲聖人乎？不然，以聖人之道告聖人之才，亦易矣。吾猶告而守之，三日而後能外天下；已外天下矣，吾又守之，七日而後能外物；已外物矣，吾又守之，九日而後能外生；已外生矣，而後能朝徹；朝徹而後能見獨；見獨而後能無古今；無古今而後能入於不死不生。殺生者不死，生生者不生。其爲物無不將也，無不迎也，無不毀也，無不成也。其名爲攖寧。攖寧也者，攖而後成者也。」

南伯子葵曰：「子獨惡乎聞之？」曰：「聞諸副墨之子，副墨之子聞諸洛誦之孫，洛誦之孫聞之瞻明，瞻明聞之聶許，聶許聞之需役，需役聞之於謳，於謳聞之玄冥，玄冥聞之參寥，參寥聞之疑始。」

子祀、子輿、子犁、子來四人相與語曰：「孰能以無爲首，以生爲脊，以死爲尻；孰知死生存亡之一體者，吾與之友矣！」四人相視而笑，莫逆於心，遂相與爲友。俄而子輿有病，子祀往問之。曰：「偉哉，夫造物者將以予爲此拘拘也。」曲僂發背，上有五管，頤隱於齊，肩高於頂，句贅指天，陰陽之氣有沴，其心閑而無事，跰𨇤而鑑於井，曰：「嗟乎！夫造物者又將以予爲此拘拘也。」

子祀曰：「女惡之乎？」曰：「亡，予何惡！浸假而化予之左臂以爲雞，予因以求時夜；浸假而化予之右臂以爲彈，予因以求鴞炙；浸假而化予之尻以爲輪，以神爲馬，予因以乘之，豈更駕哉！且夫得者，時也；失者，順也。安時而處順，哀樂不能入也，此古之所謂縣解也，而不能自解者，物有結之。且夫物不勝天久矣，吾又何惡焉！」

俄而子來有病，喘喘然將死。其妻子環而泣之。子犁往問之，曰：「叱！避！無怛化！」倚其户與之語曰：「偉哉造化！又將奚以汝爲？將奚以汝適？以汝爲鼠肝乎？以汝爲蟲臂乎？」子來曰：「父母於子，東西南北，唯命之從。陰陽於人，不翅於父母。彼近吾死而我不聽，我則悍矣，彼何罪焉？夫大塊載我以形，勞我以生，佚我以老，息我以死。故善吾生者，乃所以善吾死也。今大冶鑄金，金踊躍曰：『我且必爲鏌鋣！』大冶必以爲不祥之金。今一犯人之形而曰：『人耳！人耳！』夫造化者必以爲不祥之人。今一以天地爲大爐，以造化爲大冶，惡乎往而不可哉！」成然寐，蘧然覺。

子桑户、孟子反、子琴張三人相與友，曰：「孰能相與於無相與，相爲於無相爲；孰能登天遊霧，撓挑無極，相忘以生，無所終窮！」三人相視而笑，莫逆於心。遂相與爲友。

莫然有間，而子桑户死，未葬。孔子聞之，使子貢往侍事焉。或編曲，或鼓琴，相和而歌曰：「嗟來桑户乎！嗟來桑户乎！而已反其眞，而我猶爲人猗！」子貢趨而進曰：「敢問臨尸而歌，禮乎？」二人相視而笑曰：「是惡知禮意！」子貢反，以告孔子曰：「彼何人者邪？修行無有而外其形骸，臨尸而歌，顔色不變，無以命之。彼何人者邪？」孔子曰：「彼遊方之外者也，而丘遊方之內者也。外內不相及，而丘使女往弔之，丘則陋矣！彼方且與造物者爲人，而遊乎天地之一氣。彼以生爲附贅縣疣，以死爲決疣潰癰。夫若然者，又惡知死生先後之所在！假於異物，托於同體；忘其肝膽，遺其耳目；反覆終始，不知端倪；芒然彷徨乎塵垢之外，逍遙乎無爲之業。彼又惡能憒憒然爲世俗之禮，以觀衆人之耳目哉！」

子貢曰：「然則夫子何方之依？」孔子曰：「丘，天之戮民也。雖然，吾與汝共之。」子貢曰：「敢問其方？」孔子曰：「魚相造乎水，人相造乎道。相造乎水者，穿池而養給；相造乎道者，無事而生定。故曰：魚相忘乎江湖，人相忘乎道術。」子貢曰：「敢問畸人？」曰：「畸人者，畸於人而侔於天。故曰：天之小人，人之君子；人之君子，天之小人也。」

顔回問仲尼曰：「孟孫才，其母死，哭泣無涕，中心不戚，居喪不哀。無是三者，以善處喪蓋魯國，固有無其實而得其名者乎？回壹怪之。」仲尼曰：「夫孟孫氏盡之矣，進於知矣，唯簡之而不得，夫已有所簡矣。孟孫氏不知所以生，不知所以死。不知就先，不知就後。若化爲物，以待其所不知之化已乎。且方將化，惡知不化哉？方將不化，惡知已化哉？吾特與汝，其夢未始覺者邪！且彼有駭形而無損心，有旦宅而無情死。孟孫氏特覺，人哭亦哭，是自其所以乃。且也相與『吾之』耳矣，庸詎知吾所謂『吾之』乎？且汝夢爲鳥而厲乎天，夢爲魚而沒於淵。不識今之言者，其覺者乎？其夢者乎？造適不及笑，獻笑不及排，安排而去化，乃入於寥天一。」

意而子見許由，許由曰：「堯何以資汝？」意而子曰：「堯謂我：汝必躬服仁義而明言是非。」許由曰：「而奚來爲軹？夫堯既已黥汝以仁義，而劓汝以是非矣。汝將何以遊夫遙蕩恣睢轉徙之塗乎？」

意而子曰：「雖然，吾願遊於其藩。」許由曰：「不然。夫盲者無以與乎眉目顏色之好，瞽者無以與乎青黃黼黻之觀。」意而子曰：「夫無莊之失其美，據梁之失其力，黃帝之亡其知，皆在爐捶之間耳。庸詎知夫造物者之不息我黥而補我劓，使我乘成以隨先生邪？」許由曰：「噫！未可知也。我爲汝言其大略：吾師乎！吾師乎！𩐋萬物而不爲義，澤及萬世而不爲仁，長於上古而不爲老，覆載天地、刻雕眾形而不爲巧。此所遊已！」

顏回曰：「回益矣。」仲尼曰：「何謂也？」曰：「回忘仁義矣。」曰：「可矣，猶未也。」他日復見，曰：「回益矣。」曰：「何謂也？」曰：「回忘禮樂矣！」曰：「可矣，猶未也。」他日復見，曰：「回益矣！」曰：「何謂也？」曰：「回坐忘矣。」仲尼蹴然曰：「何謂坐忘？」顏回曰：「墮肢體，黜聰明，離形去知，同於大通，此謂坐忘。」仲尼曰：「同則無好也，化則無常也。而果其賢乎！丘也請從而後也。」

子輿與子桑友。而霖雨十日，子輿曰：「子桑殆病矣！」裹飯而往食之。至子桑之門，則若歌若哭，鼓琴曰：「父邪！母邪！天乎！人乎！」有不任其聲而趨舉其詩焉。子輿入，曰：「子之歌詩，何故若是？」曰：「吾思夫使我至此極者而弗得也。父母豈欲吾貧哉？天無私覆，地無私載，天地豈私貧我哉？求其爲之者而不得也！然而至此極者，命也夫！」

應帝王第七

齧缺問於王倪，四問而四不知。齧缺因躍而大喜，行以告蒲衣子。蒲衣子曰：「而乃今知之乎？有虞氏不及泰氏。有虞氏其猶藏仁以要人，亦得人矣，而未始出於非人。泰氏其臥徐徐，其覺於于。一以己爲馬，一以己爲牛。其知情信，其德甚眞，而未始入於非人。」

肩吾見狂接輿。狂接輿曰：「日中始何以語女？」肩吾曰：「告我：君人者以己出經式義度，人孰敢不聽而化諸！」狂接輿曰：「是欺德也。其於治天下也，猶涉海鑿河而使蚊負山也。夫聖人之治也，治外乎？正而後行，確乎能其事者而已矣。且鳥高飛以避矰弋之害，鼷鼠深穴乎神丘之下以避熏鑿之患，而曾二蟲之無知？」

天根遊於殷陽，至蓼水之上，適遭無名人而問焉，曰：「請問爲天下。」無名人曰：「去！汝鄙人也，何問之不豫也！予方將與造物者爲人，厭則又乘夫莽眇之鳥，以出六極之外，而遊無何有之鄉，以處壙埌之野。汝又何帠以治天下感予之心爲？」又復問，無名人曰：「汝遊心於淡，合氣於漠，順物自然而無容私焉，而天下治矣。」

陽子居見老聃，曰：「有人於此，嚮疾強梁，物徹疏明，學道不勌，如是者，可比明王乎？」老聃曰：「是於聖人也，胥易技係，勞形怵心者也。且也虎豹之文來田，猨狙之便執斄之狗來藉。如是者，可比明王乎？」陽子居蹴然曰：「敢問明王之治。」老聃曰：「明王之治：功蓋天下而似不自己，化貸萬物而民弗恃。有莫舉名，使物自喜。立乎不測，而遊於無有者也。」

鄭有神巫曰季咸，知人之死生、存亡、禍福、壽夭，期以歲月旬日若神。鄭人見之，皆棄而走。列子見之而心醉，歸，以告壺子，曰：「始吾以夫子之道爲至矣，則又有至焉者矣。」壺子曰：「吾與汝既其文，未既其實。而固得道與？衆雌而無雄，而又奚卵焉！而以道與世亢，必信，夫故使人得而相汝。嘗試與來，以予示之。」

明日，列子與之見壺子。出而謂列子曰：「嘻！子之先生死矣！弗活矣！不以旬數矣！吾見怪焉，見濕灰焉。」列子入，泣涕沾襟以告壺子。壺子曰：「鄉吾示之以地文，萌乎不震不正，是殆見吾杜德機也。嘗又與來。」明日，又與之見壺子。出而謂列子曰：「幸矣！子之先生遇我也，有瘳矣！全然有生矣！吾見其杜權矣！」列子入，以告壺子。壺子曰：「鄉吾示之以天壤，名實不入，而機發於踵。是殆見吾善者機也。嘗又與來。」明日，又與之見壺子。出而謂列子曰：「子之先生不齊，吾無得而相焉。試齊，且復相之。」列子入，以告壺子。壺子曰：「吾鄉示之以太沖莫勝，是殆見吾衡氣機也。鯢桓之審爲淵，止水之審爲淵，流水之審爲淵。淵有九名，此處三焉。嘗又與來。」明日，又與之見壺子。立未定，自失而走。壺子曰：「追之！」列子追之不及。反，以報壺子曰：「已滅矣，已失矣，吾弗及已。」壺子曰：「鄉吾示之以未始出吾宗。吾與之虛而委蛇，不知其誰何，因以爲弟靡，因以爲波流，故逃也。」然後列子自以爲未始學而歸。三年不出，爲其妻爨，食豕如食人，於事無與親。雕琢復樸，塊然獨以其形立。紛而封哉，一以是終。

無爲名尸，無爲謀府，無爲事任，無爲知主。體盡無窮，而遊無朕。盡其所受乎天而無見得，亦虛而已！至人之用心若鏡，不將不迎，應而不藏，故能勝物而不傷。

南海之帝爲儵，北海之帝爲忽，中央之帝爲渾沌。儵與忽時相與遇於渾沌之地，渾沌待之甚善。儵與忽謀報渾沌之德，曰：「人皆有七竅以視聽食息。此獨無有，嘗試鑿之。」日鑿一竅，七日而渾沌死。

駢拇第八

駢拇枝指出乎性哉，而侈於德；附贅縣疣出乎形哉，而侈於性；多方乎仁義而用之者，列於五藏哉，而非道德之正也。是故駢於足者，連無用之肉也；枝於手者，樹無用之指也；多方駢枝於五藏之情者，淫僻於仁義之行，而多方於聰明之用也。

是故駢於明者，亂五色，淫文章，青黃黼黻之煌煌非乎？而離朱是已！多於聰者，亂五聲，淫六律，金石絲竹黃鐘大呂之聲非乎？而師曠是已！枝於仁者，擢德塞性以收名聲，使天下簧鼓以奉不及之法非乎？而曾、史是已！駢於辯者，累瓦結繩竄句，遊心於堅白同異之間，而敝跬譽無用之言非乎？而楊、墨是已！故此皆多駢旁枝之道，非天下之至正也。

彼正正者，不失其性命之情。故合者不爲駢，而枝者不爲跂；長者不爲有餘，短者不爲不足。是故鳧脛雖短，續之則憂；鶴脛雖長，斷之則悲。故性長非所斷，性短非所續，無所去憂也。

意仁義其非人情乎！彼仁人何其多憂也。且夫駢於拇者，決之則泣；枝於手者，齕之則啼。二者或有餘於數，或不足於數，其於憂一也。今世之仁人，蒿目而憂世之患；不仁之人，決性命之情而饕貴富。故意仁義其非人情乎！自三代以下者，天下何其囂囂也。

且夫待鉤繩規矩而正者，是削其性者也；待繩約膠漆而固者，是侵其德者也；屈折禮樂，呴俞仁義，以慰天下之心者，此失其常然也。天下有常然。常然者，曲者不以鉤，直者不以繩，圓者不以規，方者不以矩，附離不以膠漆，約束不以纆索。故天下誘然皆生，而不知其所以生；同焉皆得，而不知其所以得。故古今不二，不可虧也。則仁義又奚連連如膠漆纆索而遊乎道德之間爲哉！使天下惑也！

夫小惑易方，大惑易性。何以知其然邪？自虞氏招仁義以撓天下也，天下莫不奔命於仁義。是非以仁義易其性與？

故嘗試論之：自三代以下者，天下莫不以物易其性矣！小人則以身殉利；士則以身殉名；大夫則以身殉家；聖人則以身殉天下。故此數子者，事業不同，名聲異號，其於傷性以身爲殉，一也。臧與穀，二人相與牧羊而俱亡其羊。問臧奚事，則挾筴讀書；問穀奚事，則博塞以遊。二人者，事業不同，其於亡羊均也。

伯夷死名於首陽之下，盜跖死利於東陵之上。二人者，所死不同，其於殘生傷性均也。奚必伯夷之是而盜跖之非乎？

天下盡殉也：彼其所殉仁義也，則俗謂之君子；其所殉貨財也，則俗謂之小人。其殉一也，則有君子焉，有小人焉。若其殘生損性，則盜跖亦伯夷已，又惡取君子小人於其間哉！

且夫屬其性乎仁義者，雖通如曾、史，非吾所謂臧也；屬其性於五味，雖通如俞兒，非吾所謂臧也；屬其性乎五聲，雖通如師曠，非吾所謂聰也；屬其性乎五色，雖通如離朱，非吾所謂明也。吾所謂臧者，非仁義之謂也，臧於其德而已矣；吾所謂臧者，非所謂仁義之謂也，任其性命之情而已矣；吾所謂聰者，非謂其聞彼也，自聞而已矣；吾所謂明者，非謂其見彼也，自見而已矣。夫不自見而見彼，不自得而得彼者，是得人之得而不自得其得者也，適人之適而不自適其適者也。夫適人之適而不自適其適，雖盜跖與伯夷，是同爲淫僻也。余愧乎道德，是以上不敢爲仁義之操，而下不敢爲淫僻之行也。

馬蹄第九

馬，蹄可以踐霜雪，毛可以禦風寒。齕草飲水，翹足而陸，此馬之眞性也。雖有義台路寢，無所用之。及至伯樂，曰：「我善治馬。」燒之，剔之，刻之，雒之。連之以羈縶，編之以皁棧，馬之死者十二三矣！飢之渴之，馳之驟之，整之齊之，前有橛飾之患，而後有鞭筴之威，而馬之死者已過半矣！陶者曰：「我善治埴。」圓者中規，方者中矩。匠人曰：「我善治木。」曲者中鉤，直者應繩。夫埴木之性，豈欲中規矩鉤繩哉！然且世世稱之曰：「伯樂善治馬，而陶匠善治埴木。」此亦治天下者之過也。

吾意善治天下者不然。彼民有常性，織而衣，耕而食，是謂同德。一而不黨，命曰天放。故至德之世，其行塡塡，其視顚顚。當是時也，山無蹊隧，澤無舟梁；萬物群生，連屬其鄉；禽獸成群，草木遂長。是故禽獸可係羈而遊，烏鵲之巢可攀援而窺。夫至德之世，同與禽獸居，族與萬物並。惡乎知君子小人哉！同乎無知，其德不離；同乎無欲，是謂素樸。素樸而民性得矣。及至聖人，蹩躠爲仁，踶跂爲義，而天下始疑矣。澶漫爲樂，摘僻爲禮，而天下始分矣。故純樸不殘，孰爲犧尊！白玉不毀，孰爲珪璋！道德不廢，安取仁義！性情不離，安用禮樂！五色不亂，孰爲文采！五聲不亂，孰應六律！

夫殘樸以爲器，工匠之罪也；毀道德以爲仁義，聖人之過也。夫馬陸居則食草飲水，喜則交頸相靡，怒則分背相踶。馬知已此矣！夫加之以衡扼，齊之以月題，而馬知介倪闉扼鷙曼詭銜竊轡。故馬之知而態至盜者，伯樂之罪也。夫赫胥氏之時，民居不知所爲，行不知所之，含哺而熙，鼓腹而遊。民能以此矣！及至聖人，屈折禮樂以匡天下之形，縣跂仁義以慰天下之心，而民乃始踶跂好知，爭歸於利，不可止也。此亦聖人之過也。

胠篋第十

將爲胠篋探囊發匱之盜而爲守備，則必攝緘縢，固扃鐍，此世俗之所謂知也。然而巨盜至，則負匱揭篋擔囊而趨，唯恐緘縢扃鐍之不固也。然則鄉之所謂知者，不乃爲大盜積者也？

故嘗試論之：世俗之所謂知者，有不爲大盜積者乎？所謂聖者，有不爲大盜守者乎？何以知其然邪？昔者齊國鄰邑相望，雞狗之音相聞，罔罟之所布，耒耨之所刺，方二千餘里。闔四竟之內，所以立宗廟社稷，治邑屋州閭鄉曲者，曷嘗不法聖人哉？然而田成子一旦殺齊君而盜其國，所盜者豈獨其國邪？並與其聖知之法而盜之，故田成子有乎盜賊之名，而身處堯舜之安。小國不敢非，大國不敢誅，十二世有齊國，則是不乃竊齊國並與其聖知之法以守其盜賊之身乎？

嘗試論之：世俗之所謂至知者，有不爲大盜積者乎？所謂至聖者，有不爲大盜守者乎？何以知其然邪？昔者龍逢斬，比干剖，萇弘胣，子胥靡。故四子之賢而身不免乎戮。故跖之徒問於跖曰：「盜亦有道乎？」跖曰：「何適而無有道邪？夫妄意室中之藏，聖也；入先，勇也；出後，義也；知可否，知也；分均，仁也。五者不備而能成大盜者，天下未之有也。」由是觀之，善人不得聖人之道不立，跖不得聖人之道不行。天下之善人少而不善人多，則聖人之利天下也少而害天下也多。故曰：脣竭則齒寒，魯酒薄而邯鄲圍，聖人生而大盜起。掊擊聖人，縱舍盜賊，而天下始治矣。

夫川竭而谷虛，丘夷而淵實。聖人已死，則大盜不起，天下平而無故矣！聖人不死，大盜不止。雖重聖人而治天下，則是重利盜跖也。爲之斗斛以量之，則並與斗斛而竊之；爲之權衡以稱之，則並與權衡而竊之；爲之符璽以信之，則並與符璽而竊之；爲之仁義以矯之，則並與仁義而竊之。何以知其然邪？彼竊鉤者誅，竊國者爲諸侯，諸侯之門而仁義存焉，則是非竊仁義聖知邪？故逐於大盜，揭諸侯，竊仁義並斗斛權衡符璽之利者，雖有軒冕之賞弗能勸，斧鉞之威弗能禁。此重利盜跖而使不可禁者，是乃聖人之過也。

故曰：「魚不可脫於淵，國之利器不可以示人。」彼聖人者，天下之利器也，非所以明天下也。故絕聖棄知，大盜乃止；擿玉毀珠，小盜不起；焚符破璽，而民樸鄙；掊斗折衡，而民不爭；殫殘天下之聖法，而民始可與論議；擢亂六律，鑠絕竽瑟，塞瞽曠之耳，而天下始人含其聰矣；滅文章，散五采，膠離朱之目，而天下始人含其明矣。毀絕鉤繩而棄規矩，攦工倕之指，而天下始人有其巧矣。故曰：大巧若拙。削曾、史之行，鉗楊、墨之口，攘棄仁義，而天下之德始玄同矣。彼人含其明，則天下不鑠矣；人含其聰，則天下不累矣；人含其知，則天下不惑矣；人含其德，則天下不僻矣。彼曾、史、楊、墨、師曠、工倕、離朱，皆外立其德而以爚亂天下者也，法之所無用也。

子獨不知至德之世乎？昔者容成氏、大庭氏、伯皇氏、中央氏、栗陸氏、驪畜氏、軒轅氏、赫胥氏、尊盧氏、祝融氏、伏犧氏、神農氏，當是時也，民結繩而用之。甘其食，美其服，樂其俗，安其居，鄰國相望，雞狗之音相聞，民至老死而不相往來。若此之時，則至治已。今遂至使民延頸舉踵，曰「某所有賢者」，贏糧而趣之，則內棄其親而外去其主之事，足跡接乎諸侯之境，車軌結乎千里之外。則是上好知之過也！

上誠好知而無道，則天下大亂矣！何以知其然邪？夫弓弩畢弋機變之知多，則鳥亂於上矣；鉤餌罔罟罾笱之知多，則魚亂於水矣；削格羅落罝罘之知多，則獸亂於澤矣；知詐漸毒、頡滑堅白、解垢同異之變多，則俗惑於辯矣。故天下每每大亂，罪在於好知。故天下皆知求其所不知而莫知求其所已知者，皆知非其所不善而莫知非其所已善者，是以大亂。故上悖日月之明，下爍山川之精，中墮四時之施，惴耎之蟲，肖翹之物，莫不失其性。甚矣，夫好知之亂天下也！自三代以下者是已！舍夫種種之民而悅夫役役之佞；釋夫恬淡無爲而悅夫啍啍之意，啍啍已亂天下矣！

在宥第十一

聞在宥天下，不聞治天下也。在之也者，恐天下之淫其性也；宥之也者，恐天下之遷其德也。天下不淫其性，不遷其德，有治天下者哉？昔堯之治天下也，使天下欣欣焉人樂其性，是不恬也；桀之治天下也，使天下瘁瘁焉人苦其性，是不愉也。夫不恬不愉，非德也；非德也而可長久者，天下無之。

人大喜邪，毗于陽；大怒邪，毗于陰。陰陽並毗，四時不至，寒暑之和不成，其反傷人之形乎！使人喜怒失位，居處無常，思慮不自得，中道不成章。於是乎天下始喬詰卓鷙，而後有盜跖、曾、史之行。故舉天下以賞其善者不足，舉天下以罰其惡者不給。故天下之大不足以賞罰。自三代以下者，匈匈焉終以賞罰爲事，彼何暇安其性命之情哉！

而且說明邪，是淫於色也；說聰邪，是淫於聲也；說仁邪，是亂於德也；說義邪，是悖於理也；說禮邪，是相於技也；說樂邪，是相於淫也；說聖邪，是相於藝也；說知邪，是相於疵也。天下將安其性命之情，之八者，存可也，亡可也。天下將不安其性命之情，之八者，乃始臠卷獊囊而亂天下也。而天下乃始尊之惜之。甚矣，天下之惑也！豈直過也而去之邪！乃齊戒以言之，跪坐以進之，鼓歌以儛之。吾若是何哉！

故君子不得已而臨莅天下，莫若無爲。無爲也，而後安其性命之情。故貴以身於爲天下，則可以託天下；愛以身於爲天下，則可以寄天下。故君子茍能無解其五藏，無擢其聰明，尸居而龍見，淵默而雷聲，神動而天隨，從容無爲而萬物炊累焉。吾又何暇治天下哉！

崔瞿問於老聃曰：「不治天下，安藏人心？」老聃曰：「女愼，無攖人心。人心排下而進上，上下囚殺，淖約柔乎剛彊，廉劌雕琢，其熱焦火，其寒凝冰，其疾俛仰之間而再撫四海之外。其居也，淵而靜；其動也，縣而天。僨驕而不可係者，其唯人心乎！昔者黃帝始以仁義攖人之心，堯、舜於是乎股無胈，脛無毛，以養天下之形。愁其五藏以爲仁義，矜其血氣以規法度。然猶有不勝也。堯於是放讙兜於崇山，投三苗於三峗，流共工於幽都，此不勝天下也。夫施及三王而天下大駭矣。下有桀、跖，上有曾、史，而儒墨畢起。於是乎喜怒相疑，愚知相欺，善否相非，誕信相譏，而天下衰矣；大德不同，而性命爛漫矣；天下好知，而百姓求竭矣。於是乎釿鋸制焉，繩墨殺焉，椎鑿決焉。天下脊脊大亂，罪在攖人心。故賢者伏處大山嵁巖之下，而萬乘之君憂慄乎廟堂之上。今世殊死者相枕也，桁楊者相推也，形戮者相望也，而儒墨乃始離跂攘臂乎桎梏之間。意，甚矣哉！其無愧而不知恥也甚矣！吾未知聖知之不爲桁楊椄槢也，仁義之不爲桎梏鑿枘也，焉知曾、史之不爲桀、跖嚆矢也！故曰：絕聖棄知，而天下大治。」

黃帝立爲天子十九年，令行天下，聞廣成子在於空同之山，故往見之，曰：「我聞吾子達於至道，敢問至道之精。吾欲取天地之精，以佐五穀，以養民人。吾又欲官陰陽以遂群生，爲之奈何？」廣成子曰：「而所欲問者，物之質也；而所欲官者，物之殘也。自而治天下，雲氣不待族而雨，草木不待黃而落，日月之光益以荒矣，而佞人之心翦翦者，又奚足以語至道！」黃帝退，捐天下，築特室，席白茅，閒居三月，復往邀之。廣成子南首而臥，黃帝順下風膝行而進，再拜稽首而問曰：「聞吾子達於至道，敢問：治身奈何而可以長久？」廣成子蹶然而起，曰：「善哉問乎！來，吾語女至道：至道之精，窈窈冥冥；至道之極，昏昏默默。無視無聽，抱神以靜，形將自正。

必靜必清，無勞女形，無搖女精，乃可以長生。目無所見，耳無所聞，心無所知，女神將守形，形乃長生。愼女內，閉女外，多知爲敗。我爲女遂於大明之上矣，至彼至陽之原也；爲女入於窈冥之門矣，至彼至陰之原也。天地有官，陰陽有藏。愼守女身，物將自壯。我守其一以處其和。故我修身千二百歲矣，吾形未常衰。」黃帝再拜稽首曰：「廣成子之謂天矣！」廣成子曰：「來！余語女：彼其物無窮，而人皆以爲有終；彼其物無測，而人皆以爲有極。得吾道者，上爲皇而下爲王；失吾道者，上見光而下爲土。今夫百昌皆生於土而反於土。故余將去女，入無窮之門，以遊無極之野。吾與日月參光，吾與天地爲常。當我緡乎，遠我昏乎！人其盡死，而我獨存乎！」

雲將東遊，過扶搖之枝而適遭鴻蒙。鴻蒙方將拊脾雀躍而遊。雲將見之，倘然止，贄然立，曰：「叟何人邪？叟何爲此？」鴻蒙拊脾雀躍不輟，對雲將曰：「遊！」雲將曰：「朕願有問也。」鴻蒙仰而視雲將曰：「吁！」雲將曰：「天氣不和，地氣鬱結，六氣不調，四時不節。今我願合六氣之精以育群生，爲之奈何？」鴻蒙拊脾雀躍掉頭曰：「吾弗知！吾弗知！」雲將不得問。又三年，東遊，過有宋之野，而適遭鴻蒙。雲將大喜，行趨而進曰：「天忘朕邪？天忘朕邪？」再拜稽首，願聞於鴻蒙。鴻蒙曰：「浮游不知所求，猖狂不知所往，遊者鞅掌，以觀無妄。朕又何知！」雲將曰：「朕也自以爲猖狂，而民隨予所往；朕也不得已於民，今則民之放也！願聞一言。」鴻蒙曰：「亂天之經，逆物之情，玄天弗成，解獸之群而鳥皆夜鳴，災及草木，禍及止蟲。意！治人之過也。」雲將曰：「然則吾奈何？」鴻蒙曰：「意！毒哉！僊僊乎歸矣！」雲將曰：「吾遇天難，願聞一言。」鴻蒙曰：「意！心養！汝徒處無爲，而物自化。墮爾形體，黜爾聰明，倫與物忘，大同乎涬溟。解心釋神，莫然無魂。萬物云云，各復其根，各復其根而不知。渾渾沌沌，終身不離。若彼知之，乃是離之。無問其名，無窺其情，物固自生。」雲將曰：「天降朕以德，示朕以默。躬身求之，乃今也得。」再拜稽首，起辭而行。

世俗之人，皆喜人之同乎己而惡人之異於己也。同於己而欲之，異於己而不欲者，以出乎眾爲心也。夫以出乎眾爲心者，曷常出乎眾哉？因眾以寧所聞，不如眾技眾矣。而欲爲人之國者，此攬乎三王之利而不見其患者也。此以人之國僥倖也。幾何僥倖而不喪人之國乎？其存人之國也，無萬分之一；而喪人之國也，一不成而萬有餘喪矣！悲夫，有土者之不知也！夫有土者，有大物也。有大物者，不可以物。物而不物，故能物物。明乎物物者之非物也，豈獨治天下百姓而已哉！出入六合，遊乎九州，獨往獨來，是謂獨有。獨有之人，是謂至貴。

大人之教，若形之於影，聲之於響，有問而應之，盡其所懷，爲天下配。處乎無響。行乎無方。挈汝適復之，撓撓以遊無端，出入無旁，與日無始。頌論形軀，合乎大同。大同而無己。無己，惡乎得有有。睹有者，昔之君子；睹無者，天地之友。

賤而不可不任者，物也；卑而不可不因者，民也；匿而不可不爲者，事也；粗而不可不陳者，法也；遠而不可不居者，義也；親而不可不廣者，仁也；節而不可不積者，禮也；中而不可不高者，德也；一而不可不易者，道也；神而不可不爲者，天也。故聖人觀於天而不助，成於德而不累，出於道而不謀，會於仁而不恃，薄於義而不積，應於禮而不諱，接於事而不辭，齊於法而不亂，恃於民而不輕，因於物而不去。物者莫足爲也，而不可不爲。不明於天者，不純於德；不通於道者，無自而可；不明於道者，悲夫！何謂道？有天道，有人道。無爲而尊者，天道也；有爲而累者，人道也。主者，天道也；臣者，人道也。天道之與人道也，相去遠矣，不可不察也。

天地第十二

天地雖大，其化均也；萬物雖多，其治一也；人卒雖眾，其主君也。君原於德而成於天。故曰：玄古之君天下，無爲也，天德而已矣。以道觀言而天下之君正；以道觀分而君臣之義明；以道觀能而天下之官治；以道泛觀而萬物之應備。故通於天地者，德也；行於萬物者，道也；上治人者，事也；能有所藝者，技也。技兼於事，事兼於義，義兼於德，德兼於道，道兼於天。故曰：古之畜天下者，無欲而天下足，無爲而萬物化，淵靜而百姓定。《記》曰：「通於一而萬事畢，無心得而鬼神服。」

夫子曰：「夫道，覆載萬物者也，洋洋乎大哉！君子不可以不刳心焉。無爲爲之之謂天，無爲言之之謂德，愛人利物之謂仁，不同同之之謂大，行不崖異之謂寬，有萬不同之謂富。故執德之謂紀，德成之謂立，循於道之謂備，不以物挫志之謂完。君子明於此十者，則韜乎其事心之大也，沛乎其爲萬物逝也。若然者，藏金於山，藏珠於淵；不利貨財，不近貴富；不樂壽，不哀夭；不榮通，不醜窮。不拘一世之利以爲己私分，不以王天下爲己處顯。顯則明。萬物一府，死生同狀。」

夫子曰：「夫道，淵乎其居也，漻乎其清也。金石不得無以鳴。故金石有聲，不考不鳴。萬物孰能定之！夫王德之人，素逝而恥通於事，立之本原而知通於神，故其德廣。其心之出，有物採之。故形非道不生，生非德不明。存形窮生，立德明道，非王德者邪！蕩蕩乎！忽然出，勃然動，而萬物從之乎！此謂王德之人。視乎冥冥，聽乎無聲。冥冥之中，獨見曉焉；無聲之中，獨聞和焉。故深之又深而能物焉；神之又神而能精焉。故其與萬物接也，至無而供其求，時騁而要其宿，大小、長短、修遠。」

黃帝遊乎赤水之北，登乎昆侖之丘而南望。還歸，遺其玄珠。使知索之而不得，使離朱索之而不得，使喫詬索之而不得也。乃使象罔，象罔得之。黃帝曰：「異哉，象罔乃可以得之乎？」

堯之師曰許由，許由之師曰齧缺，齧缺之師曰王倪，王倪之師曰被衣。堯問於許由曰：「齧缺可以配天乎？吾藉王倪以要之。」許由曰：「殆哉，圾乎天下！齧缺之爲人也，聰明睿知，給數以敏，其性過人，而又乃以人受天。彼審乎禁過，而不知過之所由生。與之配天乎？彼且乘人而無天。方且本身而異形，方且尊知而火馳，方且爲緒使，方且爲物絯，方且四顧而物應，方且應眾宜，方且與物化而未始有恆。夫何足以配天乎！雖然，有族有祖，可以爲眾父而不可以爲眾父父。治，亂之率也，北面之禍也，南面之賊也。」

堯觀乎華，華封人曰：「嘻，聖人！請祝聖人，使聖人壽。」堯曰：「辭。」「使聖人富。」堯曰：「辭。」「使聖人多男子。」堯曰：「辭。」封人曰：「壽，富，多男子，人之所欲也。女獨不欲，何邪？」堯曰：「多男子則多懼，富則多事，壽則多辱。是三者，非所以養德也，故辭。」封人曰：「始也我以女爲聖人邪，今然君子也。天生萬民，必授之職。多男子而授之職，則何懼之有？富而使人分之，則何事之有？夫聖人，鶉居而鷇食，鳥行而無彰。天下有道，則與物皆昌；天下無道，則修德就閑。千歲厭世，去而上仙，乘彼白雲，至於帝鄉。三患莫至，身常無殃，則何辱之有？」封人去之，堯隨之曰：「請問。」封人曰：「退已！」

堯治天下，伯成子高立爲諸侯。堯授舜，舜授禹，伯成子高辭爲諸侯而耕。禹往見之，則耕在野。禹趨就下風，立而問焉，曰：「昔堯治天下，吾子立爲諸侯。堯授舜，舜授予，而吾子辭爲諸侯而耕。敢問其故何也？」子高曰：「昔堯治天下，不賞而民勸，不罰而民畏。今子賞罰而民且不仁，德自此衰，刑自此立，後世之亂自此始矣！夫子闔行邪？無落吾事！」俋俋乎耕而不顧。

泰初有無，無有無名。一之所起，有一而未形。物得以生謂之德；未形者有分，且然無間謂之命；留動而生物，物成生理謂之形；形體保神，各有儀則謂之性；性修反德，德至同於初。同乃虛，虛乃大。合喙鳴。喙鳴合，與天地爲合。其合緡緡，若愚若昏，是謂玄德，同乎大順。

夫子問於老聃曰：「有人治道若相放，可不可，然不然。辯者有言曰：『離堅白，若縣宇。』若是則可謂聖人乎？」老聃曰：「是胥易技係，勞形怵心者也。執留之狗成思，猿狙之便自山林來。丘，予告若，而所不能聞與而所不能言：凡有首有趾、無心無耳者眾；有形者與無形無狀而皆存者盡無。其動止也，其死生也，其廢起也，此又非其所以也。有治在人。忘乎物，忘乎天，其名爲忘己。忘己之人，是之謂入於天。」

將閭葂見季徹曰：「魯君謂葂也曰：『請受教。』辭不獲命。既已告矣，未知中否。請嘗薦之。吾謂魯君曰：『必服恭儉，拔出公忠之屬而無阿私，民孰敢不輯！』」季徹局局然笑曰：「若夫子之言，於帝王之德，猶螳蜋之怒臂以當車軼，則必不勝任矣！且若是，則其自爲處危，其觀台多物，將往投跡者眾。」將閭葂覤覤然驚曰：「葂也汒若於夫子之所言矣！雖然，願先生之言其風也。」季徹曰：「大聖之治天下也，搖盪民心，使之成教易俗，舉滅其賊心而皆進其獨志。若性之自爲，而民不知其所由然。若然者，豈兄堯、舜之教民溟涬然弟之哉？欲同乎德而心居矣！」

子貢南遊於楚，反於晉，過漢陰，見一丈人方將爲圃畦，鑿隧而入井，抱甕而出灌，搰搰然用力甚多而見功寡。子貢曰：「有械於此，一日浸百畦，用力甚寡而見功多，夫子不欲乎？」爲圃者卬而視之曰：「奈何？」曰：「鑿木爲機，後重前輕，挈水若抽，數如泆湯，其名爲橰。」爲圃者忿然作色而笑曰：「吾聞之吾師，有機械者必有機事，有機事者必有機心。機心存於胸中則純白不備。純白不備則神生不定，神生不定者，道之所不載也。吾非不知，羞而不爲也。」子貢瞞然慚，俯而不對。有閒，爲圃者曰：「子奚爲者邪？」曰：「孔丘之徒也。」爲圃者曰：「子非夫博學以擬聖，於于以蓋眾，獨弦哀歌以賣名聲於天下者乎？汝方將忘汝神氣，墮汝形骸，而庶幾乎！而身之不能治，而何暇治天下乎！子往矣，無乏吾事。」

子貢卑陬失色，頊頊然不自得，行三十里而後愈。其弟子曰：「向之人何爲者邪？夫子何故見之變容失色，終日不自反邪？」曰：「始吾以爲天下一人耳，不知復有夫人也。吾聞之夫子：事求可，功求成，用力少，見功多者，聖人之道。今徒不然。執道者德全，德全者形全，形全者神全。神全者，聖人之道也。託生與民並行而不知其所之，汒乎淳備哉！功利機巧必忘夫人之心。若夫人者，非其志不之，非其心不爲。雖以天下譽之，得其所謂，謷然不顧；以天下非之，失其所謂，儻然不受。天下之非譽無益損焉，是謂全德之人哉！我之謂風波之民。」反於魯，以告孔子。孔子曰：「彼假修渾沌氏之術者也。識其一，不識其二；治其內而不治其外。夫明白入素，無爲復樸，體性抱神，以遊世俗之間者，汝將固驚邪？且渾沌氏之術，予與汝何足以識之哉！」

諄芒將東之大壑，適遇苑風於東海之濱。苑風曰：「子將奚之？」曰：「將之大壑。」曰：「奚爲焉？」曰：「夫大壑之爲物也，注焉而不滿，酌焉而不竭。吾將遊焉！」苑風曰：「夫子無意於橫目之民乎？願聞聖治。」諄芒曰：「聖治乎？官施而不失其宜，拔舉而不失其能，畢見其情事而行其所爲，行言自爲而天下化。手撓顧指，四方之民莫不俱至，此之謂聖治。」「願聞德人。」曰：「德人者，居無思，行無慮，不藏是非美惡。四海之內共利之之謂悅，共給之之謂安。怊乎若嬰兒之失其母也，儻乎若行而失其道也。財用有餘而不知其所自來，飲食取足而不知其所從，此謂德人之容。」「願聞神人。」曰：「上神乘光，與形滅亡，是謂照曠。致命盡情，天地樂而萬事銷亡，萬物復情，此之謂混冥。」

門無鬼與赤張滿稽觀於武王之師，赤張滿稽曰：「不及有虞氏乎！故離此患也。」門無鬼曰：「天下均治而有虞氏治之邪？其亂而後治之與？」赤張滿稽曰：「天下均治之爲願，而何計以有虞氏爲！有虞氏之藥瘍也，禿而施髢，病而求醫。孝子操藥以修慈父，其色燋然，聖人羞之。至德之世，不尚賢，不使能，上如標枝，民如野鹿。端正而不知以爲義，相愛而不知以爲仁，實而不知以爲忠，當而不知以爲信，蠢動而相使不以爲賜。是故行而無跡，事而無傳。」

孝子不諛其親，忠臣不諂其君，臣、子之盛也。親之所言而然，所行而善，則世俗謂之不肖子；君之所言而然，所行而善，則世俗謂之不肖臣。而未知此其必然邪？世俗之所謂然而然之，所謂善而善之，則不謂之道諛之人也！然則俗故嚴於親而尊於君邪？謂己道人，則勃然作色；謂己諛人，則怫然作色。而終身道人也，終身諛人也，合譬飾辭聚衆也，是終始本末不相坐。垂衣裳，設采色，動容貌，以媚一世，而不自謂道諛；與夫人之爲徒，通是非，而不自謂衆人，愚之至也。知其愚者，非大愚也；知其惑者，非不惑也。大惑者，終身不解；大愚者，終身不靈。三人行而一人惑，所適者，猶可致也，惑者少也；二人惑則勞而不至，惑者勝也。而今也以天下惑，予雖有祈嚮，不可得也。不亦悲乎！大聲不入於里耳，折楊、皇荂，則嗑然而笑。是故高言不止於衆人之心；至言不出，俗言勝也。以二缶鍾惑，而所適不得矣。而今也以天下惑，予雖有祈嚮，其庸可得邪！知其不可得也而強之，又一惑也！故莫若釋之而不推。不推，誰其比憂！厲之人，夜半生其子，遽取火而視之，汲汲然唯恐其似己也。

百年之木，破爲犧尊，青黃而文之，其斷在溝中。比犧尊於溝中之斷，則美惡有間矣，其於失性一也。跖與曾、史，行義有間矣，然其失性均也。且夫失性有五：一曰五色亂目，使目不明；二曰五聲亂耳，使耳不聰；三曰五臭薰鼻，困惾中顙；四曰五味濁口，使口厲爽；五曰趣舍滑心，使性飛揚。此五者，皆生之害也。而楊、墨乃始離跂自以爲得，非吾所謂得也。夫得者困，可以爲得乎？則鳩鴞之在於籠也，亦可以爲得矣。且夫趣舍聲色以柴其內，皮弁鷸冠搢笏紳修以約其外。內支盈於柴柵，外重纆繳，睆睆然在纆繳之中而自以爲得，則是罪人交臂歷指而虎豹在於囊檻，亦可以爲得矣！

天道第十三

天道運而無所積，故萬物成；帝道運而無所積，故天下歸；聖道運而無所積，故海內服。明於天，通於聖，六通四辟於帝王之德者，其自爲也，昧然無不靜者矣！聖人之靜也，非曰靜也善，故靜也。萬物無足以鐃心者，故靜也。水靜則明燭鬚眉，平中準，大匠取法焉。水靜猶明，而況精神！聖人之心靜乎！天地之鑒也，萬物之鏡也。夫虛靜恬淡寂漠無爲者，天地之平而道德之至也。故帝王聖人休焉。休則虛，虛則實，實則倫矣。虛則靜，靜則動，動則得矣。靜則無爲，無爲也，則任事者責矣。無爲則俞俞。俞俞者，憂患不能處，年壽長矣。夫虛靜恬淡寂漠無爲者，萬物之本也。明此以南鄉，堯之爲君也；明此以北面，舜之爲臣也。以此處上，帝王天子之德也；以此處下，玄聖素王之道也。以此退居而閑遊，江海山林之士服；以此進爲而撫世，則功大名顯而天下一也。靜而聖，動而王，無爲也而尊，樸素而天下莫能與之爭美。夫明白於天地之德者，此之謂大本大宗，與天和者也。所以均調天下，與人和者也。與人和者，謂之人樂；與天和者，謂之天樂。莊子曰：「吾師乎，吾師乎！𩐈萬物而不爲戾；澤及萬世而不爲仁；長於上古而不爲壽；覆載天地、刻雕眾形而不爲巧。」此之謂天樂。故曰：知天樂者，其生也天行，其死也物化。靜而與陰同德，動而與陽同波。故知天樂者，無天怨，無人非，無物累，無鬼責。故曰：其動也天，其靜也地，一心定而王天下；其鬼不祟，其魂不疲，一心定而萬物服。言以虛靜推於天地，通於萬物，此之謂天樂。天樂者，聖人之心以畜天下也。

夫帝王之德，以天地爲宗，以道德爲主，以無爲爲常。無爲也，則用天下而有餘；有爲也，則爲天下用而不足。故古之人貴夫無爲也。上無爲也，下亦無爲也，是下與上同德。下與上同德則不臣。下有爲也，上亦有爲也，是上與下同道。上與下同道則不主。上必無爲而用天下，下必有爲爲天下用。此不易之道也。

故古之王天下者，知雖落天地，不自慮也；辯雖雕萬物，不自說也；能雖窮海內，不自爲也。天不產而萬物化，地不長而萬物育，帝王無爲而天下功。故曰：莫神於天，莫富於地，莫大於帝王。故曰：帝王之德配天地。此乘天地，馳萬物，而用人群之道也。

本在於上，末在於下；要在於主，詳在於臣。三軍五兵之運，德之末也；賞罰利害，五刑之辟，教之末也；禮法度數，刑名比詳，治之末也；鐘鼓之音，羽旄之容，樂之末也；哭泣衰絰，隆殺之服，哀之末也。此五末者，須精神之運，心術之動，然後從之者也。末學者，古人有之，而非所以先也。君先而臣從，父先而子從，兄先而弟從，長先而少從，男先而女從，夫先而婦從。夫尊卑先後，天地之行也，故聖人取象焉。天尊地卑，神明之位也；春夏先，秋冬後，四時之序也；萬物化作，萌區有狀，盛衰之殺，變化之流也。夫天地至神矣，而有尊卑先後之序，而況人道乎！宗廟尚親，朝廷尚尊，鄉黨尚齒，行事尚賢，大道之序也。語道而非其序者，非其道也。語道而非其道者，安取道哉！

是故古之明大道者，先明天而道德次之，道德已明而仁義次之，仁義已明而分守次之，分守已明而形名次之，形名已明而因任次之，因任已明而原省次之，原省已明而是非次之，是非已明而賞罰次之，賞罰已明而愚知處宜，貴賤履位，仁賢不肖襲情。必分其能，必由其名。以此事上，以此畜下，以此治物，以此修身，知謀不用，必歸其天。此之謂大平，治之至也。故書曰：「有形有名。」形名者，古人有之，而非所以先也。古之語大道者，五變而形名可舉，九變而賞罰可言也。驟而語形名，不知其本也；驟而語賞罰，不知其始也。倒道而言，迕道而說者，人之所治也，安能治人！驟而語形名賞罰，此有知治之具，非知治之道。可用於天下，不足以用天下。此之謂辯士，一曲之人也。禮法數度，形名比詳，古人有之。此下之所以事上，非上之所以畜下也。

昔者舜問於堯曰：「天王之用心何如？」堯曰：「吾不敖無告，不廢窮民，苦死者，嘉孺子而哀婦人，此吾所以用心已。」舜曰：「美則美矣，而未大也。」堯曰：「然則何如？」舜曰：「天德而出寧，日月照而四時行，若晝夜之有經，雲行而雨施矣！」堯曰：「膠膠擾擾乎！子，天之合也；我，人之合也。」夫天地者，古之所大也，而黃帝、堯、舜之所共美也。故古之王天下者，奚爲哉？天地而已矣！

孔子西藏書於周室，子路謀曰：「由聞周之徵藏史有老聃者，免而歸居，夫子欲藏書，則試往因焉。」孔子曰：「善。」往見老聃，而老聃不許，於是繙十二經以說。老聃中其說，曰：「大謾，願聞其要。」孔子曰：「要在仁義。」老聃曰：「請問：仁義，人之性邪？」孔子曰：「然，君子不仁則不成，不義則不生。仁義，眞人之性也，又將奚爲矣？」老聃曰：「請問：何謂仁義？」孔子曰：「中心物愷，兼愛無私，此仁義之情也。」老聃曰：「意，幾乎後言！夫兼愛，不亦迂乎！無私焉，乃私也。夫子若欲使天下無失其牧乎？則天地固有常矣，日月固有明矣，星辰固有列矣，禽獸固有群矣，樹木固有立矣。夫子亦放德而行，遁道而趨，已至矣！又何偈偈乎揭仁義，若擊鼓而求亡子焉！意，夫子亂人之性也。」

士成綺見老子而問曰：「吾聞夫子聖人也。吾固不辭遠道而來願見，百舍重趼而不敢息。今吾觀子非聖人也，鼠壤有餘蔬而棄妹，不仁也！生熟不盡於前，而積斂無崖。」老子漠然不應。士成綺明日復見，曰：「昔者吾有刺於子，今吾心正卻矣，何故也？」老子曰：「夫巧知神聖之人，吾自以爲脫焉。昔者子呼我牛也而謂之牛；呼我馬也而謂之馬。苟有其實，人與之名而弗受，再受其殃。吾服也恆服，吾非以服有服。」士成綺雁行避影，履行遂進，而問修身若何。老子曰：「而容崖然，而目衝然，而顙頯然，而口闞然，而狀義然。似繫馬而止也，動而持，發也機，察而審，知巧而睹於泰，凡以爲不信。邊竟有人焉，其名爲竊。」

夫子曰：「夫道，於大不終，於小不遺，故萬物備。廣廣乎其無不容也，淵淵乎其不可測也。形德仁義，神之末也，非至人孰能定之！夫至人有世，不亦大乎，而不足以爲之累；天下奮棅而不與之偕；審乎無假而不與利遷；極物之眞，能守其本。故外天地，遺萬物，而神未嘗有所困也。通乎道，合乎德，退仁義，賓禮樂，至人之心有所定矣！」

世之所貴道者，書也。書不過語，語有貴也。語之所貴者，意也，意有所隨。意之所隨者，不可以言傳也，而世因貴言傳書。世雖貴之，我猶不足貴也，爲其貴非其貴也。故視而可見者，形與色也；聽而可聞者，名與聲也。悲夫！世人以形色名聲爲足以得彼之情。夫形色名聲，果不足以得彼之情，則知者不言，言者不知，而世豈識之哉！

桓公讀書於堂上，輪扁斲輪於堂下，釋椎鑿而上，問桓公曰：「敢問：公之所讀者，何言邪？」公曰：「聖人之言也。」曰：「聖人在乎？」公曰：「已死矣。」曰：「然則君之所讀者，古人之糟魄已夫！」桓公曰：「寡人讀書，輪人安得議乎！有說則可，無說則死！」輪扁曰：「臣也以臣之事觀之。斲輪，徐則甘而不固，疾則苦而不入，不徐不疾，得之於手而應於心，口不能言，有數存乎其間。臣不能以喻臣之子，臣之子亦不能受之於臣，是以行年七十而老斲輪。古之人與其不可傳也死矣，然則君之所讀者，古人之糟魄已夫！」

天運第十四

「天其運乎？地其處乎？日月其爭於所乎？孰主張是？孰維綱是？孰居無事推而行是？意者其有機緘而不得已乎？意者其運轉而不能自止邪？雲者爲雨乎？雨者爲雲乎？孰隆施是？孰居無事淫樂而勸是？風起北方，一西一東，有上彷徨。孰噓吸是？孰居無事而披拂是？敢問何故？」巫咸祒曰：「來，吾語女。天有六極五常，帝王順之則治，逆之則凶。九洛之事，治成德備，監照下土，天下戴之，此謂上皇。」

商大宰蕩問仁於莊子。莊子曰：「虎狼，仁也。」曰：「何謂也？」莊子曰：「父子相親，何爲不仁！」曰：「請問至仁。」莊子曰：「至仁無親。」大宰曰：「蕩聞之，無親則不愛，不愛則不孝。謂至仁不孝，可乎？」莊子曰：「不然，夫至仁尚矣，孝固不足以言之。此非過孝之言也，不及孝之言也。夫南行者至於郢，北面而不見冥山，是何也？則去之遠也。故曰：以敬孝易，以愛孝難；以愛孝易，而忘親難；忘親易，使親忘我難；使親忘我易，兼忘天下難；兼忘天下易，使天下兼忘我難。夫德遺堯、舜而不爲也，利澤施於萬世，天下莫知也，豈直大息而言仁孝乎哉！夫孝悌仁義，忠信貞廉，此皆自勉以役其德者也，不足多也。故曰：至貴，國爵並焉；至富，國財並焉；至願，名譽並焉。是以道不渝。」

北門成問於黃帝曰：「帝張咸池之樂於洞庭之野，吾始聞之懼，復聞之怠，卒聞之而惑，蕩蕩默默，乃不自得。」帝曰：「汝殆其然哉！吾奏之以人，徵之以天，行之以禮義，建之以大清。四時迭起，萬物循生。一盛一衰，文武倫經。一清一濁，陰陽調和，流光其聲。蟄蟲始作，吾驚之以雷霆。其卒無尾，其始無首。一死一生，一僨一起，所常無窮，而一不可待。汝故懼也。吾又奏之以陰陽之和，燭之以日月之明。其聲能短能長，能柔能剛，變化齊一，不主故常。在谷滿谷，在阬滿阬。塗郤守神，以物爲量。其聲揮綽，其名高明。是故鬼神守其幽，日月星辰行其紀。吾止之於有窮，流之於無止。予欲慮之而不能知也，望之而不能見也，逐之而不能及也。儻然立於四虛之道，倚於槁梧而吟：『目知窮乎所欲見，力屈乎所欲逐，吾既不及，已夫！』形充空虛，乃至委蛇。汝委蛇，故怠。吾又奏之以無怠之聲，調之以自然之命。故若混逐叢生，林樂而無形，布揮而不曳，幽昏而無聲。動於無方，居於窈冥，或謂之死，或謂之生；或謂之實，或謂之榮。行流散徙，不主常聲。世疑之，稽於聖人。聖也者，達於情而遂於命也。天機不張而五官皆備。此之謂天樂，無言而心說。故有焱氏爲之頌曰：『聽之不聞其聲，視之不見其形，充滿天地，苞裹六極。』汝欲聽之而無接焉，而故惑也。樂也者，始於懼，懼故祟；吾又次之以怠，怠故遁；卒之於惑，惑故愚；愚故道，道可載而與之俱也。」

孔子西遊於衛，顏淵問師金曰：「以夫子之行爲奚如？」師金曰：「惜乎！而夫子其窮哉！」顏淵曰：「何也？」師金曰：「夫芻狗之未陳也，盛以篋衍，巾以文繡，尸祝齊戒以將之。及其已陳也，行者踐其首脊，蘇者取而爨之而已。將復取而盛以篋衍，巾以文繡，遊居寢臥其下，彼不得夢，必且數眯焉。今而夫子亦取先王已陳芻狗，聚弟子遊居寢臥其下。故伐樹於宋，削跡於衛，窮於商周，是非其夢邪？圍於陳蔡之間，七日不火食，死生相與鄰，是非其眯邪？夫水行莫如用舟，而陸行莫如用車。以舟之可行於水也，而求推之於陸，則沒世不行尋常。古今非水陸與？周魯非舟車與？今蘄行周於魯，是猶推舟於陸也！勞而無功，身必有殃。彼未知夫無方之傳，應物而不窮者也。且子獨不見夫桔槔者乎？引之則俯，舍之則仰。彼，人之所引，非引人者也。故俯仰而不得罪於人。故夫三皇五帝之禮義法度，不矜於同而矜於治。故譬三皇五帝之禮義法度，其猶柤梨橘柚邪！其味相反而皆可於口。故禮義法度者，應時而變者也。今取猨狙而衣以周公之服，彼必齕齧挽裂，盡去而後慊。觀古今之異，猶猨狙之異乎周公也。故西施病心而矉其里，其里之醜人見之而美之，歸亦捧心而矉其里。其里之富人見之，堅閉門而不出；貧人見之，挈妻子而去走。彼知矉美而不知矉之所以美。惜乎，而夫子其窮哉！」

孔子行年五十有一而不聞道，乃南之沛見老聃。老聃曰：「子來乎？吾聞子，北方之賢者也！

子亦得道乎？」孔子曰：「未得也。」老子曰：「子惡乎求之哉？」曰：「吾求之於度數，五年而未得也。」老子曰：「子又惡乎求之哉？」曰：「吾求之於陰陽，十有二年而未得也。」老子曰：「然，使道而可獻，則人莫不獻之於其君；使道而可進，則人莫不進之於其親；使道而可以告人，則人莫不告其兄弟；使道而可以與人，則人莫不與其子孫。然而不可者，無佗也，中無主而不止，外無正而不行。由中出者，不受於外，聖人不出；由外入者，無主於中，聖人不隱。名，公器也，不可多取。仁義，先王之蘧廬也，止可以一宿而不可久處。覯而多責。古之至人，假道於仁，託宿於義，以遊逍遙之虛，食於苟簡之田，立於不貸之圃。逍遙，無爲也；苟簡，易養也；不貸，無出也。古者謂是采眞之遊。以富爲是者，不能讓祿；以顯爲是者，不能讓名。親權者，不能與人柄，操之則慄，舍之則悲，而一無所鑒，以窺其所不休者，是天之戮民也。怨、恩、取、與、諫、教、生、殺八者，正之器也，唯循大變無所湮者爲能用之。故曰：正者，正也。其心以爲不然者，天門弗開矣。」

孔子見老聃而語仁義。老聃曰：「夫播糠眯目，則天地四方易位矣；蚊虻噆膚，則通昔不寐矣。夫仁義憯然，乃憒吾心，亂莫大焉。吾子使天下無失其樸，吾子亦放風而動，總德而立矣！又奚傑傑然若負建鼓而求亡子者邪！夫鵠不日浴而白，烏不日黔而黑。黑白之樸，不足以爲辯；名譽之觀，不足以爲廣。泉涸，魚相與處於陸，相呴以濕，相濡以沫，不若相忘於江湖。」

孔子見老聃歸，三日不談。弟子問曰：「夫子見老聃，亦將何規哉？」孔子曰：「吾乃今於是乎見龍。龍，合而成體，散而成章，乘雲氣而養乎陰陽。予口張而不能嗋。予又何規老聃哉？」子貢曰：「然則人固有尸居而龍見，雷聲而淵默，發動如天地者乎？賜亦可得而觀乎？」遂以孔子聲見老聃。老聃方將倨堂而應，微曰：「予年運而往矣，子將何以戒我乎？」子貢曰：「夫三皇五帝之治天下不同，其係聲名一也。而先生獨以爲非聖人，如何哉？」老聃曰：「小子少進！子何以謂不同？」對曰：「堯授舜，舜授禹。禹用力而湯用兵，文王順紂而不敢逆，武王逆紂而不肯順，故曰不同。」老聃曰：「小子少進，余語汝三皇五帝之治天下：黃帝之治天下，使民心一。民有其親死不哭而民不非也。堯之治天下，使民心親。民有爲其親殺其服而民不非也。舜之治天下，使民心競。民孕婦十月生子，子生五月而能言，不至乎孩而始誰，則人始有夭矣。禹之治天下，使民心變，人有心而兵有順，殺盜非殺人。自爲種而『天下』耳。是以天下大駭，儒墨皆起。其作始有倫，而今乎婦女，何言哉！余語汝：三皇五帝之治天下，名曰治之，而亂莫甚焉。三皇之知，上悖日月之明，下睽山川之精，中墮四時之施。其知憯於蠣蠆之尾，鮮規之獸，莫得安其性命之情者，而猶自以爲聖人，不可恥乎？其無恥也！」子貢蹴蹴然立不安。

孔子謂老聃曰：「丘治《詩》、《書》、《禮》、《樂》、《易》、《春秋》六經，自以爲久矣，孰知其故矣，以奸者七十二君，論先王之道而明周、召之跡，一君無所鉤用。甚矣！夫人之難說也？道之難明邪？」老子曰：「幸矣，子之不遇治世之君！夫六經，先王之陳跡也，豈其所以跡哉！今子之所言，猶跡也。夫跡，履之所出，而跡豈履哉！夫白鶂之相視，眸子不運而風化；蟲，雄鳴於上風，雌應於下風而風化。類自爲雌雄，故風化。性不可易，命不可變，時不可止，道不可壅。苟得於道，無自而不可；失焉者，無自而可。」孔子不出三月，復見，曰：「丘得之矣。烏鵲孺，魚傅沫，細要者化，有弟而兄啼。久矣，夫丘不與化爲人！不與化爲人，安能化人。」老子曰：「可，丘得之矣！」

刻意第十五

刻意尚行，離世異俗，高論怨誹，爲亢而已矣。此山谷之士，非世之人，枯槁赴淵者之所好也。語仁義忠信，恭儉推讓，爲修而已矣。此平世之士，教誨之人，遊居學者之所好也。語大功，立大名，禮君臣，正上下，爲治而已矣。此朝廷之士，尊主強國之人，致功並兼者之所好也。就藪澤，處閑曠，釣魚閑處，無爲而已矣。此江海之士，避世之人，閑暇者之所好也。吹呴呼吸，吐故納新，熊經鳥申，爲壽而已矣。此道引之士，養形之人，彭祖壽考者之所好也。若夫不刻意而高，無仁義而修，無功名而治，無江海而閑，不道引而壽，無不忘也，無不有也。淡然無極而眾美從之。此天地之道，聖人之德也。

故曰：夫恬惔寂漠，虛無無爲，此天地之平而道德之質也。故曰：聖人休休焉則平易矣。平易則恬惔矣。平易恬惔，則憂患不能入，邪氣不能襲，故其德全而神不虧。故曰：聖人之生也天行，其死也物化。靜而與陰同德，動而與陽同波。不爲福先，不爲禍始。感而後應，迫而後動，不得已而後起。去知與故，循天之理。故無天災，無物累，無人非，無鬼責。其生若浮，其死若休。不思慮，不豫謀。光矣而不耀，信矣而不期。其寢不夢，其覺無憂。其神純粹，其魂不罷。虛無恬惔，乃合天德。故曰：悲樂者，德之邪也；喜怒者，道之過也；好惡者，德之失也。故心不憂樂，德之至也；一而不變，靜之至也；無所於忤，虛之至也；不與物交，惔之至也；無所於逆，粹之至也。故曰：形勞而不休則弊，精用而不已則勞，勞則竭。水之性，不雜則清，莫動則平；鬱閉而不流，亦不能清；天德之象也。故曰：純粹而不雜，靜一而不變，惔而無爲，動而以天行，此養神之道也。

夫有干越之劍者，柙而藏之，不敢用也，寶之至也。精神四達並流，無所不極，上際於天，下蟠於地，化育萬物，不可爲象，其名爲同帝。純素之道，唯神是守。守而勿失，與神爲一。一之精通，合於天倫。野語有之曰：「眾人重利，廉士重名，賢士尚志，聖人貴精。」故素也者，謂其無所與雜也；純也者，謂其不虧其神也。能體純素，謂之眞人。

繕性第十六

繕性於俗學，以求復其初；滑欲於俗思，以求致其明：謂之蔽蒙之民。

古之治道者，以恬養知。生而無以知爲也，謂之以知養恬。知與恬交相養，而和理出其性。夫德，和也；道，理也。德無不容，仁也；道無不理，義也；義明而物親，忠也；中純實而反乎情，樂也；信行容體而順乎文，禮也。禮樂遍行，則天下亂矣。彼正而蒙己德，德則不冒。冒則物必失其性也。古之人，在混芒之中，與一世而得淡漠焉。當是時也，陰陽和靜，鬼神不擾，四時得節，萬物不傷，群生不夭，人雖有知，無所用之，此之謂至一。當是時也，莫之爲而常自然。

逮德下衰，及燧人、伏羲始爲天下，是故順而不一。德又下衰，及神農、黃帝始爲天下，是故安而不順。德又下衰，及唐、虞始爲天下，興治化之流，澆淳散朴，離道以善，險德以行，然後去性而從於心。心與心識知，而不足以定天下，然後附之以文，益之以博。文滅質，博溺心，然後民始惑亂，無以反其性情而復其初。由是觀之，世喪道矣，道喪世矣，世與道交相喪也。道之人何由興乎世，世亦何由興乎道哉！道無以興乎世，世無以興乎道，雖聖人不在山林之中，其德隱矣。隱故不自隱。古之所謂隱士者，非伏其身而弗見也，非閉其言而不出也，非藏其知而不發也，時命大謬也。當時命而大行乎天下，則反一無跡；不當時命而大窮乎天下，則深根寧極而待：此存身之道也。古之存身者，不以辯飾知，不以知窮天下，不以知窮德，危然處其所而反其性，己又何爲哉！道固不小行，德固不小識。小識傷德，小行傷道。故曰：正己而已矣。樂全之謂得志。

古之所謂得志者，非軒冕之謂也，謂其無以益其樂而已矣。今之所謂得志者，軒冕之謂也。軒冕在身，非性命也，物之儻來，寄者也。寄之，其來不可圉，其去不可止。故不爲軒冕肆志，不爲窮約趨俗，其樂彼與此同，故無憂而已矣！今寄去則不樂。由是觀之，雖樂，未嘗不荒也。故曰：喪己於物，失性於俗者，謂之倒置之民。

秋水第十七

秋水時至，百川灌河。涇流之大，兩涘渚崖之間，不辯牛馬。於是焉河伯欣然自喜，以天下之美爲盡在己。順流而東行，至於北海，東面而視，不見水端。於是焉河伯始旋其面目，望洋向若而歎曰：「野語有之曰：『聞道百，以爲莫己若者。』我之謂也。且夫我嘗聞少仲尼之聞而輕伯夷之義者，始吾弗信。今我睹子之難窮也，吾非至於子之門則殆矣，吾長見笑於大方之家。」北海若曰：「井蛙不可以語於海者，拘於虛也；夏蟲不可以語於冰者，篤於時也；曲士不可以語於道者，束於教也。今爾出於崖涘，觀於大海，乃知爾醜，爾將可與語大理矣。天下之水，莫大於海：萬川歸之，不知何時止而不盈；尾閭泄之，不知何時已而不虛；春秋不變，水旱不知。此其過江河之流，不可爲量數。而吾未嘗以此自多者，自以比形於天地，而受氣於陰陽，吾在於天地之間，猶小石小木之在大山也。方存乎見小，又奚以自多！計四海之在天地之間也，不似礨空之在大澤乎？計中國之在海內，不似稊米之在大倉乎？號物之數謂之萬，人處一焉；人卒九州，穀食之所生，舟車之所通。此其比萬物也，不似豪末之在於馬體乎？五帝之所連，三王之所爭，仁人之所憂，任士之所勞，盡此矣！伯夷辭之以爲名，仲尼語之以爲博。此其自多也，不似爾向之自多於水乎？」

河伯曰：「然則吾大天地而小豪末，可乎？」北海若曰：「否。夫物，量無窮，時無止，分無常，終始無故。是故大知觀於遠近，故小而不寡，大而不多：知量無窮。證向今故，故遙而不悶，掇而不跂：知時無止。察乎盈虛，故得而不喜，失而不憂：知分之無常也。明乎坦塗，故生而不說，死而不禍：知終始之不可故也。計人之所知，不若其所不知；其生之時，不若未生之時；以其至小，求窮其至大之域，是故迷亂而不能自得也。由此觀之，又何以知毫末之足以定至細之倪，又何以知天地之足以窮至大之域！」

河伯曰：「世之議者皆曰：『至精無形，至大不可圍。』是信情乎？」北海若曰：「夫自細視大者不盡，自大視細者不明。夫精，小之微也；垺，大之殷也：故異便。此勢之有也。夫精粗者，期於有形者也；無形者，數之所不能分也；不可圍者，數之所不能窮也。可以言論者，物之粗也；可以意致者，物之精也；言之所不能論，意之所不能察致者，不期精粗焉。是故大人之行：不出乎害人，不多仁恩；動不爲利，不賤門隸；貨財弗爭，不多辭讓；事焉不借人，不多食乎力，不賤貪污；行殊乎俗，不多辟異；爲在從眾，不賤佞諂；世之爵祿不足以爲勸，戮恥不足以爲辱；知是非之不可爲分，細大之不可爲倪。聞曰：『道人不聞，至德不得，大人無己。』約分之至也。」

河伯曰：「若物之外，若物之內，惡至而倪貴賤？惡至而倪小大？」北海若曰：「以道觀之，物無貴賤；以物觀之，自貴而相賤；以俗觀之，貴賤不在己。以差觀之，因其所大而大之，則萬物莫不大；因其所小而小之，則萬物莫不小。知天地之爲稊米也，知毫末之爲丘山也，則差數睹矣。以功觀之，因其所有而有之，則萬物莫不有；因其所無而無之，則萬物莫不無。知東西之相反而不可以相無，則功分定矣。以趣觀之，因其所然而然之，則萬物莫不然；因其所非而非之，則萬物莫不非。知堯、桀之自然而相非，則趣操睹矣。昔者堯、舜讓而帝，之、噲讓而絕；湯、武爭而王，白公爭而滅。由此觀之，爭讓之禮，堯、桀之行，貴賤有時，未可以爲常也。梁麗可以衝城而不可以窒穴，言殊器也；騏驥驊騮一日而馳千里，捕鼠不如狸狌，言殊技也；鴟鵂夜撮蚤，察毫末，晝出瞋目而不見丘山，言殊性也。故曰：蓋師是而無非，師治而無亂乎？是未明天地之理，萬物之情者也。是猶師天而無地，師陰而無陽，其不可行明矣！然且語而不舍，非愚則誣也！帝王殊禪，三代殊繼。差其時，逆其俗者，謂之篡夫；當其時，順其俗者，謂之義之徒。默默乎河伯，女惡知貴賤之門，小大之家！」

河伯曰：「然則我何爲乎？何不爲乎？吾辭受趣舍，吾終奈何？」北海若曰：「以道觀之，何貴何賤，是謂反衍；無拘而志，與道大蹇。何少何多，是謂謝施；無一而行，與道參差。嚴乎若國之有君，其無私德；繇繇乎若祭之有社，其無私福；泛泛乎其若四方之無窮，其無所畛域。兼懷萬物，其孰承翼？是謂無方。萬物一齊，孰短孰長？道無終始，物有死生，不恃其成。一虛一滿，不位乎其形。年不可舉，時不可止。消息盈虛，終則有始。是所以語大義之方，論萬物之理也。物之生也，若驟若馳。無動而不變，無時而不移。何爲乎，何不爲乎？夫固將自化。」

河伯曰：「然則何貴於道邪？」北海若曰：「知道者必達於理，達於理者必明於權，明於權者不以物害己。至德者，火弗能熱，水弗能溺，寒暑弗能害，禽獸弗能賊。非謂其薄之也，言察乎安危，寧於禍福，謹於去就，莫之能害也。故曰：『天在內，人在外，德在乎天。』知天人之行，本乎天，位乎得，蹢躅而屈伸，反要而語極。」曰：「何謂天？何謂人？」北海若曰：「牛馬四足，是謂天；落馬首，穿牛鼻，是謂人。故曰：『無以人滅天，無以故滅命，無以得殉名。謹守而勿失，是謂反其眞。』」

夔憐蚿，蚿憐蛇，蛇憐風，風憐目，目憐心。夔謂蚿曰：「吾以一足趻踔而行，予無如矣。今子之使萬足，獨奈何？」蚿曰：「不然。子不見夫唾者乎？噴則大者如珠，小者如霧，雜而下者不可勝數也。今予動吾天機，而不知其所以然。」蚿謂蛇曰：「吾以衆足行，而不及子之無足，何也？」蛇曰：「夫天機之所動，何可易邪？吾安用足哉！」蛇謂風曰：「予動吾脊脅而行，則有似也。今子蓬蓬然起於北海，蓬蓬然入於南海，而似無有，何也？」風曰：「然，予蓬蓬然起於北海而入於南海也，然而指我則勝我，鰌我亦勝我。雖然，夫折大木，蜚大屋者，唯我能也。」故以衆小不勝爲大勝也。爲大勝者，唯聖人能之。

孔子遊於匡，衛人圍之數帀，而弦歌不惙。子路入見，曰：「何夫子之娛也？」孔子曰：「來，吾語女。我諱窮久矣，而不免，命也；求通久矣，而不得，時也。當堯、舜之時而天下無窮人，非知得也；當桀、紂之時而天下無通人，非知失也：時勢適然。夫水行不避蛟龍者，漁父之勇也；陸行不避兕虎者，獵夫之勇也；白刃交於前，視死若生者，烈士之勇也；知窮之有命，知通之有時，臨大難而不懼者，聖人之勇也。由處矣，吾命有所制矣。」無幾何，將甲者進，辭曰：「以爲陽虎也，故圍之。今非也，請辭而退。」

公孫龍問於魏牟曰：「龍少學先王之道，長而明仁義之行；合同異，離堅白；然不然，可不可；困百家之知，窮衆口之辯：吾自以爲至達已。今吾聞莊子之言，汒焉異之。不知論之不及與？知之弗若與？今吾無所開吾喙，敢問其方。」公子牟隱机大息，仰天而笑曰：「子獨不聞夫埳井之蛙乎？謂東海之鱉曰：『吾樂與！出跳梁乎井幹之上，入休乎缺甃之崖。赴水則接腋持頤，蹶泥則沒足滅跗。還虷蟹與科斗，莫吾能若也。且夫擅一壑之水，而跨跱埳井之樂，此亦至矣。夫子奚不時來入觀乎？』東海之鱉左足未入，而右膝已縶矣。於是逡巡而卻，告之海曰：『夫千里之遠，不足以舉其大；千仞之高，不足以極其深。禹之時，十年九潦，而水弗爲加益；湯之時，八年七旱，而崖不爲加損。夫不爲頃久推移，不以多少進退者，此亦東海之大樂也。』於是埳井之蛙聞之，適適然驚，規規然自失也。且夫知不知是非之竟，而猶欲觀於莊子之言，是猶使蚊負山，商蚷馳河也，必不勝任矣。且夫知不知論極妙之言，而自適一時之利者，是非埳井之蛙與？且彼方跐黃泉而登大皇，無南無北，奭然四解，淪於不測；無東無西，始於玄冥，反於大通。子乃規規然而求之以察，索之以辯，是直用管窺天，用錐指地也，不亦小乎？子往矣！且子獨不聞夫壽陵餘子之學行於邯鄲與？未得國能，又失其故行矣，直匍匐而歸耳。今子不去，將忘子之故，失子之業。」公孫龍口呿而不合，舌舉而不下，乃逸而走。

莊子釣於濮水。楚王使大夫二人往先焉，曰：「願以境內累矣！」莊子持竿不顧，曰：「吾聞楚有神龜，死已三千歲矣。王巾笥而藏之廟堂之上。此龜者，寧其死爲留骨而貴乎？寧其生而曳尾於塗中乎？」二大夫曰：「寧生而曳尾塗中。」莊子曰：「往矣！吾將曳尾於塗中。」

惠子相梁，莊子往見之。或謂惠子曰：「莊子來，欲代子相。」於是惠子恐，搜於國中三日三夜。莊子往見之，曰：「南方有鳥，其名爲鵷鶵，子知之乎？夫鵷鶵發於南海而飛於北海，非梧桐不止，非練實不食，非醴泉不飲。於是鴟得腐鼠，鵷鶵過之，仰而視之曰：『嚇！』今子欲以子之梁國而嚇我邪？」

莊子與惠子遊於濠梁之上。莊子曰：「儵魚出遊從容，是魚之樂也。」惠子曰：「子非魚，安知魚之樂？」莊子曰：「子非我，安知我不知魚之樂？」惠子曰「我非子，固不知子矣；子固非魚也，子之不知魚之樂，全矣！」莊子曰：「請循其本。子曰『汝安知魚樂』云者，既已知吾知之而問我。我知之濠上也。」

至樂第十八

天下有至樂無有哉？有可以活身者無有哉？今奚爲奚據？奚避奚處？奚就奚去？奚樂奚惡？夫天下之所尊者，富貴壽善也；所樂者，身安厚味美服好色音聲也；所下者，貧賤夭惡也；所苦者，身不得安逸，口不得厚味，形不得美服，目不得好色，耳不得音聲。若不得者，則大憂以懼，其爲形也亦愚哉！夫富者，苦身疾作，多積財而不得盡用，其爲形也亦外矣！夫貴者，夜以繼日，思慮善否，其爲形也亦疏矣！人之生也，與憂俱生。壽者惛惛，久憂不死，何苦也！其爲形也亦遠矣！

烈士爲天下見善矣，未足以活身。吾未知善之誠善邪？誠不善邪？若以爲善矣，不足活身；以爲不善矣，足以活人。故曰：「忠諫不聽，蹲循勿爭。」故夫子胥爭之，以殘其形；不爭，名亦不成。誠有善無有哉？今俗之所爲與其所樂，吾又未知樂之果樂邪？果不樂邪？吾觀夫俗之所樂，舉群趣者，誙誙然如將不得已，而皆曰樂者，吾未之樂也，亦未之不樂也。果有樂無有哉？吾以無爲誠樂矣，又俗之所大苦也。故曰：「至樂無樂，至譽無譽。」天下是非果未可定也。雖然，無爲可以定是非。至樂活身，唯無爲幾存。請嘗試言之：天無爲以之清，地無爲以之寧。故兩無爲相合，萬物皆化生。芒乎芴乎，而無從出乎！芴乎芒乎，而無有象乎！萬物職職，皆從無爲殖。故曰：「天地無爲也而無不爲也。」人也孰能得無爲哉！

莊子妻死，惠子弔之，莊子則方箕踞鼓盆而歌。惠子曰：「與人居，長子、老、身死，不哭亦足矣，又鼓盆而歌，不亦甚乎！」莊子曰：「不然。是其始死也，我獨何能無概！然察其始而本無生；非徒無生也，而本無形；非徒無形也，而本無氣。雜乎芒芴之間，變而有氣，氣變而有形，形變而有生。今又變而之死。是相與爲春秋冬夏四時行也。人且偃然寢於巨室，而我噭噭然隨而哭之，自以爲不通乎命，故止也。」

支離叔與滑介叔觀於冥伯之丘，昆侖之虛，黃帝之所休。俄而柳生其左肘，其意蹶蹶然惡之。支離叔曰：「子惡之乎？」滑介叔曰：「亡，予何惡！生者，假借也。假之而生生者，塵垢也。死生爲晝夜。且吾與子觀化而化及我，我又何惡焉！」

莊子之楚，見空髑髏，髐然有形。撽以馬捶，因而問之，曰：「夫子貪生失理而爲此乎？將子有亡國之事、斧鉞之誅而爲此乎？將子有不善之行，愧遺父母妻子之醜而爲此乎？將子有凍餒之患而爲此乎？將子之春秋故及此乎？」於是語卒，援髑髏，枕而臥。夜半，髑髏見夢曰：「向子之談者似辯士，視子所言，皆生人之累也，死則無此矣。子欲聞死之說乎？」莊子曰：「然。」髑髏曰：「死，無君於上，無臣於下，亦無四時之事，從然以天地爲春秋，雖南面王樂，不能過也。」莊子不信，曰：「吾使司命復生子形，爲子骨肉肌膚，反子父母、妻子、閭里、知識，子欲之乎？」髑髏深矉蹙頞曰：「吾安能棄南面王樂而復爲人間之勞乎！」

顏淵東之齊，孔子有憂色。子貢下席而問曰：「小子敢問：回東之齊，夫子有憂色，何邪？」孔子曰：「善哉汝問。昔者管子有言，丘甚善之，曰『褚小者不可以懷大，綆短者不可以汲深。』夫若是者，以爲命有所成而形有所適也，夫不可損益。吾恐回與齊侯言堯、舜、黃帝之道，而重以燧人、神農之言。彼將內求於己而不得，不得則惑，人惑則死。且女獨不聞邪？昔者海鳥止於魯郊，魯侯御而觴之於廟，奏九韶以爲樂，具太牢以爲膳。鳥乃眩視憂悲，不敢食一臠，不敢飲一杯，三日而死。此以己養養鳥也，非以鳥養養鳥也。夫以鳥養養鳥者，宜棲之深林，遊之壇陸，浮之江湖，食之鰌鰷，隨行列而止，委虵而處。彼唯人言之惡聞，奚以夫譊譊爲乎！咸池九韶之樂，張之洞庭之野，鳥聞之而飛，獸聞之而走，魚聞之而下入，人卒聞之，相與還而觀之。魚處水而生，人處水而死。彼必相與異，其好惡故異也。故先聖不一其能，不同其事。名止於實，義設於適，是之謂條達而福持。」

列子行，食於道，從見百歲髑髏，攓蓬而指之曰：「唯予與汝知而未嘗死、未嘗生也。若果養乎？予果歡乎？」種有幾，得水則為㡭，得水土之際則為蛙蠙之衣，生於陵屯則為陵舄，陵舄得鬱棲則為烏足，烏足之根為蠐螬，其葉為蝴蝶。蝴蝶胥也化而為蟲，生於竈下，其狀若脫，其名為鴝掇。鴝掇千日為鳥，其名為乾餘骨。乾餘骨之沫為斯彌，斯彌為食醯。頤輅生乎食醯，黃軦生乎九猷，瞀芮生乎腐蠸，羊奚比乎不箰，久竹生青寧，青寧生程，程生馬，馬生人，人又反入於機。萬物皆出於機，皆入於機。

達生第十九

達生之情者，不務生之所無以為；達命之情者，不務命之所無奈何。養形必先之以物，物有餘而形不養者有之矣。有生必先無離形，形不離而生亡者有之矣。生之來不能卻，其去不能止。悲夫！世之人以為養形足以存生，而養形果不足以存生，則世奚足為哉！雖不足為而不可不為者，其爲不免矣！夫欲免爲形者，莫如棄世。棄世則無累，無累則正平，正平則與彼更生，更生則幾矣！事奚足棄而生奚足遺？棄事則形不勞，遺生則精不虧。夫形全精復，與天爲一。天地者，萬物之父母也。合則成體，散則成始。形精不虧，是謂能移。精而又精，反以相天。

子列子問關尹曰：「至人潛行不窒，蹈火不熱，行乎萬物之上而不慄。請問何以至於此？」關尹曰：「是純氣之守也，非知巧果敢之列。居，予語女。凡有貌象聲色者，皆物也，物與物何以相遠！夫奚足以至乎先！是色而已。則物之造乎不形，而止乎無所化。夫得是而窮之者，物焉得而止焉！彼將處乎不淫之度，而藏乎無端之紀，遊乎萬物之所終始。壹其性，養其氣，合其德，以通乎物之所造。夫若是者，其天守全，其神無郤，物奚自入焉！夫醉者之墜車，雖疾不死。骨節與人同而犯害與人異，其神全也。乘亦不知也，墜亦不知也，死生驚懼不入乎其胸中，是故遻物而不慴。彼得全於酒而猶若是，而況得全於天乎？聖人藏於天，故莫之能傷也。復仇者，不折鏌干；雖有忮心者，不怨飄瓦，是以天下平均。故無攻戰之亂，無殺戮之刑者，由此道也。不開人之天，而開天之天。開天者德生，開人者賊生。不厭其天，不忽於人，民幾乎以其眞。」

仲尼適楚，出於林中，見痀僂者承蜩，猶掇之也。仲尼曰：「子巧乎，有道邪？」曰：「我有道也。五六月累丸二而不墜，則失者錙銖；累三而不墜，則失者十一；累五而不墜，猶掇之也。吾處身也，若厥株拘；吾執臂也，若槁木之枝。雖天地之大，萬物之多，而唯蜩翼之知。吾不反不側，不以萬物易蜩之翼，何爲而不得！」孔子顧謂弟子曰：「用志不分，乃凝於神。其痀僂丈人之謂乎！」

顏淵問仲尼曰：「吾嘗濟乎觴深之淵，津人操舟若神。吾問焉曰：『操舟可學邪？』曰：『可。善游者數能。若乃夫沒人，則未嘗見舟而便操之也。』吾問焉而不吾告，敢問何謂也？」仲尼曰：「善游者數能，忘水也；若乃夫沒人之未嘗見舟而便操之也，彼視淵若陵，視舟之覆，猶其車卻也。覆卻萬方陳乎前而不得入其舍，惡往而不暇！以瓦注者巧，以鉤注者憚，以黃金注者殙。其巧一也，而有所矜，則重外也。凡外重者內拙。」

田開之見周威公，威公曰：「吾聞祝腎學生，吾子與祝腎遊，亦何聞焉？」田開之曰：「開之操拔篲以侍門庭，亦何聞於夫子！」威公曰：「田子無讓，寡人願聞之。」開之曰：「聞之夫子曰：『善養生者，若牧羊然，視其後者而鞭之。』」威公曰：「何謂也？」田開之曰：「魯有單豹者，岩居而水飲，不與民共利，行年七十而猶有嬰兒之色，不幸遇餓虎，餓虎殺而食之。有張毅者，高門縣薄，無不走也，行年四十而有內熱之病以死。豹養其內而虎食其外，毅養其外而病攻其內。此二子者，皆不鞭其後者也。」仲尼曰：「無入而藏，無出而陽，柴立其中央。三者若得，其名必極。夫畏塗者，十殺一人，則父子兄弟相戒也，必盛卒徒而後敢出焉，不亦知乎！人之所取畏者，衽席之上，飲食之間，而不知爲之戒者，過也！」

祝宗人玄端以臨牢筴說彘，曰：「汝奚惡死！吾將三月豢汝，十日戒，三日齊，藉白茅，加汝肩尻乎雕俎之上，則汝爲之乎？」爲彘謀曰：「不如食以糠糟而錯之牢筴之中。」自爲謀，則苟生有軒冕之尊，死得於腞楯之上、聚僂之中則爲之。爲彘謀則去之，自爲謀則取之，所異彘者何也！

桓公田於澤，管仲御，見鬼焉。公撫管仲之手曰：「仲父何見？」對曰：「臣無所見。」公反，誒詒爲病，數日不出。齊士有皇子告敖者，曰：「公則自傷，鬼惡能傷公！夫忿滀之氣，散而不反，則爲不足；上而不下，則使人善怒；下而不上，則使人善忘；不上不下，中身當心，則爲病。」桓公曰：「然則有鬼乎？」曰：「有。沈有履。竈有髻。戶內之煩壤，雷霆處之；東北方之下者倍阿，鮭蠪躍之；西北方之下者，則泆陽處之。水有罔象，丘有峷，山有夔，野有彷徨，澤有委蛇。」公曰：「請問委蛇之狀何如？」皇子曰：「委蛇，其大如轂，其長如轅，紫衣而朱冠。其爲物也惡，聞雷車之聲則捧其首而立。見之者殆乎霸。」桓公辴然而笑曰：「此寡人之所見者也。」於是正衣冠與之坐，不終日而不知病之去也。

紀渻子爲王養鬥雞。十日而問：「雞已乎？」曰：「未也，方虛憍而恃氣。」十日又問，曰：「未也，猶應嚮景。」十日又問，曰：「未也，猶疾視而盛氣。」十日又問，曰：「幾矣，雞雖有鳴者，已無變矣，望之似木雞矣，其德全矣。異雞無敢應者，反走矣。」

孔子觀於呂梁，縣水三十仞，流沫四十里，黿鼉魚鱉之所不能游也。見一丈夫游之，以爲有苦而欲死也。使弟子並流而拯之。數百步而出，被髮行歌而游於塘下。孔子從而問焉，曰：「吾以子爲鬼，察子則人也。請問：蹈水有道乎？」曰：「亡，吾無道。吾始乎故，長乎性，成乎命。與齊俱入，與汩偕出，從水之道而不爲私焉。此吾所以蹈之也。」孔子曰：「何謂始乎故，長乎性，成乎命？」曰：「吾生於陵而安於陵，故也；長於水而安於水，性也；不知吾所以然而然，命也。」

梓慶削木爲鐻，鐻成，見者驚猶鬼神。魯侯見而問焉，曰：「子何術以爲焉？」對曰：「臣，工人，何術之有！雖然，有一焉：臣將爲鐻，未嘗敢以耗氣也，必齊以靜心。齊三日，而不敢懷慶賞爵祿；齊五日，不敢懷非譽巧拙；齊七日，輒然忘吾有四枝形體也。當是時也，無公朝。其巧專而外骨消，然後入山林，觀天性形軀，至矣，然後成見鐻，然後加手焉，不然則已。則以天合天，器之所以疑神者，其是與！」

東野稷以御見莊公，進退中繩，左右旋中規。莊公以爲文弗過也。使之鉤百而反。顏闔遇之，入見曰：「稷之馬將敗。」公密而不應。少焉，果敗而反。公曰：「子何以知之？」曰：「其馬力竭矣而猶求焉，故曰敗。」

工倕旋而蓋規矩，指與物化而不以心稽，故其靈台一而不桎。忘足，履之適也；忘要，帶之適也；知忘是非，心之適也；不內變，不外從，事會之適也；始乎適而未嘗不適者，忘適之適也。

有孫休者，踵門而詫子扁慶子曰：「休居鄉不見謂不修，臨難不見謂不勇。然而田原不遇歲，事君不遇世，賓於鄉里，逐於州部，則胡罪乎天哉？休惡遇此命也？」扁子曰：「子獨不聞夫至人之自行邪？忘其肝膽，遺其耳目，芒然彷徨乎塵垢之外，逍遙乎無事之業，是謂爲而不恃，長而不宰。今汝飾知以驚愚，修身以明污，昭昭乎若揭日月而行也。汝得全而形軀，具而九竅，無中道夭於聾盲跛蹇而比於人數亦幸矣，又何暇乎天之怨哉！子往矣！」孫子出，扁子入。坐有間，仰天而歎。弟子問曰：「先生何爲歎乎？」扁子曰：「向者休來，吾告之以至人之德，吾恐其驚而遂至於惑也。」弟子曰：「不然。孫子之所言是邪，先生之所言非邪，非固不能惑是；孫子所言非邪，先生所言是邪，彼固惑而來矣，又奚罪焉！」扁子曰：「不然。昔者有鳥止於魯郊，魯君說之，爲具太牢以饗之，奏九韶以樂之。鳥乃始憂悲眩視，不敢飲食。此之謂以己養養鳥也。若夫以鳥養養鳥者，宜棲之深林，浮之江湖，食之以委蛇，則安平陸而已矣。今休，款啓寡聞之民也，吾告以至人之德，譬之若載鼷以車馬，樂鴳以鐘鼓也，彼又惡能無驚乎哉！」

山木第二十

莊子行於山中，見大木，枝葉盛茂。伐木者止其旁而不取也。問其故，曰：「無所可用。」莊子曰：「此木以不材得終其天年。」夫子出於山，舍於故人之家。故人喜，命豎子殺雁而烹之。豎子請曰：「其一能鳴，其一不能鳴，請奚殺？」主人曰：「殺不能鳴者。」明日，弟子問於莊子曰：「昨日山中之木，以不材得終其天年；今主人之雁，以不材死。先生將何處？」莊子笑曰：「周將處乎材與不材之間。材與不材之間，似之而非也，故未免乎累。若夫乘道德而浮游則不然，無譽無訾，一龍一蛇，與時俱化，而無肯專爲。一上一下，以和爲量，浮游乎萬物之祖。物物而不物於物，則胡可得而累邪！此神農、黃帝之法則也。若夫萬物之情，人倫之傳則不然：合則離，成則毀，廉則挫，尊則議，有爲則虧，賢則謀，不肖則欺。胡可得而必乎哉！悲夫，弟子志之，其唯道德之鄉乎！」

市南宜僚見魯侯，魯侯有憂色。市南子曰：「君有憂色，何也？」魯侯曰：「吾學先王之道，修先君之業；吾敬鬼尊賢，親而行之，無須臾離居。然不免於患，吾是以憂。」市南子曰：「君之除患之術淺矣！夫豐狐文豹，棲於山林，伏於岩穴，靜也；夜行晝居，戒也；雖飢渴隱約，猶且胥疏於江湖之上而求食焉，定也。然且不免於罔羅機辟之患，是何罪之有哉？其皮爲之災也。今魯國獨非君之皮邪？吾願君刳形去皮，灑心去欲，而遊於無人之野。南越有邑焉，名爲建德之國。其民愚而樸，少私而寡欲；知作而不知藏，與而不求其報；不知義之所適，不知禮之所將。猖狂妄行，乃蹈乎大方。其生可樂，其死可葬。吾願君去國捐俗，與道相輔而行。」君曰：「彼其道遠而險，又有江山，我無舟車，奈何？」市南子曰：「君無形倨，無留居，以爲君車。」君曰：「彼其道幽遠而無人，吾誰與爲鄰？吾無糧，我無食，安得而至焉？」市南子曰：「少君之費，寡君之欲，雖無糧而乃足。君其涉於江而浮於海，望之而不見其崖，愈往而不知其所窮。送君者皆自崖而反。君自此遠矣！故有人者累，見有於人者憂。故堯非有人，非見有於人也。吾願去君之累，除君之憂，而獨與道遊於大莫之國。方舟而濟於河，有虛船來觸舟，雖有惼心之人不怒。有一人在其上，則呼張歙之。一呼而不聞，再呼而不聞，於是三呼邪，則必以惡聲隨之。向也不怒而今也怒，向也虛而今也實。人能虛己以遊世，其孰能害之！」

北宮奢爲衛靈公賦斂以爲鐘，爲壇乎郭門之外。三月而成上下之縣。王子慶忌見而問焉，曰：「子何術之設？」奢曰：「一之間無敢設也。奢聞之：『既雕既琢，復歸於樸。』侗乎其無識，儻乎其怠疑。萃乎芒乎，其送往而迎來。來者勿禁，往者勿止。從其強梁，隨其曲傳，因其自窮。故朝夕賦斂而毫毛不挫，而況有大塗者乎！」

孔子圍於陳蔡之間，七日不火食。大公任往弔之，曰：「子幾死乎？」曰：「然。」「子惡死乎？」曰：「然。」任曰：「予嘗言不死之道。東海有鳥焉，其名曰意怠。其爲鳥也，翂翂翐翐，而似無能；引援而飛，迫脅而棲；進不敢爲前，退不敢爲後；食不敢先嘗，必取其緒。是故其行列不斥，而外人卒不得害，是以免於患。直木先伐，甘井先竭。子其意者飾知以驚愚，修身以明污，昭昭乎如揭日月而行，故不免也。昔吾聞之大成之人曰：『自伐者無功，功成者墮，名成者虧。』

孰能去功與名而還與眾人！道流而不明居，得行而不名處；純純常常，乃比於狂；削跡捐勢，不為功名。是故無責於人，人亦無責焉。至人不聞，子何喜哉！」孔子曰：「善哉！」辭其交遊，去其弟子，逃於大澤，衣裘褐，食杼栗，入獸不亂群，入鳥不亂行。鳥獸不惡，而況人乎！

孔子問子桑雽曰：「吾再逐於魯，伐樹於宋，削跡於衛，窮於商周，圍於陳蔡之間。吾犯此數患，親交益疏，徒友益散，何與？」子桑雽曰：「子獨不聞假人之亡與？林回棄千金之璧，負赤子而趨。或曰：『為其布與？赤子之布寡矣；為其累與？赤子之累多矣。棄千金之璧，負赤子而趨，何也？』林回曰：『彼以利合，此以天屬也。』夫以利合者，迫窮禍患害相棄也；以天屬者，迫窮禍患害相收也。夫相收之與相棄亦遠矣，且君子之交淡若水，小人之交甘若醴。君子淡以親，小人甘以絕，彼無故以合者，則無故以離。」孔子曰：「敬聞命矣！」徐行翔佯而歸，絕學捐書，弟子無挹於前，其愛益加進。異日，桑雽又曰：「舜之將死，真泠禹曰：『汝戒之哉！形莫若緣，情莫若率。』緣則不離，率則不勞。不離不勞，則不求文以待形。不求文以待形，固不待物。」

莊子衣大布而補之，正緳係履而過魏王。魏王曰：「何先生之憊邪？」莊子曰：「貧也，非憊也。士有道德不能行，憊也；衣弊履穿，貧也，非憊也，此所謂非遭時也。王獨不見夫騰猿乎？其得柟梓豫章也，攬蔓其枝而王長其間，雖羿、蓬蒙不能眄睨也。及其得柘棘枳枸之間也，危行側視，振動悼慄，此筋骨非有加急而不柔也，處勢不便，未足以逞其能也。今處昏上亂相之間而欲無憊，奚可得邪？此比干之見剖心，徵也夫！」

孔子窮於陳蔡之間，七日不火食。左據槁木，右擊槁枝，而歌焱氏之風，有其具而無其數，有其聲而無宮角。木聲與人聲，犁然有當於人之心。顏回端拱還目而窺之。仲尼恐其廣己而造大也，愛己而造哀也，曰：「回，無受天損易，無受人益難。無始而非卒也，人與天一也。夫今之歌者其誰乎！」回曰：「敢問無受天損易。」仲尼曰：「飢渴寒暑，窮桎不行，天地之行也，運物之泄也，言與之偕逝之謂也。爲人臣者，不敢去之。執臣之道猶若是，而況乎所以待天乎？」「何謂無受人益難？」仲尼曰：「始用四達，爵祿並至而不窮。物之所利，乃非己也，吾命其在外者也。君子不爲盜，賢人不爲竊，吾若取之何哉？故曰：鳥莫知於鷾鴯，目之所不宜處不給視，雖落其實，棄之而走。其畏人也而襲諸人間。社稷存焉爾！」「何謂無始而非卒？」仲尼曰：「化其萬物而不知其禪之者，焉知其所終？焉知其所始？正而待之而已耳。」「何謂人與天一邪？」仲尼曰：「有人，天也；有天，亦天也。人之不能有天，性也。聖人晏然體逝而終矣！」

莊周遊於雕陵之樊，睹一異鵲自南方來者。翼廣七尺，目大運寸，感周之顙，而集於栗林。莊周曰：「此何鳥哉！翼殷不逝，目大不睹。」蹇裳躩步，執彈而留之。睹一蟬方得美蔭而忘其身。螳蜋執翳而搏之，見得而忘其形。異鵲從而利之，見利而忘其眞。莊周怵然曰：「噫！物固相累，二類相召也。」捐彈而反走，虞人逐而誶之。莊周反入，三日不庭。藺且從而問之：「夫子何爲頃間甚不庭乎？」莊周曰：「吾守形而忘身，觀於濁水而迷於清淵。且吾聞諸夫子曰：『入其俗，從其令。』今吾遊於雕陵而忘吾身，異鵲感吾顙，遊於栗林而忘眞。栗林虞人以吾爲戮，吾所以不庭也。」

陽子之宋，宿於逆旅。逆旅人有妾二人，其一人美，其一人惡。惡者貴而美者賤。陽子問其故，逆旅小子對曰：「其美者自美，吾不知其美也；其惡者自惡，吾不知其惡也。」陽子曰：「弟子記之：行賢而去自賢之行，安往而不愛哉！」

田子方第二十一

田子方侍坐於魏文侯，數稱谿工。文侯曰：「谿工，子之師邪？」子方曰：「非也，無擇之里人也。稱道數當，故無擇稱之。」文侯曰：「然則子無師邪？」子方曰：「有。」曰：「子之師誰邪？」子方曰：「東郭順子。」文侯曰：「然則夫子何故未嘗稱之？」子方曰：「其爲人也眞。人貌而天虛，緣而葆眞，清而容物。物無道，正容以悟之，使人之意也消。無擇何足以稱之！」子方出，文侯儻然，終日不言。召前立臣而語之曰：「遠矣，全德之君子！始吾以聖知之言、仁義之行爲至矣。吾聞子方之師，吾形解而不欲動，口鉗而不欲言。吾所學者，直土梗耳！夫魏眞爲我累耳！」

溫伯雪子適齊，舍於魯。魯人有請見之者，溫伯雪子曰：「不可。吾聞中國之君子，明乎禮義而陋於知人心。吾不欲見也。」至於齊，反舍於魯，是人也又請見。溫伯雪子曰：「往也蘄見我，今也又蘄見我，是必有以振我也。」出而見客，入而歎。明日見客，又入而歎。其僕曰：「每見之客也，必入而歎，何耶？」曰：「吾固告子矣：中國之民，明乎禮義而陋乎知人心。昔之見我者，進退一成規、一成矩，從容一若龍、一若虎。其諫我也似子，其道我也似父，是以歎也。」仲尼見之而不言。子路曰：「吾子欲見溫伯雪子久矣。見之而不言，何邪？」仲尼曰：「若夫人者，目擊而道存矣，亦不可以容聲矣！」

顏淵問於仲尼曰：「夫子步亦步，夫子趨亦趨，夫子馳亦馳，夫子奔逸絕塵，而回瞠若乎後矣！」夫子曰：「回，何謂邪？」曰：「夫子步亦步也，夫子言亦言也；夫子趨亦趨也，夫子辯亦辯也；夫子馳亦馳也，夫子言道，回亦言道也；及奔逸絕塵而回瞠若乎後者，夫子不言而信，不比而周，無器而民滔乎前，而不知所以然而已矣。」仲尼曰：「惡！可不察與！夫哀莫大於心死，而人死亦次之。日出東方而入於西極，萬物莫不比方，有目有趾者，待是而後成功。是出則存，是入則亡。萬物亦然，有待也而死，有待也而生。吾一受其成形，而不化以待盡。效物而動，日夜無隙，而不知其所終。薰然其成形，知命不能規乎其前。丘以是日徂。吾終身與汝交一臂而失之，可不哀與？女殆著乎吾所以著也。彼已盡矣，而女求之以爲有，是求馬於唐肆也。吾服，女也甚忘；女服，吾也亦甚忘。雖然，女奚患焉！雖忘乎故吾，吾有不忘者存。」

孔子見老聃，老聃新沐，方將被髮而乾，慹然似非人。孔子便而待之。少焉見，曰：「丘也眩與？其信然與？向者先生形體掘若槁木，似遺物離人而立於獨也。」老聃曰：「吾遊心於物之初。」孔子曰：「何謂邪？」曰：「心困焉而不能知，口辟焉而不能言。嘗爲汝議乎其將：至陰肅肅，至陽赫赫。肅肅出乎天，赫赫發乎地。兩者交通成和而物生焉，或爲之紀而莫見其形。消息滿虛，一晦一明，日改月化，日有所爲而莫見其功。生有所乎萌，死有所乎歸，始終相反乎無端，而莫知乎其所窮。非是也，且孰爲之宗！」孔子曰：「請問遊是。」老聃曰：「夫得是至美至樂也。得至美而遊乎至樂，謂之至人。」孔子曰：「願聞其方。」曰：「草食之獸，不疾易藪；水生之蟲，不疾易水。行小變而不失其大常也，喜怒哀樂不入於胸次。夫天下也者，萬物之所一也。得其所一而同焉，則四支百體將爲塵垢，而死生終始將爲晝夜，而莫之能滑，而況得喪禍福之所介乎！棄隸者若棄泥塗，知身貴於隸也。貴在於我而不失於變。且萬化而未始有極也，夫孰足以患心！已爲道者解乎此。」孔子曰：「夫子德配天地，而猶假至言以修心。古之君子，孰能脫焉！」老聃曰：「不然。夫水之於汋也，無爲而才自然矣；至人之於德也，不修而物不能離焉。若天之自高，地之自厚，日月之自明，夫何修焉！」孔子出，以告顏回曰：「丘之於道也，其猶醯雞與！微夫子之發吾覆也，吾不知天地之大全也。」

莊子見魯哀公，哀公曰：「魯多儒士，少爲先生方者。」莊子曰：「魯少儒。」哀公曰：「舉魯國而儒服，何謂少乎？」莊子曰：「周聞之：儒者冠圜冠者知天時，履句屨者知地形，緩佩玦者事至而斷。君子有其道者，未必爲其服也；爲其服者，未必知其道也。公固以爲不然，何不號於國中曰：『無此道而爲此服者，其罪死！』」於是哀公號之五日，而魯國無敢儒服者。獨有一丈夫，儒服而立乎公門。公即召而問以國事，千轉萬變而不窮。莊子曰：「以魯國而儒者一人耳，可謂多乎？」

百里奚爵祿不入於心，故飯牛而牛肥，使秦穆公忘其賤，與之政也。有虞氏死生不入於心，故足以動人。

宋元君將畫圖，眾史皆至，受揖而立，舐筆和墨，在外者半。有一史後至者，儃儃然不趨，受揖不立，因之舍。公使人視之，則解衣般礴贏。君曰：「可矣，是眞畫者也。」

文王觀於臧，見一丈夫釣，而其釣莫釣。非持其釣有釣者也，常釣也。文王欲舉而授之政，而恐大臣父兄之弗安也；欲終而釋之，而不忍百姓之無天也。於是旦而屬之大夫曰：「昔者寡人夢見良人，黑色而頾，乘駁馬而偏朱蹄，號曰：『寓而政於臧丈人，庶幾乎民有瘳乎！』」諸大夫蹴然曰：「先君王也。」文王曰：「然則卜之。」諸大夫曰：「先君之命，王其無它，又何卜焉。」遂迎臧丈人而授之政。典法無更，偏令無出。三年，文王觀於國，則列士壞植散群，長官者不成德，斔斛不敢入於四竟。列士壞植散群，則尚同也；長官者不成德，則同務也，斔斛不敢入於四竟，則諸侯無二心也。文王於是焉以爲大師，北面而問曰：「政可以及天下乎？」臧丈人昧然而不應，泛然而辭，朝令而夜遁，終身無聞。顏淵問於仲尼曰：「文王其猶未邪？又何以夢爲乎？」仲尼曰：「默，汝無言！夫文王盡之也，而又何論刺焉！彼直以循斯須也。」

列禦寇爲伯昏無人射，引之盈貫，措杯水其肘上，發之，適矢復沓，方矢復寓。當是時，猶象人也。伯昏無人曰：「是射之射，非不射之射也。嘗與汝登高山，履危石，臨百仞之淵，若能射乎？」於是無人遂登高山，履危石，臨百仞之淵，背逡巡，足二分垂在外，揖禦寇而進之。禦寇伏地，汗流至踵。伯昏無人曰：「夫至人者，上窺青天，下潛黃泉，揮斥八極，神氣不變。今汝怵然有恂目之志，爾於中也殆矣夫！」

肩吾問於孫叔敖曰：「子三爲令尹而不榮華，三去之而無憂色。吾始也疑子，今視子之鼻間栩栩然，子之用心獨奈何？」孫叔敖曰：「吾何以過人哉！吾以其來不可卻也，其去不可止也。吾以爲得失之非我也，而無憂色而已矣。我何以過人哉！且不知其在彼乎？其在我乎？其在彼邪亡乎我，在我邪亡乎彼。方將躊躇，方將四顧，何暇至乎人貴人賤哉！」仲尼聞之曰：「古之眞人，知者不得說，美人不得濫，盜人不得劫，伏戲、黃帝不得友。死生亦大矣，而無變乎己，況爵祿乎！

若然者，其神經乎大山而無介，入乎淵泉而不濡，處卑細而不憊，充滿天地，既以與人己愈有。」

楚王與凡君坐，少焉，楚王左右曰「凡亡」者三。凡君曰：「凡之亡也，不足以喪吾存。夫凡之亡不足以喪吾存，則楚之存不足以存存。由是觀之，則凡未始亡而楚未始存也。」

知北遊第二十二

知北遊於玄水之上，登隱弅之丘，而適遭無爲謂焉。知謂無爲謂曰：「予欲有問乎若：何思何慮則知道？何處何服則安道？何從何道則得道？」三問而無爲謂不答也。非不答，不知答也。知不得問，反於白水之南，登狐闋之上，而睹狂屈焉。知以之言也問乎狂屈。狂屈曰：「唉！予知之，將語若。」中欲言而忘其所欲言。知不得問，反於帝宮，見黃帝而問焉。黃帝曰：「無思無慮始知道，無處無服始安道，無從無道始得道。」知問黃帝曰：「我與若知之，彼與彼不知也，其孰是邪？」黃帝曰：「彼無爲謂眞是也，狂屈似之，我與汝終不近也。夫知者不言，言者不知，故聖人行不言之教。道不可致，德不可至。仁可爲也，義可虧也，禮相僞也。故曰：『失道而後德，失德而後仁，失仁而後義，失義而後禮。』禮者，道之華而亂之首也。故曰：『爲道者日損，損之又損之，以至於無爲。無爲而無不爲也。』今已爲物也，欲復歸根，不亦難乎！其易也其唯大人乎！生也死之徒，死也生之始，孰知其紀！人之生，氣之聚也。聚則爲生，散則爲死。若死生爲徒，吾又何患！故萬物一也。是其所美者爲神奇，其所惡者爲臭腐。臭腐復化爲神奇，神奇復化爲臭腐。故曰：『通天下一氣耳。』聖人故貴一。」知謂黃帝曰：「吾問無爲謂，無爲謂不應我，非不我應，不知應我也；吾問狂屈，狂屈中欲告我而不我告，非不我告，中欲告而忘之也；今予問乎若，若知之，奚故不近？」黃帝曰：「彼其眞是也，以其不知也；此其似之也，以其忘之也；予與若終不近也，以其知之也。」狂屈聞之，以黃帝爲知言。

天地有大美而不言，四時有明法而不議，萬物有成理而不說。聖人者，原天地之美而達萬物之理。是故至人無爲，大聖不作，觀於天地之謂也。今彼神明至精，與彼百化。物已死生方圓，莫知其根也。扁然而萬物，自古以固存。六合爲巨，未離其內；秋豪爲小，待之成體；天下莫不沉浮，終身不故；陰陽四時運行，各得其序；惛然若亡而存；油然不形而神；萬物畜而不知：此之謂本根，可以觀於天矣！

齧缺問道乎被衣，被衣曰：「若正汝形，一汝視，天和將至；攝汝知，一汝度，神將來舍。德將爲汝美，道將爲汝居。汝瞳焉如新生之犢而無求其故。」言未卒，齧缺睡寐。被衣大說，行歌而去之，曰：「形若槁骸，心若死灰，眞其實知，不以故自持。媒媒晦晦，無心而不可與謀。彼何人哉！」

舜問乎丞曰：「道可得而有乎？」曰：「汝身非汝有也，汝何得有夫道！」舜曰：「吾身非吾有也，孰有之哉？」曰：「是天地之委形也；生非汝有，是天地之委和也；性命非汝有，是天地之委順也；子孫非汝有，是天地之委蛻也。故行不知所往，處不知所持，食不知所味。天地之強陽氣也，又胡可得而有邪！」

孔子問於老聃曰：「今日晏閑，敢問至道。」老聃曰：「汝齊戒，疏瀹而心，澡雪而精神，掊擊而知。夫道，窅然難言哉！將爲汝言其崖略：夫昭昭生於冥冥，有倫生於無形，精神生於道，形本生於精，而萬物以形相生。故九竅者胎生，八竅者卵生。其來無跡，其往無崖，無門無房，四達之皇皇也。邀於此者，四肢強，思慮恂達，耳目聰明。其用心不勞，其應物無方，天不得不高，地不得不廣，日月不得不行，萬物不得不昌，此其道與！且夫博之不必知，辯之不必慧，聖人以斷之矣！若夫益之而不加益，損之而不加損者，聖人之所保也。淵淵乎其若海，魏魏乎其終則復始也。運量萬物而不遺。則君子之道，彼其外與！萬物皆往資焉而不匱。此其道與！

中國有人焉，非陰非陽，處於天地之間，直且爲人，將反於宗。自本觀之，生者，喑醷物也。雖有壽夭，相去幾何？須臾之說也，奚足以爲堯、桀之是非！果蓏有理，人倫雖難，所以相齒。聖人遭之而不違，過之而不守。調而應之，德也；偶而應之，道也。帝之所興，王之所起也。

人生天地之間，若白駒之過郤，忽然而已。注然勃然，莫不出焉；油然漻然，莫不入焉。已化而生，又化而死。生物哀之，人類悲之。解其天弢，墮其天袠。紛乎宛乎，魂魄將往，乃身從之。乃大歸乎！不形之形，形之不形，是人之所同知也，非將至之所務也，此眾人之所同論也。彼至則不論，論則不至；明見無值，辯不若默；道不可聞，聞不若塞：此之謂大得。

東郭子問於莊子曰：「所謂道，惡乎在？」莊子曰：「無所不在。」東郭子曰：「期而後可。」莊子曰：「在螻蟻。」曰：「何其下邪？」曰：「在稊稗。」曰：「何其愈下邪？」曰：「在瓦甓。」曰：「何其愈甚邪？」曰：「在屎溺。」東郭子不應。莊子曰：「夫子之問也，固不及質。正、獲之問於監市履狶也，『每下愈況』。汝唯莫必，無乎逃物。至道若是，大言亦然。周遍咸三者，異名同實，其指一也。嘗相與遊乎無何有之宮，同合而論，無所終窮乎！嘗相與無爲乎！澹而靜乎！漠而清乎！調而閒乎！寥已吾志，吾往焉而不知其所至，去而來而不知其所止。吾已往來焉而不知其所終，彷徨乎馮閎，大知入焉而不知其所窮。物物者與物無際，而物有際者，所謂物際者也。不際之際，際之不際者也。謂盈虛衰殺，彼爲盈虛非盈虛，彼爲衰殺非衰殺，彼爲本末非本末，彼爲積散非積散也。」

妸荷甘與神農同學於老龍吉。神農隱几，闔戶晝瞑。妸荷甘日中奓戶而入，曰：「老龍死矣！」神農隱几擁杖而起，嚗然放杖而笑，曰：「天知予僻陋慢訑，故棄予而死。已矣，夫子無所發予之狂言而死矣夫！」弇堈弔聞之，曰：「夫體道者，天下之君子所繫焉。今於道，秋豪之端萬分未得處一焉，而猶知藏其狂言而死，又況夫體道者乎！視之無形，聽之無聲，於人之論者，謂之冥冥，所以論道而非道也。」

於是泰清問乎無窮，曰：「子知道乎？」無窮曰：「吾不知。」又問乎無爲，無爲曰：「吾知道。」曰：「子之知道，亦有數乎？」曰：「有。」曰：「其數若何？」無爲曰：「吾知道之可以貴、可以賤、可以約、可以散，此吾所以知道之數也。」泰清以之言也問乎無始，曰：「若是，則無窮之弗知與無爲之知，孰是而孰非乎？」無始曰：「不知深矣，知之淺矣；弗知內矣，知之外矣。」於是泰清中而歎曰：「弗知乃知乎，知乃不知乎！孰知不知之知？」無始曰：「道不可聞，聞而非也；道不可見，見而非也；道不可言，言而非也！知形形之不形乎！道不當名。」無始曰：「有問道而應之者，不知道也；雖問道者，亦未聞道。道無問，問無應。無問問之，是問窮也；無應應之，是無內也。以無內待問窮，若是者，外不觀乎宇宙，內不知乎大初。是以不過乎崑崙，不遊乎太虛。」

光曜問乎無有曰：「夫子有乎？其無有乎？」光曜不得問而孰視其狀貌：窅然空然。終日視之而不見，聽之而不聞，搏之而不得也。光曜曰：「至矣，其孰能至此乎！予能有無矣，而未能無無也。及爲無有矣，何從至此哉！」

大馬之捶鉤者，年八十矣，而不失豪芒。大馬曰：「子巧與！有道與？」曰：「臣有守也。臣之年二十而好捶鉤，於物無視也，非鉤無察也。」是用之者假不用者也，以長得其用，而況乎無不用者乎！物孰不資焉！

冉求問於仲尼曰：「未有天地可知邪？」仲尼曰：「可。古猶今也。」冉求失問而退。明日復見，曰：「昔者吾問『未有天地可知乎？』夫子曰：『可。古猶今也。』昔日吾昭然，今日吾昧然。敢問何謂也？」仲尼曰：「昔之昭然也，神者先受之；今之昧然也，且又爲不神者求邪！無古無今，無始無終。未有子孫而有孫子可乎？」冉求未對。仲尼曰：「已矣，未應矣！不以生生死，不以死死生。死生有待邪？皆有所一體。有先天地生者物邪？物物者非物，物出不得先物也，猶其有物也。猶其有物也無已！聖人之愛人也終無已者，亦乃取於是者也。」

顏淵問乎仲尼曰：「回嘗聞諸夫子曰：『無有所將，無有所迎。』回敢問其遊。」仲尼曰：「古之人外化而內不化，今之人內化而外不化。與物化者，一不化者也。安化安不化？安與之相靡？必與之莫多。狶韋氏之囿，黃帝之圃，有虞氏之宮，湯武之室。君子之人，若儒墨者師，故以是非相𩐋也，而況今之人乎！聖人處物不傷物。不傷物者，物亦不能傷也。唯無所傷者，爲能與人相將迎。山林與，皋壤與，使我欣欣然而樂與！樂未畢也，哀又繼之。哀樂之來，吾不能禦，其去弗能止。悲夫，世人直爲物逆旅耳！夫知遇而不知所不遇，能能而不能所不能。無知無能者，固人之所不免也。夫務免乎人之所不免者，豈不亦悲哉！至言去言，至爲去爲。齊知之，所知則淺矣！」

庚桑楚第二十三

老聃之役有庚桑楚者，偏得老聃之道，以北居畏壘之山。其臣之畫然知者去之，其妾之挈然仁者遠之。擁腫之與居，鞅掌之爲使。居三年，畏壘大壤。畏壘之民相與言曰：「庚桑子之始來，吾灑然異之。今吾日計之而不足，歲計之而有餘。庶幾其聖人乎！子胡不相與尸而祝之，社而稷之乎？」庚桑子聞之，南面而不釋然。弟子異之。庚桑子曰：「弟子何異於予？夫春氣發而百草生，正得秋而萬寶成。夫春與秋，豈無得而然哉？天道已行矣。吾聞至人，尸居環堵之室，而百姓猖狂，不知所如往。今以畏壘之細民，而竊竊焉欲俎豆予於賢人之間，我其杓之人邪？吾是以不釋於老聃之言。」弟子曰：「不然。夫尋常之溝，巨魚無所還其體，而鯢鰍爲之制；步仞之丘陵，巨獸無所隱其軀，而孽狐爲之祥。且夫尊賢授能，先善與利，自古堯、舜以然，而況畏壘之民乎！夫子亦聽矣！」庚桑子曰：「小子來！夫函車之獸，介而離山，則不免於網罟之患；吞舟之魚，碭而失水，則蟻能苦之。故鳥獸不厭高，魚鱉不厭深。夫全其形生之人，藏其身也，不厭深眇而已矣！且夫二子者，又何足以稱揚哉！是其於辯也，將妄鑿垣牆而殖蓬蒿也，簡髮而櫛，數米而炊，竊竊乎又何足以濟世哉！舉賢則民相軋，任知則民相盜。之數物者，不足以厚民。民之於利甚勤，子有殺父，臣有殺君；正晝爲盜，日中穴阫。吾語女：大亂之本，必生於堯、舜之間，其末存乎千世之後。千世之後，其必有人與人相食者也。」

南榮趎蹴然正坐曰：「若趎之年者已長矣，將惡乎托業以及此言邪？」庚桑子曰：「全汝形，抱汝生，無使汝思慮營營。若此三年，則可以及此言矣！」南榮趎曰：「目之與形，吾不知其異也，而盲者不能自見；耳之與形，吾不知其異也，而聾者不能自聞；心之與形，吾不知其異也，而狂者不能自得。形之與形亦辟矣，而物或間之邪？欲相求而不能相得。今謂趎曰：『全汝形，抱汝生，無使汝思慮營營。』趎勉聞道達耳矣！」庚桑子曰：「辭盡矣，奔蜂不能化藿蠋，越雞不能伏鵠卵，魯雞固能矣！雞之與雞，其德非不同也。有能與不能者，其才固有巨小也。今吾才小，不足以化子。子胡不南見老子！」南榮趎贏糧，七日七夜至老子之所。老子曰：「子自楚之所來乎？」南榮趎曰：「唯。」老子曰：「子何與人偕來之眾也？」南榮趎懼然顧其後。老子曰：「子不知吾所謂乎？」南榮趎俯而慚，仰而歎，曰：「今者吾忘吾答，因失吾問。」老子曰：「何謂也？」南榮趎曰：「不知乎人謂我朱愚，知乎反愁我軀；不仁則害人，仁則反愁我身；不義則傷彼，義則反愁我己。我安逃此而可？此三言者，趎之所患也。願因楚而問之。」老子曰：「向吾見若眉睫之間，吾因以得汝矣。今汝又言而信之。若規規然若喪父母，揭竿而求諸海也。女亡人哉！惘惘乎，汝欲反汝情性而無由入，可憐哉！」南榮趎請入就舍，召其所好，去其所惡。十日自愁，復見老子。老子曰：「汝自灑濯，熟哉鬱鬱乎！然而其中津津乎猶有惡也。夫外韄者不可繁而捉，將內揵；內韄者不可繆而捉，將外揵；外內韄者，道德不能持，而況放道而行者乎！」南榮趎曰：「里人有病，里人問之，病者能言其病，病者猶未病也。若趎之聞大道，譬猶飲藥以加病也。趎願聞衛生之經而已矣。」老子曰：「衛生之經，能抱一乎！能勿失乎！能無卜筮而知吉凶乎！能止乎！能已乎！能舍諸人而求諸己乎！能翛然乎！能侗然乎！能兒子乎！兒子終日嗥而嗌不嗄，和之至也；終日握而手不掜，共其德也；終日視而目不瞚，偏不在外也。行不知所之，居不知所爲，與物委蛇而同其波。是衛生之經已。」南榮趎曰：「然則是至人之德已乎？」曰：「非也。是乃所謂冰解凍釋者，能乎？夫至人者，相與交食乎地而交樂乎天，不以人物利害相攖，不相與爲怪，不相與爲謀，不相與爲事，翛然而往，侗然而來。是謂衛生之經已。」曰：「然則是至乎？」曰：「未也。吾固告汝曰：『能兒子乎！』兒子動不知所爲，行不知所之，身若槁木之枝而心若死灰。若是者，禍亦不至，福亦不來。禍福無有，惡有人災也！」

宇泰定者，發乎天光。發乎天光者，人見其人，物見其物。人有修者，乃今有恆。有恆者，人舍之，天助之。人之所舍，謂之天民；天之所助，謂之天子。

學者，學其所不能學也？行者，行其所不能行也？辯者，辯其所不能辯也？知止乎其所不能知，至矣！若有不即是者，天鈞敗之。備物將以形，藏不虞以生心，敬中以達彼。若是而萬惡至者，皆天也，而非人也，不足以滑成，不可內於靈台。靈台者有持，而不知其所持而不可持者也。不見其誠己而發，每發而不當；業入而不舍，每更爲失。爲不善乎顯明之中者，人得而誅之；爲不善乎幽間之中者，鬼得而誅之。明乎人、明乎鬼者，然後能獨行。券內者，行乎無名；券外者，志乎期費。行乎無名者，唯庸有光；志乎期費者，唯賈人也。人見其跂，猶之魁然。與物窮者，物入焉；與物且者，其身之不能容，焉能容人！不能容人者無親，無親者盡人。兵莫憯於志，鏌鎁爲下；寇莫大於陰陽，無所逃於天地之間。非陰陽賊之，心則使之也。

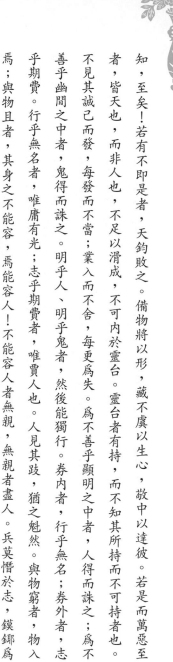

道通其分也，其成也毀也。所惡乎分者，其分也以備。所以惡乎備者？其有以備。故出而不反，見其鬼。出而得，是謂得死。滅而有實，鬼之一也。以有形者象無形者而定矣！出無本，入無竅，有實而無乎處，有長而無乎本剽，有所出而無竅者有實。有實而無乎處者，宇也；有長而無本剽者，宙也。有乎生，有乎死；有乎出，有乎入。入出而無見其形，是謂天門。天門者，無有也。萬物出乎無有。有不能以有爲有，必出乎無有，而無有一無有。聖人藏乎是。

古之人，其知有所至矣。惡乎至？有以爲未始有物者，至矣，盡矣，弗可以加矣！其次以爲有物矣，將以生爲喪也，以死爲反也，是以分已。其次曰始無有，既而有生，生俄而死。以無有爲首，以生爲體，以死爲尻。孰知有無死生之一守者，吾與之爲友。是三者雖異，公族也。昭景也，著戴也；甲氏也，著封也：非一也。

有生黬也，披然曰「移是」。嘗言「移是」，非所言也。雖然，不可知者也。臘者之有膍胲，可散而不可散也；觀室者周於寢廟，又適其偃焉！爲是舉「移是」。請嘗言「移是」：是以生爲本，以知爲師，因以乘是非。果有名實，因以己爲質，使人以爲己節，因以死償節。若然者，以用爲知，以不用爲愚；以徹爲名，以窮爲辱。「移是」，今之人也，是蜩與學鳩同於同也。

蹍市人之足，則辭以放鶩，兄則以嫗，大親則已矣。故曰：至禮有不人，至義不物，至知不謀，至仁無親，至信辟金。徹志之勃，解心之謬，去德之累，達道之塞。貴富顯嚴名利六者，勃志也；容動色理氣意六者，謬心也；惡欲喜怒哀樂六者，累德也；去就取與知能六者，塞道也。此四六者不蕩胸中則正，正則靜，靜則明，明則虛，虛則無爲而無不爲也。

道者，德之欽也；生者，德之光也；性者，生之質也。性之動謂之爲，爲之僞謂之失。知者，接也；知者，謨也。知者之所不知，猶睨也。動以不得已之謂德，動無非我之謂治，名相反而實相順也。羿工乎中微而拙乎使人無己譽；聖人工乎天而拙乎人；夫工乎天而俍乎人者，唯全人能之。雖蟲能蟲，雖蟲能天。全人惡天，惡人之天，而況吾天乎人乎！一雀適羿，羿必得之，威也。以天下爲之籠，則雀無所逃。是故湯以胞人籠伊尹，秦穆公以五羊之皮籠百里奚。是故非以其所好籠之而可得者，無有也。介者拸畫，外非譽也。胥靡登高而不懼，遺死生也。夫復謵不餽而忘人，忘人，因以爲天人矣！故敬之而不喜，侮之而不怒者，唯同乎天和者爲然。出怒不怒，則怒出於不怒矣；出爲無爲，則爲出於無爲矣！欲靜則平氣，欲神則順心。有爲也欲當，則緣於不得已。不得已之類，聖人之道。

徐无鬼第二十四

徐无鬼因女商見魏武侯，武侯勞之曰：「先生病矣，苦於山林之勞，故乃肯見於寡人。」徐无鬼曰：「我則勞於君，君有何勞於我！君將盈耆欲，長好惡，則性命之情病矣；君將黜耆欲，掔好惡，則耳目病矣。我將勞君，君有何勞於我！」武侯超然不對。少焉，徐无鬼曰：「嘗語君吾相狗也：下之質，執飽而止，是狸德也；中之質，若視日；上之質，若亡其一。吾相狗又不若吾相馬也。吾相馬：直者中繩，曲者中鉤，方者中矩，圓者中規。是國馬也，而未若天下馬也。天下馬有成材，若卹若失，若喪其一。若是者，超軼絕塵，不知其所。」武侯大悅而笑。徐无鬼出，女商曰：「先生獨何以說吾君乎？吾所以說吾君者，橫說之則以《詩》、《書》、《禮》、《樂》，從說則以《金板》、《六弢》，奉事而大有功者不可爲數，而吾君未嘗啓齒。今先生何以說吾君？使吾君說若此乎？」徐无鬼曰：「吾直告之吾相狗馬耳。」女商曰：「若是乎？」曰：「子不聞夫越之流人乎？去國數日，見其所知而喜；去國旬月，見所嘗見於國中者喜；及期年也，見似人者而喜矣。不亦去人滋久思人滋深乎？夫逃虛空者，藜藋柱乎鼪鼬之逕，踉位其空，聞人足音跫然而喜矣，又況乎昆弟親戚之謦欬其側者乎！久矣夫，莫以眞人之言謦欬吾君之側乎！」

徐无鬼見武侯，武侯曰：「先生居山林，食芧栗，厭蔥韭，以賓寡人，久矣夫！今老邪？其欲干酒肉之味邪？其寡人亦有社稷之福邪？」徐无鬼曰：「无鬼生於貧賤，未嘗敢飲食君之酒肉，將來勞君也。」君曰：「何哉！奚勞寡人？」曰：「勞君之神與形。」武侯曰：「何謂邪？」徐无鬼曰：「天地之養也一，登高不可以爲長，居下不可以爲短。君獨爲萬乘之主，以苦一國之民，以養耳目鼻口，夫神者不自許也。夫神者，好和而惡奸。夫奸，病也，故勞之。唯君所病之何也？」武侯曰：「欲見先生久矣！吾欲愛民而爲義偃兵，其可乎？」徐无鬼曰：「不可。愛民，害民之始也；爲義偃兵，造兵之本也。君自此爲之，則殆不成。凡成美，惡器也。君雖爲仁義，幾且僞哉！形固造形，成固有伐，變固外戰。君亦必無盛鶴列於麗譙之間，無徒驥於錙壇之宮，無藏逆於得，無以巧勝人，無以謀勝人，無以戰勝人。夫殺人之士民，兼人之土地，以養吾私與吾神者，其戰不知孰善？勝之惡乎在？君若勿已矣！修胸中之誠以應天地之情而勿攖。夫民死已脫矣，君將惡乎用夫偃兵哉！」

黃帝將見大隗乎具茨之山，方明爲御，昌寓驂乘，張若、謵朋前馬，昆閽、滑稽後車。至於襄城之野，七聖皆迷，無所問塗。適遇牧馬童子，問塗焉，曰：「若知具茨之山乎？」曰：「然。」「若知大隗之所存乎？」曰：「然。」黃帝曰：「異哉小童！非徒知具茨之山，又知大隗之所存。請問爲天下。」小童曰：「夫爲天下者，亦若此而已矣，又奚事焉！予少而自遊於六合之內，予適有瞀病，有長者教予曰：『若乘日之車而遊於襄城之野。』今予病少痊，予又且復遊於六合之外。夫爲天下亦若此而已。予又奚事焉！」黃帝曰：「夫爲天下者，則誠非吾子之事，雖然，請問爲天下。」小童辭。黃帝又問。小童曰：「夫爲天下者，亦奚以異乎牧馬者哉！亦去其害馬者而已矣！」黃帝再拜稽首，稱天師而退。

知士無思慮之變則不樂；辯士無談説之序則不樂；察士無淩誶之事則不樂：皆囿於物者也。招世之士興朝；中民之士榮官；筋力之士矜難；勇敢之士奮患；兵革之士樂戰；枯槁之士宿名；法律之士廣治；禮樂之士敬容；仁義之士貴際。農夫無草萊之事則不比；商賈無市井之事則不比；庶人有旦暮之業則勸；百工有器械之巧則壯。錢財不積則貪者憂，權勢不尤則誇者悲，勢物之徒樂變。遭時有所用，不能無爲也，此皆順比於歲，不物於易者也。馳其形性，潛之萬物，終身不反，悲夫！

莊子曰：「射者非前期而中謂之善射，天下皆羿也，可乎？」惠子曰：「可。」莊子曰：「天下非有公是也，而各是其所是，天下皆堯也，可乎？」惠子曰：「可。」莊子曰：「然則儒墨楊秉四，與夫子爲五，果孰是邪？或者若魯遽者邪？其弟子曰：『我得夫子之道矣！吾能冬爨鼎而夏造冰矣！』魯遽曰：『是直以陽召陽，以陰召陰，非吾所謂道也。吾示子乎吾道。』於是乎爲之調瑟，廢一於堂，廢一於室，鼓宮宮動，鼓角角動，音律同矣！夫或改調一弦，於五音無當也，鼓之，二十五弦皆動，未始異於聲而音之君已！且若是者邪！」惠子曰：「今乎儒墨楊秉，且方與我以辯，相拂以辭，相鎮以聲，而未始吾非也，則奚若矣？」莊子曰：「齊人蹢子於宋者，其命閽也不以完；其求鈃鍾也以束縛；其求唐子也而未始出域：有遺類矣！夫楚人寄而蹢閽者；夜半於無人之時而與舟人鬥，未始離於岑而足以造於怨也。」

莊子送葬，過惠子之墓，顧謂從者曰：「郢人堊慢其鼻端若蠅翼，使匠石斲之。匠石運斤成風，聽而斲之，盡堊而鼻不傷，郢人立不失容。宋元君聞之，召匠石曰：『嘗試爲寡人爲之。』匠石曰：『臣則嘗能斲之。雖然，臣之質死久矣！』自夫子之死也，吾無以爲質矣，吾無與言之矣！」

管仲有病，桓公問之曰：「仲父之病病矣，可不諱云，至於大病，則寡人惡乎屬國而可？」管仲曰：「公誰欲與？」公曰：「鮑叔牙。」曰：「不可。其爲人潔廉，善士也；其於不己若者不比之；又一聞人之過，終身不忘。使之治國，上且鉤乎君，下且逆乎民。其得罪於君也將弗久矣！」公曰：「然則孰可？」對曰：「勿已則隰朋可。其爲人也，上忘而下畔，愧不若黃帝，而哀不己若者。以德分人謂之聖；以財分人謂之賢。以賢臨人，未有得人者也；以賢下人，未有不得人者也。

其於國有不聞也，其於家有不見也。勿已則隰朋可。」

吳王浮於江，登乎狙之山，眾狙見之，恂然棄而走，逃於深蓁。有一狙焉，委蛇攫搔，見巧乎王。王射之，敏給搏捷矢。王命相者趨射之，狙執死。王顧謂其友顏不疑曰：「之狙也，伐其巧、恃其便以敖予，以至此殛也。戒之哉！嗟乎！無以汝色驕人哉？」顏不疑歸而師董梧，以鋤其色，去樂辭顯，三年而國人稱之。

南伯子綦隱几而坐，仰天而噓。顏成子入見曰：「夫子，物之尤也。形固可使若槁骸，心固可使若死灰乎？」曰：「吾嘗居山穴之中矣。當是時也，田禾一睹我而齊國之眾三賀之。我必先之，彼故知之；我必賣之，彼故鬻之。若我而不有之，彼惡得而知之？若我而不賣之，彼惡得而鬻之？嗟乎！我悲人之自喪者；吾又悲夫悲人者；吾又悲夫悲人之悲者；其後而日遠矣！」

仲尼之楚，楚王觴之。孫叔敖執爵而立。市南宜僚受酒而祭，曰：「古之人乎！於此言已。」曰：「丘也聞不言之言矣，未之嘗言，於此乎言之：市南宜僚弄丸而兩家之難解；孫叔敖甘寢秉羽而郢人投兵；丘願有喙三尺。」彼之謂不道之道，此之謂不言之辯。故德總乎道之所一，而言休乎知之所不知，至矣。道之所一者，德不能同也。知之所不能知者，辯不能舉也。名若儒墨而凶矣。故海不辭東流，大之至也。聖人並包天地，澤及天下，而不知其誰氏。是故生無爵，死無謚，實不聚，名不立，此之謂大人。狗不以善吠爲良，人不以善言爲賢，而況爲大乎！夫爲大不足以爲大，而況爲德乎！夫大備矣，莫若天地。然奚求焉，而大備矣！知大備者，無求，無失，無棄，不以物易己也。反己而不窮，循古而不摩，大人之誠！

子綦有八子，陳諸前，召九方歅曰：「爲我相吾子，孰爲祥。」九方歅曰：「梱也爲祥。」子綦瞿然喜曰：「奚若？」曰：「梱也，將與國君同食以終其身。」子綦索然出涕曰：「吾子何爲以至於是極也？」九方歅曰：「夫與國君同食，澤及三族，而況父母乎！今夫子聞之而泣，是禦福也。子則祥矣，父則不祥。」子綦曰：「歅，汝何足以識之。而梱祥邪？盡於酒肉，入於鼻口矣，而何足以知其所自來！吾未嘗爲牧而牂生於奧，未嘗好田而鶉生於宎，若勿怪，何邪？吾所與吾子遊者，遊於天地，吾與之邀樂於天，吾與之邀食於地。吾不與之爲事，不與之爲謀，不與之爲怪。吾與之乘天地之誠而不以物與之相攖，吾與之一委蛇而不與之爲事所宜。今也然有世俗之償焉？凡有怪徵者必有怪行。殆乎！非我與吾子之罪，幾天與之也！吾是以泣也。」無幾何而使梱之於燕，盜得之於道，全而鬻之則難，不若刖之則易。於是乎刖而鬻之於齊，適當渠公之街，然身食肉而終。

齧缺遇許由曰：「子將奚之？」曰：「將逃堯。」曰：「奚謂邪？」曰：「夫堯畜畜然仁，吾恐其爲天下笑。後世其人與人相食與！夫民不難聚也，愛之則親，利之則至，譽之則勸，致其所惡則散。愛利出乎仁義，捐仁義者寡，利仁義者眾。夫仁義之行，唯且無誠，且假乎禽貪者器。是以一人之斷制天下，譬之猶一覘也。夫堯知賢人之利天下也，而不知其賊天下也。夫唯外乎賢者知之矣。」

有暖姝者，有濡需者，有卷婁者。所謂暖姝者，學一先生之言，則暖暖姝姝而私自説也，自以爲足矣，而未知未始有物也。是以謂暖姝者也。濡需者，豕蝨是也，擇疏鬣長毛，自以爲廣宮大囿。奎蹏曲隈，乳間股腳，自以爲安室利處。不知屠者之一旦鼓臂布草操煙火，而己與豕俱焦也。此以域進，此以域退，此其所謂濡需者也。卷婁者，舜也。羊肉不慕蟻，蟻慕羊肉，羊肉羶也。舜有羶行，百姓悦之，故三徙成都，至鄧之虛而十有萬家。堯聞舜之賢，舉之童土之地，曰：「冀得其來之澤。」舜舉乎童土之地，年齒長矣，聰明衰矣，而不得休歸，所謂卷婁者也。是以神人惡眾至，眾至則不比，不比則不利也。故無所甚親，無所甚疏，抱德煬和，以順天下，此謂眞人。於蟻棄知，於魚得計，於羊棄意。以目視目，以耳聽耳，以心復心。若然者，其平也繩，其變也循。古之眞人！以天待之，不以人入天，古之眞人！

得之也生，失之也死；得之也死，失之也生：藥也。其實堇也，桔梗也，雞癰也，豕零也，是時爲帝者也，何可勝言！

句踐也以甲楯三千棲於會稽，唯種也能知亡之所以存，唯種也不知其身之所以愁。故曰：鴟目有所適，鶴脛有所節，解之也悲。故曰：風之過，河也有損焉；日之過，河也有損焉；請只風與日相與守河，而河以爲未始其攖也，恃源而往者也。故水之守土也審，影之守人也審，物之守物也審。故目之於明也殆，耳之於聰也殆，心之於殉也殆，凡能其於府也殆，殆之成也不給改。禍之長也茲萃，其反也緣功，其果也待久。而人以爲己寶，不亦悲乎！故有亡國戮民無已，不知問是也。故足之於地也踐，雖踐，恃其所不蹍而後善博也；人之於知也少，雖少，恃其所不知而後知天之所謂也。知大一，知大陰，知大目，知大均，知大方，知大信，知大定，至矣！大一通之，大陰解之，大目視之，大均緣之，大方體之，大信稽之，大定持之。盡有天，循有照，冥有樞，始有彼。則其解之也似不解之者，其知之也似不知之也，不知而後知之。其問之也，不可以有崖，而不可以無崖。頡滑有實，古今不代，而不可以虧，則可不謂有大揚搉乎！闔不亦問是已，奚惑然爲！以不惑解惑，復於不惑，是尚大不惑。

則陽第二十五

則陽遊於楚，夷節言之於王，王未之見。夷節歸。彭陽見王果曰：「夫子何不譚我於王？」王果曰：「我不若公閱休。」彭陽曰：「公閱休奚爲者邪？」曰：「冬則擉鱉於江，夏則休乎山樊。有過而問者，曰：『此予宅也。』夫夷節已不能，而況我乎！吾又不若夷節。夫夷節之爲人也，無德而有知，不自許，以之神其交，固顛冥乎富貴之地。非相助以德，相助消也。夫凍者假衣於春，暍者反冬乎冷風。夫楚王之爲人也，形尊而嚴。其於罪也，無赦如虎。非夫佞人正德，其孰能橈焉。故聖人其窮也，使家人忘其貧；其達也，使王公忘爵祿而化卑；其於物也，與之爲娛矣；其於人也，樂物之通而保己焉。故或不言而飲人以和，與人並立而使人化，父子之宜。彼其乎歸居，而一閑其所施。其於人心者，若是其遠也。故曰『待公閱休』。」

聖人達綢繆，周盡一體矣，而不知其然，性也。復命搖作而以天爲師，人則從而命之也。憂乎知，而所行恆無幾時，其有止也，若之何！生而美者，人與之鑑，不告則不知其美於人也。若知之，若不知之，若聞之，若不聞之，其可喜也終無已，人之好之亦無已，性也。聖人之愛人也，人與之名，不告則不知其愛人也。若知之，若不知之，若聞之，若不聞之，其愛人也終無已，人之安之亦無已，性也。舊國舊都，望之暢然。雖使丘陵草木之緡入之者十九，猶之暢然，況見見聞聞者也，以十仞之台縣眾間者也。冉相氏得其環中以隨成，與物無終無始，無幾無時。日與物化者，一不化者也。闔嘗舍之！夫師天而不得師天，與物皆殉。其以爲事也，若之何！夫聖人未始有天，未始有人，未始有始，未始有物，與世偕行而不替，所行之備而不洫，其合之也，若之何！

湯得其司御，門尹登恆爲之傅之。從師而不囿，得其隨成。爲之司其名之名嬴法得其兩見。仲尼之盡慮，爲之傅之。容成氏曰：「除日無歲，無內無外。」

魏瑩與田侯牟約，田侯牟背之，魏瑩怒，將使人刺之。犀首公孫衍聞而恥之，曰：「君爲萬乘之君也，而以匹夫從仇。衍請受甲二十萬，爲君攻之，虜其人民，係其牛馬，使其君內熱發於背，然後拔其國。忌也出走，然後抶其背，折其脊。」季子聞而恥之，曰：「築十仞之城，城者既十仞矣，則又壞之，此胥靡之所苦也。今兵不起七年矣，此王之基也。衍，亂人也，不可聽也。」華子聞而醜之，曰：「善言伐齊者，亂人也；善言勿伐者，亦亂人也；謂『伐之與不伐亂人也』者，又亂人也。」君曰：「然則若何？」曰：「君求其道而已矣。」惠子聞之，而見戴晉人。戴晉人曰：「有所謂蝸者，君知之乎？」曰：「然。」「有國於蝸之左角者，曰觸氏；有國於蝸之右角者，曰蠻氏。時相與爭地而戰，伏尸數萬，逐北旬有五日而後反。」君曰：「噫！其虛言與？」曰：「臣請爲君實之。君以意在四方上下有窮乎？」君曰：「無窮。」曰：「知遊心於無窮，而反在通達之國，若存若亡乎？」君曰：「然。」曰：「通達之中有魏，於魏中有梁，於梁中有王，王與蠻氏有辯乎？」君曰：「無辯。」客出而君惝然若有亡也。客出，惠子見。君曰：「客，大人也，聖人不足以當之。」惠子曰：「夫吹管也，猶有嗃也；吹劍首者，吷而已矣。堯、舜，人之所譽也。道堯、舜於戴晉人之前，譬猶一吷也。」

孔子之楚，舍於蟻丘之漿。其鄰有夫妻臣妾登極者，子路曰：「是稯稯何爲者邪？」仲尼曰：「是聖人僕也。是自埋於民，自藏於畔。其聲銷，其志無窮，其口雖言，其心未嘗言。方且與世達，而心不屑與之俱。是陸沉者也，是其市南宜僚邪？」子路請往召之。孔子曰：「已矣！彼知丘之著於己也，知丘之適楚也，以丘為必使楚王之召己也。彼且以丘為佞人也。夫若然者，其於佞人也，羞聞其言，而況親見其身乎！而何以為存！」子路往視之，其室虛矣。

長梧封人問子牢曰：「君為政焉勿鹵莽，治民焉勿滅裂。昔予為禾，耕而鹵莽之，則其實亦鹵莽而報予；芸而滅裂之，其實亦滅裂而報予。予來年變齊，深其耕而熟耰之，其禾蘩以滋，予終年厭飧。」莊子聞之曰：「今人之治其形，理其心，多有似封人之所謂：遁其天，離其性，滅其情，亡其神，以眾為。故鹵莽其性者，欲惡之孽為性，萑葦蒹葭始萌，以扶吾形，尋擢吾性。並潰漏發，不擇所出，漂疽疥癰，內熱溲膏是也。」

柏矩學於老聃，曰：「請之天下遊。」老聃曰：「已矣！天下猶是也。」又請之，老聃曰：「汝將何始？」曰：「始於齊。」至齊，見辜人焉，推而強之，解朝服而幕之，號天而哭之，曰：「子乎！子乎！天下有大菑，子獨先離之。曰『莫為盜，莫為殺人』。榮辱立然後睹所病，貨財聚然後睹所爭。今立人之所病，聚人之所爭，窮困人之身，使無休時。欲無至此得乎？古之君人者，以得為在民，以失為在己；以正為在民，以枉為在己。故一形有失其形者，退而自責。今則不然，匿為物而愚不識，大為難而罪不敢，重為任而罰不勝，遠其塗而誅不至。民知力竭，則以偽繼之。日出多偽，士民安取不偽。夫力不足則偽，知不足則欺，財不足則盜。盜竊之行，於誰責而可乎？」

蘧伯玉行年六十而六十化，未嘗不始於是之，而卒詘之以非也。未知今之所謂是之非五十九非也。萬物有乎生而莫見其根，有乎出而莫見其門。人皆尊其知之所知，而莫知恃其知之所不知而後知，可不謂大疑乎！已乎！已乎！且無所逃。此所謂然與然乎！

仲尼問於大史大弢、伯常騫、狶韋曰：「夫衛靈公飲酒湛樂，不聽國家之政；田獵畢弋，不應諸侯之際：其所以爲靈公者何邪？」大弢曰：「是因是也。」伯常騫曰：「夫靈公有妻三人，同濫而浴。史鰌奉御而進所，搏幣而扶翼。其慢若彼之甚也，見賢人若此其肅也，是其所以爲靈公也。」狶韋曰：「夫靈公也，死，卜葬於故墓，不吉；卜葬於沙丘而吉。掘之數仞，得石槨焉，洗而視之，有銘焉，曰：『不馮其子，靈公奪而里之。』夫靈公之爲靈也久矣！之二人何足以識之。」

少知問於大公調曰：「何謂丘里之言？」大公調曰：「丘里者，合十姓百名而爲風俗也，合異以爲同，散同以爲異。今指馬之百體而不得馬，而馬係於前者，立其百體而謂之馬也。是故丘山積卑而爲高，江河合水而爲大，大人合併而爲公。是以自外入者，有主而不執；由中出者，有正而不距。四時殊氣，天不賜，故歲成；五官殊職，君不私，故國治；文武殊材，大人不賜，故德備；萬物殊理，道不私，故無名。無名故無爲，無爲而無不爲。時有終始，世有變化，禍福淳淳，至有所拂者而有所宜，自殉殊面；有所正者有所差，比於大宅，百材皆度；觀於大山，木石同壇。此之謂丘里之言。」少知曰：「然則謂之道足乎？」大公調曰：「不然，今計物之數，不止於萬，而期曰萬物者，以數之多者號而讀之也。是故天地者，形之大者也；陰陽者，氣之大者也；道者爲之公。因其大以號而讀之則可也，已有之矣，乃將得比哉！則若以斯辯，譬猶狗馬，其不及遠矣。」少知曰：「四方之內，六合之裡，萬物之所生惡起？」大公調曰：「陰陽相照相蓋相治，四時相代相生相殺。欲惡去就，於是橋起。雌雄片合，於是庸有。安危相易，禍福相生，緩急相摩，聚散以成。此名實之可紀，精微之可志也。隨序之相理，橋運之相使，窮則反，終則始，此物之所有。言之所盡，知之所至，極物而已。睹道之人，不隨其所廢，不原其所起，此議之所止。」少知曰：「季眞之莫爲，接子之或使。二家之議，孰正於其情，孰偏於其理？」大公調曰：「雞鳴狗吠，是人之所知。雖有大知，不能以言讀其所自化，又不能以意其所將爲。斯而析之，精至於無倫，大至於不可圍。或之使，莫之爲，未免於物而終以爲過。或使則實，莫爲則虛。有名有實，是物之居；無名無實，在物之虛。可言可意，言而愈疏。未生不可忌，已死不可阻。死生非遠也，理不可睹。或之使，莫之爲，疑之所假。吾觀之本，其往無窮；吾求之末，其來無止。無窮無止，言之無也，與物同理。或使莫爲，言之本也，與物終始。道不可有，有不可無。道之爲名，所假而行。或使莫爲，在物一曲，夫胡爲於大方！言而足，則終日言而盡道；言而不足，則終日言而盡物。道，物之極，言默不足以載。非言非默，議有所極。」

外物第二十六

外物不可必，故龍逢誅，比干戮，箕子狂，惡來死，桀、紂亡。人主莫不欲其臣之忠，而忠未必信，故伍員流於江，萇弘死於蜀，藏其血，三年而化爲碧。人親莫不欲其子之孝，而孝未必愛，故孝己憂而曾參悲。木與木相摩則然，金與火相守則流，陰陽錯行，則天地大絯，於是乎有雷有霆，水中有火，乃焚大槐。有甚憂兩陷而無所逃。螴蜳不得成，心若縣於天地之間，慰暋沈屯，利害相摩，生火甚多，衆人焚和，月固不勝火，於是乎有僓然而道盡。

莊周家貧，故往貸粟於監河侯。監河侯曰：「諾。我將得邑金，將貸子三百金，可乎？」莊周忿然作色曰：「周昨來，有中道而呼者，周顧視車轍，中有鮒魚焉。周問之曰：『鮒魚來，子何爲者耶？』對曰：『我，東海之波臣也。君豈有斗升之水而活我哉！』周曰：『諾，我且南遊吳越之王，激西江之水而迎子，可乎？』鮒魚忿然作色曰：『吾失我常與，我無所處。我得斗升之水然活耳。君乃言此，曾不如早索我於枯魚之肆。』」

任公子爲大鉤巨緇，五十犗以爲餌，蹲乎會稽，投竿東海，旦旦而釣，期年不得魚。已而大魚食之，牽巨鉤，錎沒而下騖，揚而奮鬐，白波若山，海水震蕩，聲侔鬼神，憚赫千里。任公子得若魚，離而臘之，自制河以東，蒼梧已北，莫不厭若魚者。已而後世輇才諷說之徒，皆驚而相告也。

夫揭竿累，趣灌瀆，守鯢鮒，其於得大魚難矣！飾小說以干縣令，其於大達亦遠矣。是以未嘗聞任氏之風俗，其不可與經於世亦遠矣！

儒以《詩》、《禮》發冢，大儒臚傳曰：「東方作矣，事之何若？」小儒曰：「未解裙襦，口中有珠。」「《詩》固有之曰：『青青之麥，生於陵陂。生不佈施，死何含珠爲？』接其鬢，壓其顪，儒以金椎控其頤，徐別其頰，無傷口中珠。」

老萊子之弟子出薪，遇仲尼，反以告，曰：「有人於彼，修上而趨下，末僂而後耳，視若營四海，不知其誰氏之子。」老萊子曰：「是丘也，召而來。」仲尼至。曰：「丘，去汝躬矜與汝容知，斯爲君子矣。」仲尼揖而退，蹙然改容而問曰：「業可得進乎？」老萊子曰：「夫不忍一世之傷，而驁萬世之患。抑固窶邪？亡其略弗及邪？惠以歡爲，驁終身之醜，中民之行易進焉耳！相引以名，相結以隱。與其譽堯而非桀，不如兩忘而閉其所譽。反無非傷也，動無非邪也，聖人躊躇以興事，以每成功。奈何哉，其載焉終矜爾！」

宋元君夜半而夢人被髮窺阿門，曰：「予自宰路之淵，予爲清江使河伯之所，漁者余且得予。」元君覺，使人占之，曰：「此神龜也。」君曰：「漁者有余且乎？」左右曰：「有。」君曰：「令余且會朝。」明日，余且朝。君曰：「漁何得？」對曰：「且之網得白龜焉，其圓五尺。」君曰：「獻若之龜。」龜至，君再欲殺之，再欲活之。心疑，卜之。曰：「殺龜以卜吉。」乃刳龜，七十二鑽而無遺筴。仲尼曰：「神龜能見夢於元君，而不能避余且之網；知能七十二鑽而無遺筴，不能避刳腸之患。如是則知有所困，神有所不及也。雖有至知，萬人謀之。魚不畏網而畏鵜鶘。去小知而大知明，去善而自善矣。嬰兒生，無碩師而能言，與能言者處也。」

惠子謂莊子曰：「子言無用。」莊子曰：「知無用而始可與言用矣。夫地非不廣且大也，人之所用容足耳，然則廁足而墊之致黃泉，人尚有用乎？」惠子曰：「無用。」莊子曰：「然則無用之爲用也亦明矣。」

莊子曰：「人有能遊，且得不遊乎！人而不能遊，且得遊乎！夫流遁之志，決絕之行，噫，其非至知厚德之任與！覆墜而不反，火馳而不顧。雖相與爲君臣，時也。易世而無以相賤。故曰：至人不留行焉。夫尊古而卑今，學者之流也。且以狶韋氏之流觀今之世，夫孰能不波！唯至人乃能遊於世而不僻，順人而不失己。彼教不學，承意不彼。目徹爲明，耳徹爲聰，鼻徹爲顫，口徹爲甘，心徹爲知，知徹爲德。凡道不欲壅，壅則哽，哽而不止則跈，跈則眾害生。物之有知者恃息。其不殷，非天之罪。天之穿之，日夜無降，人則顧塞其竇。胞有重閬，心有天遊。室無空虛，則婦姑勃谿；心無天遊，則六鑿相攘。大林丘山之善於人也，亦神者不勝。德溢乎名，名溢乎暴，謀稽乎誸，知出乎爭，柴生乎守，官事果乎眾宜。春雨日時，草木怒生，銚鎒於是乎始修，草木之倒植者過半而不知其然。靜然可以補病，眥搣可以休老，寧可以止遽。雖然，若是勞者之務也，非佚者之所未嘗過而問焉；聖人之所以駴天下，神人未嘗過而問焉；賢人所以駴世，聖人未嘗過而問焉；君子所以駴國，賢人未嘗過而問焉；小人所以合時，君子未嘗過而問焉。

演門有親死者，以善毀爵爲官師，其黨人毀而死者半。堯與許由天下，許由逃之；湯與務光，務光怒之；紀他聞之，帥弟子而踆於窾水，諸侯弔之。三年，申徒狄因以踣河。

荃者所以在魚，得魚而忘荃；蹄者所以在兔，得兔而忘蹄；言者所以在意，得意而忘言。吾安得夫忘言之人而與之言哉！」

寓言第二十七

寓言十九，重言十七，卮言日出，和以天倪。寓言十九，藉外論之。親父不爲其子媒。親父譽之，不若非其父者也。非吾罪也，人之罪也。與己同則應，不與己同則反。同於己爲是之，異於己爲非之。重言十七，所以己言也。是爲耆艾，年先矣，而無經緯本末以期來者，是非先也。人而無以先人，無人道也。人而無人道，是之謂陳人。卮言日出，和以天倪，因以曼衍，所以窮年。不言則齊，齊與言不齊，言與齊不齊也。故曰：「言無言。」言無言：終身言，未嘗言；終身不言，未嘗不言。有自也而可，有自也而不可；有自也而然，有自也而不然。惡乎然？然於然；惡乎不然？

不然於不然。惡乎可？可於可；惡乎不可？不可於不可。物固有所然，物固有所可。無物不然，無物不可。非卮言日出，和以天倪，孰得其久！萬物皆種也，以不同形相禪，始卒若環，莫得其倫，是謂天均。天均者，天倪也。

莊子謂惠子曰：「孔子行年六十而六十化。始時所是，卒而非之。未知今之所謂是之非五十九非也。」惠子曰：「孔子勤志服知也。」莊子曰：「孔子謝之矣，而其未之言也。孔子云：夫受才乎大本，復靈以生。鳴而當律，言而當法。利義陳乎前，而好惡是非直服人之口而已矣。使人乃以心服而不敢蘁，立定天下之定。已乎，已乎！吾且不得及彼乎！」

曾子再仕而心再化，曰：「吾及親仕，三釜而心樂；後仕，三千鍾而不洎，吾心悲。」弟子問於仲尼曰：「若參者，可謂無所縣其罪乎？」曰：「既已縣矣！夫無所縣者，可以有哀乎？彼視三釜、三千鍾，如觀雀蚊虻相過乎前也。」

顏成子游謂東郭子綦曰：「自吾聞子之言，一年而野，二年而從，三年而通，四年而物，五年而來，六年而鬼入，七年而天成，八年而不知死、不知生，九年而大妙。生有爲，死也。勸公以其私，死也有自也，而生陽也，無自也。而果然乎？惡乎其所適，惡乎其所不適？天有歷數，地有人據，吾惡乎求之？莫知其所終，若之何其無命也？莫知其所始，若之何其有命也？有以相應也，若之何其無鬼邪？無以相應也，若之何其有鬼邪？」

眾罔兩問於景曰：「若向也俯而今也仰，向也括撮而今也被髮；向也坐而今也起；向也行而今也止：何也？」景曰：「搜搜也，奚稍問也！予有而不知其所以。予，蜩甲也，蛇蜕也，似之而非也。火與日，吾屯也；陰與夜，吾代也。彼，吾所以有待邪，而況乎以無有待者乎！彼來則我與之來，彼往則我與之往，彼強陽則我與之強陽。強陽者，又何以有問乎！」

陽子居南之沛，老聃西遊於秦。邀於郊，至於梁而遇老子。老子中道仰天而歎曰：「始以汝爲可教，今不可也。」陽子居不答。至舍，進盥漱巾櫛，脱屨户外，膝行而前，曰：「向者弟子欲請夫子，夫子行不閑，是以不敢；今閑矣，請問其故。」老子曰：「而睢睢盱盱，而誰與居！大白若辱，盛德若不足。」陽子居蹴然變容曰：「敬聞命矣！」其往也，舍者迎將其家，公執席，妻執巾櫛，舍者避席，煬者避竈。其反也，舍者與之爭席矣！

讓王第二十八

堯以天下讓許由，許由不受。又讓於子州支父，子州支父曰：「以我爲天子，猶之可也。雖然，我適有幽憂之病，方且治之，未暇治天下也。」夫天下至重也，而不以害其生，又況他物乎！唯無以天下爲者可以託天下也。舜讓天下於子州支伯，子州支伯曰：「予適有幽憂之病，方且治之，未暇治天下也。」故天下大器也，而不以易生。此有道者之所以異乎俗者也。舜以天下讓善卷，善卷曰：「余立於宇宙之中，冬日衣皮毛，夏日衣葛絺。春耕種，形足以勞動；秋收斂，身足以休食。日出而作，日入而息，逍遙於天地之間，而心意自得。吾何以天下爲哉！悲夫，子之不知余也。」遂不受。於是去而入深山，莫知其處。舜以天下讓其友石户之農。石户之農曰：「捲捲乎，後之爲人，葆力之士也。」以舜之德爲未至也。於是夫負妻戴，攜子以入於海，終身不反也。

大王亶父居邠，狄人攻之。事之以皮帛而不受，事之以犬馬而不受，事之以珠玉而不受。狄人之所求者土地也。大王亶父曰：「與人之兄居而殺其弟，與人之父居而殺其子，吾不忍也。子皆勉居矣！爲吾臣與爲狄人臣奚以異。且吾聞之：不以所用養害所養。」因杖筴而去之。民相連而從之。遂成國於岐山之下。夫大王亶父可謂能尊生矣。能尊生者，雖貴富不以養傷身，雖貧賤不以利累形。今世之人居高官尊爵者，皆重失之。見利輕亡其身，豈不惑哉！

越人三世弒其君，王子搜患之，逃乎丹穴，而越國無君。求王子搜不得，從之丹穴。王子搜不肯出，越人熏之以艾。乘以王輿。王子搜援綏登車，仰天而呼曰：「君乎，君乎，獨不可以舍我乎！」王子搜非惡爲君也，惡爲君之患也。若王子搜者，可謂不以國傷生矣！此固越人之所欲得爲君也。

韓魏相與爭侵地，子華子見昭僖侯，昭僖侯有憂色。子華子曰：「今使天下書銘於君之前，書之言曰：『左手攫之則右手廢，右手攫之則左手廢。然而攫之者必有天下。』君能攫之乎？」昭僖侯曰：「寡人不攫也。」子華子曰：「甚善！自是觀之，兩臂重於天下也。身亦重於兩臂。韓之輕於天下亦遠矣！今之所爭者，其輕於韓又遠。君固愁身傷生以憂戚不得也。」僖侯曰：「善哉！教寡人者眾矣，未嘗得聞此言也。」子華子可謂知輕重矣！

魯君聞顏闔得道之人也，使人以幣先焉。顏闔守陋閭，苴布之衣，而自飯牛。魯君之使者至，顏闔自對之。使者曰：「此顏闔之家與？」顏闔對曰：「此闔之家也。」使者致幣。顏闔對曰：「恐聽謬而遺使者罪，不若審之。」使者還，反審之，復來求之，則不得已！故若顏闔者，眞惡富貴也。

故曰：道之眞以治身，其緒餘以爲國家，其土苴以治天下。由此觀之，帝王之功，聖人之餘事也，非所以完身養生也。今世俗之君子，多危身棄生以殉物，豈不悲哉！凡聖人之動作也，必察其所以之與其所以爲。今且有人於此，以隨侯之珠，彈千仞之雀，世必笑之。是何也？則其所用者重而所要者輕也。夫生者豈特隨侯之重哉！

子列子窮，容貌有飢色。客有言之於鄭子陽者，曰：「列禦寇，蓋有道之士也，居君之國而窮，君無乃爲不好士乎？」鄭子陽即令官遺之粟。子列子見使者，再拜而辭。使者去，子列子入，其妻望之而拊心曰：「妾聞爲有道者之妻子，皆得佚樂。今有飢色，君過而遺先生食，先生不受，豈不命邪？」子列子笑，謂之曰：「君非自知我也，以人之言而遺我粟；至其罪我也，又且以人之言，此吾所以不受也。」其卒，民果作難而殺子陽。

楚昭王失國，屠羊説走而從於昭王。昭王反國，將賞從者。及屠羊説。屠羊説曰：「大王失國，説失屠羊。大王反國，説亦反屠羊。臣之爵祿已復矣，又何賞之有。」王曰：「強之。」屠羊説曰：「大王失國，非臣之罪，故不敢伏其誅；大王反國，非臣之功，故不敢當其賞。」王曰：「見之。」屠羊説曰：「楚國之法，必有重賞大功而後得見。今臣之知不足以存國，而勇不足以死寇。吴軍入郢，説畏難而避寇，非故隨大王也。今大王欲廢法毀約而見説，此非臣之所以聞於天下也。」王謂司馬子綦曰：「屠羊説居處卑賤而陳義甚高，子綦爲我延之以三旌之位。」屠羊説曰：「夫三旌之位，吾知其貴於屠羊之肆也；萬鍾之祿，吾知其富於屠羊之利也。然豈可以貪爵祿而使吾君有妄施之名乎？説不敢當，願復反吾屠羊之肆。」遂不受也。

原憲居魯，環堵之室，茨以生草，蓬户不完，桑以爲樞而甕牖，二室，褐以爲塞，上漏下濕，匡坐而弦歌。子貢乘大馬，中紺而表素，軒車不容巷，往見原憲。原憲華冠縰履，杖藜而應門。子貢曰：「嘻！先生何病？」原憲應之曰：「憲聞之，無財謂之貧，學而不能行謂之病。今憲貧也，非病也。」子貢逡巡而有愧色。原憲笑曰：「夫希世而行，比周而友，學以爲人，教以爲己，仁義之慝，輿馬之飾，憲不忍爲也。」

曾子居衛，緼袍無表，顏色腫噲，手足胼胝，三日不舉火，十年不製衣。正冠而纓絕，捉衿而肘見，納屨而踵決。曳縱而歌《商頌》，聲滿天地，若出金石。天子不得臣，諸侯不得友。故養志者忘形，養形者忘利，致道者忘心矣。

孔子謂顏回曰：「回，來！家貧居卑，胡不仕乎？」顏回對曰：「不願仕。回有郭外之田五十畝，足以給飦粥；郭內之田十畝，足以爲絲麻；鼓琴足以自娛；所學夫子之道者足以自樂也。回不願仕。」孔子愀然變容，曰：「善哉，回之意！丘聞之：『知足者，不以利自累也；審自得者，失之而不懼；行修於內者，無位而不怍。』丘誦之久矣，今於回而後見之，是丘之得也。」

中山公子牟謂瞻子曰：「身在江海之上，心居乎魏闕之下，奈何？」瞻子曰：「重生。重生則利輕。」中山公子牟曰：「雖知之，未能自勝也。」瞻子曰：「不能自勝則從，神無惡乎！不能自勝而強不從者，此之謂重傷。重傷之人，無壽類矣！」魏牟，萬乘之公子也，其隱岩穴也，難爲於布衣之士，雖未至乎道，可謂有其意矣！

孔子窮於陳蔡之間，七日不火食，藜羹不糝，顏色甚憊，而弦歌於室。顏回擇菜，子路、子貢相與言曰：「夫子再逐於魯，削跡於衛，伐樹於宋，窮於商周，圍於陳蔡。殺夫子者無罪，藉夫子者無禁。弦歌鼓琴，未嘗絕音，君子之無恥也若此乎？」顏回無以應，入告孔子。孔子推琴，喟然而歎曰：「由與賜，細人也。召而來，吾語之。」子路、子貢入。子路曰：「如此者，可謂窮矣！」

孔子曰：「是何言也！君子通於道之謂通，窮於道之謂窮。今丘抱仁義之道以遭亂世之患，其何窮之爲？故內省而不窮於道，臨難而不失其德。天寒既至，霜雪既降，吾是以知松柏之茂也。陳蔡之隘，於丘其幸乎。」孔子削然反琴而弦歌，子路扢然執干而舞。子貢曰：「吾不知天之高也，地之下也。」古之得道者，窮亦樂，通亦樂，所樂非窮通也。道得於此，則窮通爲寒暑風雨之序矣。故許由娛於潁陽，而共伯得乎丘首。

舜以天下讓其友北人無擇，北人無擇曰：「異哉，後之爲人也，居於畎畝之中，而遊堯之門。不若是而已，又欲以其辱行漫我。吾羞見之。」因自投清泠之淵。

湯將伐桀，因卞隨而謀，卞隨曰：「非吾事也。」湯曰：「孰可？」曰：「吾不知也。」湯又因瞀光而謀，瞀光曰：「非吾事也。」湯曰：「孰可？」曰：「吾不知也。」湯曰：「伊尹何如？」曰：「強力忍垢，吾不知其他也。」湯遂與伊尹謀伐桀，剋之。以讓卞隨，卞隨辭曰：「後之伐桀也謀乎我，必以我爲賊也；勝桀而讓我，必以我爲貪也。吾生乎亂世，而無道之人再來漫我以其辱行，吾不忍數聞也！」乃自投椆水而死。湯又讓瞀光，曰：「知者謀之，武者遂之，仁者居之，古之道也。吾子胡不立乎？」瞀光辭曰：「廢上，非義也；殺民，非仁也；人犯其難，我享其利，非廉也。吾聞之曰：『非其義者，不受其祿；無道之世，不踐其土。』況尊我乎！吾不忍久見也。」乃負石而自沈於廬水。

昔周之興，有士二人處於孤竹，曰伯夷、叔齊。二人相謂曰：「吾聞西方有人，似有道者，試往觀焉。」至於岐陽，武王聞之，使叔旦往見之。與盟曰：「加富二等，就官一列。」血牲而埋之。二人相視而笑，曰：「嘻，異哉！此非吾所謂道也。昔者神農之有天下也，時祀盡敬而不祈喜；其於人也，忠信盡治而無求焉。樂與政爲政，樂與治爲治。不以人之壞自成也，不以人之卑自高也，不以遭時自利也。今周見殷之亂而遽爲政，上謀而行貨，阻兵而保威，割牲而盟以爲信，揚行以說眾，殺伐以要利。是推亂以易暴也。吾聞古之士，遭治世不避其任，遇亂世不爲苟存。今天下闇，殷德衰，其並乎周以塗吾身也，不如避之，以絜吾行。」二子北至於首陽之山，遂餓而死焉。若伯夷、叔齊者，其於富貴也，苟可得已，則必不賴高節戾行，獨樂其志，不事於世。此二士之節也。

盜跖第二十九

孔子與柳下季爲友，柳下季之弟名曰盜跖。盜跖從卒九千人，橫行天下，侵暴諸侯。穴室樞户，驅人牛馬，取人婦女。貪得忘親，不顧父母兄弟，不祭先祖。所過之邑，大國守城，小國入保，萬民苦之。孔子謂柳下季曰：「夫爲人父者，必能詔其子；爲人兄者，必能教其弟。若父不能詔其子，兄不能教其弟，則無貴父子兄弟之親矣。今先生，世之才士也，弟爲盜跖，爲天下害，而弗能教也，丘竊爲先生羞之。丘請爲先生往說之。」柳下季曰：「先生言爲人父者必能詔其子，爲人兄者必能教其弟，若子不聽父之詔，弟不受兄之教，雖今先生之辯，將奈之何哉？且跖之爲人也，心如湧泉，意如飄風，強足以距敵，辯足以飾非。順其心則喜，逆其心則怒，易辱人以言。先生必無往。」孔子不聽，顏回爲馭，子貢爲右，往見盜跖。

盜跖乃方休卒徒大山之陽，膾人肝而餔之。孔子下車而前，見謁者曰：「魯人孔丘，聞將軍高義，敬再拜謁者。」謁者入通。盜跖聞之大怒，目如明星，髮上指冠，曰：「此夫魯國之巧僞人孔丘非邪？爲我告之：爾作言造語，妄稱文、武，冠枝木之冠，帶死牛之脅，多辭繆說，不耕而食，不織而衣，搖唇鼓舌，擅生是非，以迷天下之主，使天下學士不反其本，妄作孝弟，而儌倖於封侯富貴者也。子之罪大極重，疾走歸！不然，我將以子肝益晝餔之膳。」

孔子復通曰：「丘得幸於季，願望履幕下。」謁者復通。盜跖曰：「使來前！」孔子趨而進，避席反走，再拜盜跖。盜跖大怒，兩展其足，案劍瞋目，聲如乳虎，曰：「丘來前！若所言順吾意則生，逆吾心則死。」

孔子曰：「丘聞之，凡天下有三德：生而長大，美好無雙，少長貴賤見而皆說之，此上德也；知維天地，能辯諸物，此中德也；勇悍果敢，聚眾率兵，此下德也。凡人有此一德者，足以南面稱孤矣。今將軍兼此三者，身長八尺二寸，面目有光，脣如激丹，齒如齊貝，音中黃鐘，而名曰盜跖，丘竊爲將軍恥不取焉。將軍有意聽臣，臣請南使吳越，北使齊魯，東使宋衛，西使晉楚，使爲將軍造大城數百里，立數十萬户之邑，尊將軍爲諸侯，與天下更始，罷兵休卒，收養昆弟，共祭先祖。此聖人才士之行，而天下之願也。」

盜跖大怒曰：「丘來前！夫可規以利而可諫以言者，皆愚陋恆民之謂耳。今長大美好，人見而悅之者，此吾父母之遺德也，丘雖不吾譽，吾獨不自知邪？且吾聞之，好面譽人者，亦好背而毀之。今丘告我以大城眾民，是欲規我以利而恆民畜我也，安可久長也！城之大者，莫大乎天下矣。堯、舜有天下，子孫無置錐之地；湯、武立爲天子，而後世絕滅。非以其利大故邪？且吾聞之，古者禽獸多而人少，於是民皆巢居以避之。晝拾橡栗，暮棲木上，故命之曰『有巢氏之民』。古者民不知衣服，夏多積薪，冬則煬之，故命之曰『知生之民』。神農之世，臥則居居，起則于于。民知其母，不知其父，與麋鹿共處，耕而食，織而衣，無有相害之心。此至德之隆也。然而黃帝不能致德，與蚩尤戰於涿鹿之野，流血百里。堯、舜作，立群臣，湯放其主，武王殺紂。自是之後，以強陵弱，以眾暴寡。湯、武以來，皆亂人之徒也。今子修文、武之道，掌天下之辯，以教後世。縫衣淺帶，矯言僞行，以迷惑天下之主，而欲求富貴焉。盜莫大於子，天下何故不謂子爲盜丘，而乃謂我爲盜跖？子以甘辭說子路而使從之。使子路去其危冠，解其長劍，而受教於子。天下皆曰：『孔丘能止暴禁非。』其卒之也，子路欲殺衛君而事不成，身菹於衛東門之上，是子教之不至也。子自謂才士聖人邪，則再逐於魯，削跡於衛，窮於齊，圍於陳蔡，不容身於天下。子教子路菹。此患，上無以爲身，下無以爲人。子之道豈足貴邪？世之所高，莫若黃帝。黃帝尚不能全德，而戰於涿鹿之野，流血百里。堯不慈，舜不孝，禹偏枯，湯放其主，武王伐紂，文王拘羑里。此六子者，世之所高也。孰論之，皆以利惑其眞而強反其情性，其行乃甚可羞也。世之所謂賢士：伯夷、叔齊。伯夷、叔齊辭孤竹之君，而餓死於首陽之山，骨肉不葬。鮑焦飾行非世，抱木而死。申徒狄諫而不聽，負石自投於河，爲魚鱉所食。介子推至忠也，自割其股以食文公。文公後背之，子推怒而去，抱木而燔死。尾生與女子期於梁下，女子不來，水至不去，抱樑柱而死。此六子者，無異於磔犬流豕、操瓢而乞者，皆離名輕死，不念本養壽命者也。世之所謂忠臣者，莫若王子比干、伍子胥。子胥沉江，比干剖心。此二子者，世謂忠臣也，然卒爲天下笑。自上觀之，至於子胥、比干，皆不足貴也。丘之所以說我者，若告我以鬼事，則我不能知也；若告我以人事者，不過此矣，皆吾所聞知也。今吾告子以人之情：目欲視色，耳欲聽聲，口欲察味，志氣欲盈。人上壽百歲，中壽八十，下壽六十，除病瘦死喪憂患，其中開口而笑者，一月之中不過四五日而已矣。天與地無窮，人死者有時。操有時之具，而託於無窮之間，忽然無異騏驥之馳過隙也。不能說其志意、養其壽命者，皆非通道者也。丘之所言，皆吾之所棄也。亟去走歸，無復言之！子之道狂狂汲汲，詐巧虛僞事也，非可以全眞也，奚足論哉！」

孔子再拜趨走，出門上車，執轡三失，目芒然無見，色若死灰，據軾低頭，不能出氣。歸到魯東門外，適遇柳下季。柳下季曰：「今者闕然，數日不見，車馬有行色，得微往見跖邪？」孔子仰天而歎曰：「然！」柳下季曰：「跖得逆汝意若前乎？」孔子曰：「然。丘所謂無病而自灸也。疾走料虎頭，編虎須，幾不免虎口哉！」

子張問於滿苟得曰：「盍不爲行？無行則不信，不信則不任，不任則不利。故觀之名，計之利，而義眞是也。若棄名利，反之於心，則夫士之爲行，不可一日不爲乎！」滿苟得曰：「無恥者富，多信者顯。夫名利之大者，幾在無恥而信。故觀之名，計之利，而信眞是也。若棄名利，反之於心，則夫士之爲行，抱其天乎！」子張曰：「昔者桀、紂貴爲天子，富有天下。今謂臧聚曰：『汝行如桀、紂。』則有怍色，有不服之心者，小人所賤也。仲尼、墨翟，窮爲匹夫，今謂宰相曰『子行如仲尼、墨翟。』則變容易色，稱不足者，士誠貴也。故勢爲天子，未必貴也；窮爲匹夫，未必賤也。貴賤之分，在行之美惡。」滿苟得曰：「小盜者拘，大盜者爲諸侯。諸侯之門，義士存焉。昔者桓公小白殺兄入嫂，而管仲爲臣；田成子常殺君竊國，而孔子受幣。論則賤之，行則下之，則是言行之情悖戰於胸中也，不亦拂乎！故《書》曰：『孰惡孰美，成者爲首，不成者爲尾。』」子張曰：「子不爲行，即將疏戚無倫，貴賤無義，長幼無序。五紀六位，將何以爲別乎？」滿苟得曰：「堯殺長子，舜流母弟，疏戚有倫乎？湯放桀，武王殺紂，貴賤有義乎？王季爲適，周公殺兄，長幼有序乎？儒者僞辭，墨子兼愛，五紀六位，將有別乎？且子正爲名，我正爲利。名利之實，不順於理，不監於道。吾日與子訟於無約，曰：『小人殉財，君子殉名，其所以變其情、易其性則異矣；乃至於棄其所爲而殉其所不爲則一也。』故曰：無爲小人，反殉而天；無爲君子，從天之理。若枉若直，相而天極。面觀四方，與時消息。若是若非，執而圓機。獨成而意，與道徘徊。無轉而行，無成而義，將失而所爲。無赴而富，無殉而成，將棄而天。比干剖心，子胥抉眼，忠之禍也；直躬證父，尾生溺死，信之患也；鮑子立乾，申子不自理，廉之害也；孔子不見母，匡子不見父，義之失也。此上世之所傳、下世之所語以爲士者，正其言，必其行，故服其殃、離其患也。」

無足問於知和曰：「人卒未有不興名就利者。彼富則人歸之，歸則下之，下則貴之。夫見下貴者，所以長生安體樂意之道也。今子獨無意焉，知不足邪？意知而力不能行邪？故推正不妄邪？」知和曰：「今夫此人，以爲與己同時而生，同鄉而處者，以爲夫絕俗過世之士焉，是專無主正，所以覽古今之時、是非之分也。與俗化世，去至重，棄至尊，以爲其所爲也。此其所以論長生安體樂意之道，不亦遠乎！慘怛之疾，恬愉之安，不監於體；怵惕之恐，欣欣之喜，不監於心。知爲爲而不知所以爲。是以貴爲天子，富有天下，而不免於患也。」無足曰：「夫富之於人，無所不利。窮美究勢，至人之所不得逮，賢人之所不能及。俠人之勇力而以爲威強，秉人之知謀以爲明察，因人之德以爲賢良，非享國而嚴若君父。且夫聲色滋味權勢之於人，心不待學而樂之，體不待象而安之。夫欲惡避就，固不待師，此人之性也。天下雖非我，孰能辭之！」知和曰：「知者之爲，故動以百姓，不違其度，是以足而不爭，無以爲故不求。不足故求之，爭四處而不自以爲貪；有餘故辭之，棄天下而不自以爲廉。廉貪之實，非以迫外也，反監之度。勢爲天子，而不以貴驕人；富有天下，而不以財戲人。計其患，慮其反，以爲害於性，故辭而不受也，非以要名譽也。堯、舜爲帝而雍，非仁天下也，不以美害生；善卷、許由得帝而不受，非虛辭讓也，不以事害己。此皆就其利、辭其害，而天下稱賢焉，則可以有之，彼非以興名譽也。」無足曰：「必持其名，苦體絕甘，約養以持生，則亦久病長厄而不死者也。」知和曰：「平爲福，有餘爲害者，物莫不然，而財其甚者也。今富人，耳營鐘鼓管籥之聲，口嗛於芻豢醪醴之味，以感其意，遺忘其業，可謂亂矣；侅溺於馮氣，若負重行而上阪，可謂苦矣；貪財而取慰，貪權而取竭，靜居則溺，體澤則馮，可謂疾矣；爲欲富就利，故滿若堵耳而不知避，且馮而不舍，可謂辱矣；財積而無用，服膺而不舍，滿心戚醮，求益而不止，可謂憂矣；內則疑劫請之賊，外則畏寇盜之害，內周樓疏，外不敢獨行，可謂畏矣。此六者，天下之至害也，皆遺忘而不知察。及其患至，求盡性竭財單以反一日之無故而不可得也。故觀之名則不見，求之利則不得。繚意絕體而爭此，不亦惑乎！」

說劍第三十

昔趙文王喜劍，劍士夾門而客三千餘人，日夜相擊於前，死傷者歲百餘人。好之不厭。如是三年，國衰。諸侯謀之。太子悝患之，募左右曰：「孰能說王之意止劍士者，賜之千金。」左右曰：「莊子當能。」太子乃使人以千金奉莊子。莊子弗受，與使者俱往見太子，曰：「太子何以教周，賜周千金？」太子曰：「聞夫子明聖，謹奉千金以幣從者。夫子弗受，悝尚何敢言。」莊子曰：「聞太子所欲用周者，欲絕王之喜好也。使臣上說大王而逆王意，下不當太子，則身刑而死，周尚安所事金乎？使臣上說大王，下當太子，趙國何求而不得也！」太子曰：「然。吾王所見，唯劍士也。」莊子曰：「諾。周善爲劍。」太子曰：「然吾王所見劍士，皆蓬頭突鬢，垂冠，曼胡之纓，短後之衣，瞋目而語難，王乃說之。今夫子必儒服而見王，事必大逆。」莊子曰：「請治劍服。」治劍服三日，乃見太子。太子乃與見王。王脫白刃待之。莊子入殿門不趨，見王不拜。王曰：「子欲何以教寡人，使太子先。」曰：「臣聞大王喜劍，故以劍見王。」王曰：「子之劍何能禁制？」曰：「臣之劍十步一人，千里不留行。」王大悅之，曰：「天下無敵矣。」莊子曰：「夫爲劍者，示之以虛，開之以利，後之以發，先之以至。願得試之。」王曰：「夫子休，就舍待命，令設戲請夫子。」王乃校劍士七日，死傷者六十餘人，得五六人，使奉劍於殿下，乃召莊子。王曰：「今日試使士敦劍。」莊子曰：「望之久矣！」王曰：「夫子所御杖，長短何如？」曰：「臣之所奉皆可。然臣有三劍，唯王所用。請先言而後試。」王曰：「願聞三劍。」曰：「有天子劍，有諸侯劍，有庶人劍。」王曰：「天子之劍何如？」曰：「天子之劍，以燕谿石城爲鋒，齊岱爲鍔，晉衛爲脊，周宋爲鐔，韓魏爲夾，包以四夷，裹以四時，繞以渤海，帶以常山，制以五行，論以刑德，開以陰陽，持以春夏，行以秋冬。此劍直之無前，舉之無上，案之無下，運之無旁。上決浮雲，下絕地紀。此劍一用，匡諸侯，天下服矣。此天子之劍也。」文王芒然自失，曰：「諸侯之劍何如？」曰：「諸侯之劍，以知勇士爲鋒，以清廉士爲鍔，以賢良士爲脊，以忠聖士爲鐔，以豪桀士爲夾。此劍直之亦無前，舉之亦無上，案之亦無下，運之亦無旁。上法圓天，以順三光；下法方地，以順四時；中和民意，以安四鄉。此劍一用，如雷霆之震也，四封之內，無不賓服而聽從君命者矣。此諸侯之劍也。」王曰：「庶人之劍何如？」曰：「庶人之劍，蓬頭突鬢，垂冠，曼胡之纓，短後之衣，瞋目而語難，相擊於前，上斬頸領，下決肝肺。此庶人之劍，無異於鬥雞，一旦命已絕矣，無所用於國事。今大王有天子之位而好庶人之劍，臣竊爲大王薄之。」王乃牽而上殿，宰人上食，王三環之。莊子曰：「大王安坐定氣，劍事已畢奏矣！」於是文王不出宮三月，劍士皆服斃其處也。

漁父第三十一

孔子遊乎緇帷之林，休坐乎杏壇之上。弟子讀書，孔子弦歌鼓琴。奏曲未半，有漁父者，下船而來，鬚眉交白，被髮揄袂，行原以上，距陸而止，左手據膝，右手持頤以聽。曲終而招子貢、子路二人俱對。客指孔子曰：「彼何為者也？」子路對曰：「魯之君子也。」客問其族。子路對曰：「族孔氏。」客曰：「孔氏者何治也？」子路未應，子貢對曰：「孔氏者，性服忠信，身行仁義，飾禮樂，選人倫。上以忠於世主，下以化於齊民，將以利天下。此孔氏之所治也。」又問曰：「有土之君與？」子貢曰：「非也。」「侯王之佐與？」子貢曰：「非也。」客乃笑而還行，言曰：「仁則仁矣，恐不免其身。苦心勞形以危其眞。嗚呼！遠哉，其分於道也。」

子貢還，報孔子。孔子推琴而起，曰：「其聖人與？」乃下求之，至於澤畔，方將杖拏而引其船，顧見孔子，還鄉而立。孔子反走，再拜而進。客曰：「子將何求？」孔子曰：「曩者先生有緒言而去，丘不肖，未知所謂，竊待於下風，幸聞咳唾之音，以卒相丘也。」客曰：「嘻！甚矣，子之好學也！」孔子再拜而起，曰：「丘少而修學，以至於今，六十九歲矣，無所得聞至教，敢不虛心！」客曰：「同類相從，同聲相應，固天之理也。吾請釋吾之所有而經子之所以。子之所以者，人事也。天子諸侯大夫庶人，此四者自正，治之美也；四者離位而亂莫大焉。官治其職，人憂其事，乃無所陵。故田荒室露，衣食不足，征賦不屬，妻妾不和，長少無序，庶人之憂也；能不勝任，官事不治，行不清白，群下荒怠，功美不有，爵祿不持，大夫之憂也；廷無忠臣，國家昏亂，工技不巧，貢職不美，春秋後倫，不順天子，諸侯之憂也；陰陽不和，寒暑不時，以傷庶物，諸侯暴亂，擅相攘伐，以殘民人，禮樂不節，財用窮匱，人倫不飭，百姓淫亂，天子有司之憂也。今子既上無君侯有司之勢，而下無大臣職事之官，而擅飾禮樂，選人倫，以化齊民，不泰多事乎？且人有八疵，事有四患，不可不察也。非其事而事之，謂之摠；莫之顧而進之，謂之佞；希意道言，謂之諂；不擇是非而言，謂之諛；好言人之惡，謂之讒；析交離親，謂之賊；稱譽詐僞以敗惡人，謂之慝；不擇善否，兩容頰適，偷拔其所欲，謂之險。此八疵者，外以亂人，內以傷身，君子不友，明君不臣。所謂四患者：好經大事，變更易常，以掛功名，謂之叨；專知擅事，侵人自用，謂之貪；見過不更，聞諫愈甚，謂之很；人同於己則可，不同於己，雖善不善，謂之矜。此四患也。能去八疵，無行四患，而始可教已。」

孔子愀然而歎，再拜而起，曰：「丘再逐於魯，削跡於衛，伐樹於宋，圍於陳蔡。丘不知所失，而離此四謗者何也？」客淒然變容曰：「甚矣，子之難悟也！人有畏影惡跡而去之走者，舉足愈數而跡愈多，走愈疾而影不離身，自以爲尚遲，疾走不休，絕力而死。不知處陰以休影，處靜以息跡，愚亦甚矣！子審仁義之間，察同異之際，觀動靜之變，適受與之度，理好惡之情，和喜怒之節，而幾於不免矣。謹修而身，愼守其眞，還以物與人，則無所累矣。今不修之身而求之人，不亦外乎！」

孔子愀然曰：「請問何謂眞？」客曰：「眞者，精誠之至也。不精不誠，不能動人。故強哭者，雖悲不哀，強怒者，雖嚴不威，強親者，雖笑不和。眞悲無聲而哀，眞怒未發而威，眞親未笑而和。眞在內者，神動於外，是所以貴眞也。其用於人理也，事親則慈孝，事君則忠貞，飲酒則歡樂，處喪則悲哀。忠貞以功爲主，飲酒以樂爲主，處喪以哀爲主，事親以適爲主。功成之美，無一其跡矣；事親以適，不論所以矣；飲酒以樂，不選其具矣；處喪以哀，無問其禮矣。禮者，世俗之所爲也；眞者，所以受於天也，自然不可易也。故聖人法天貴眞，不拘於俗。愚者反此。不能法天而恤於人，不知貴眞，祿祿而受變於俗，故不足。惜哉，子之蚤湛於人僞而晚聞大道也！」

孔子再拜而起曰：「今者丘得遇也，若天幸然。先生不羞而比之服役而身教之。敢問舍所在，請因受業而卒學大道。」客曰：「吾聞之，可與往者，與之至於妙道；不可與往者，不知其道。愼勿與之，身乃無咎。子勉之，吾去子矣，吾去子矣！」乃刺船而去，延緣葦間。

顏淵還車，子路授綏，孔子不顧，待水波定，不聞拏音而後敢乘。子路旁車而問曰：「由得爲役久矣，未嘗見夫子遇人如此其威也。萬乘之主，千乘之君，見夫子未嘗不分庭伉禮，夫子猶有倨敖之容。今漁父杖拏逆立，而夫子曲要磬折，言拜而應，得無太甚乎！門人皆怪夫子矣，漁人何以得此乎！」孔子伏軾而歎，曰：「甚矣，由之難化也！湛於禮義有間矣，而樸鄙之心至今未去。

進，吾語汝：夫遇長不敬，失禮也；見賢不尊，不仁也。彼非至人，不能下人。下人不精，不得其眞，故長傷身。惜哉！不仁之於人也，禍莫大焉，而由獨擅之。且道者，萬物之所由也。庶物失之者死，得之者生。爲事逆之則敗，順之則成。故道之所在，聖人尊之。今漁父之於道，可謂有矣，吾敢不敬乎！」

列禦寇第三十二

列禦寇之齊，中道而反，遇伯昏瞀人。伯昏瞀人曰：「奚方而反？」曰：「吾驚焉。」曰：「惡乎驚？」曰：「吾嘗食於十漿而五漿先饋。」伯昏瞀人曰：「若是則汝何爲驚已？」曰：「夫內誠不解，形諜成光，以外鎮人心，使人輕乎貴老，而韲其所患。夫漿人特爲食羹之貨，無多餘之贏，其爲利也薄，其爲權也輕，而猶若是，而況於萬乘之主乎！身勞於國而知盡於事。彼將任我以事，而效我以功。吾是以驚。」伯昏瞀人曰：「善哉觀乎！女處已，人將保汝矣！」無幾何而往，則户外之屨滿矣。伯昏瞀人北面而立，敦杖蹙之乎頤。立有間，不言而出。賓者以告列子，列子提屨，跣而走，暨乎門，曰：「先生既來，曾不發藥乎？」曰：「已矣，吾固告汝曰：人將保汝。果保汝矣！非汝能使人保汝，而汝不能使人無保汝也，而焉用之感豫出異也。必且有感，搖而本性，又無謂也。與汝遊者，又莫汝告也。彼所小言，盡人毒也。莫覺莫悟，何相孰也。巧者勞而知者憂，無能者無所求，飽食而敖遊，汎若不繫之舟，虛而敖遊者也！

鄭人緩也，呻吟裘氏之地。祇三年而緩爲儒。河潤九里，澤及三族，使其弟墨。儒墨相與辯，其父助翟。十年而緩自殺。其父夢之曰：『使而子爲墨者，予也，闔嘗視其良？既爲秋柏之實矣。』夫造物者之報人也，不報其人而報其人之天，彼故使彼。夫人以己爲有以異於人，以賤其親。齊人之井飲者相捽也。故曰：今之世皆緩也。自是有德者以不知也，而況有道者乎！古者謂之遁天之刑。聖人安其所安，不安其所不安；眾人安其所不安，不安其所安。

莊子曰：『知道易，勿言難。知而不言，所以之天也。知而言之，所以之人也。古之人，天而不人。』朱泙漫學屠龍於支離益，單千金之家，三年技成而無所用其巧。聖人以必不必，故無兵；眾人以不必必之，故多兵。順於兵，故行有求。兵，恃之則亡。小夫之知，不離苞苴竿牘，敝精神乎蹇淺，而欲兼濟道物，太一形虛。若是者，迷惑於宇宙，形累不知太初。彼至人者，歸精神乎無始，而甘冥乎無何有之鄉。水流乎無形，發洩乎太清。悲哉乎！汝爲知在毫毛而不知大寧。

宋人有曹商者，爲宋王使秦。其往也，得車數乘。王說之，益車百乘。反於宋，見莊子，曰：「夫處窮閭厄巷，困窘織屨，槁項黃馘者，商之所短也；一悟萬乘之主而從車百乘者，商之所長也。」莊子曰：「秦王有病召醫。破癰潰痤者得車一乘，舐痔者得車五乘，所治愈下，得車愈多。

子豈治其痔邪？何得車之多也？子行矣！」

魯哀公問乎顏闔曰：「吾以仲尼爲貞幹，國其有瘳乎？」曰：「殆哉圾乎！仲尼方且飾羽而畫，從事華辭。以支爲旨，忍性以視民，而不知不信。受乎心，宰乎神，夫何足以上民！彼宜女與予頤與，誤而可矣！今使民離實學僞，非所以視民也。爲後世慮，不若休之。難治也！」施於人而不忘，非天布也，商賈不齒。雖以事齒之，神者弗齒。爲外刑者，金與木也；爲內刑者，動與過也。宵人之離外刑者，金木訊之；離內刑者，陰陽食之。夫免乎外內之刑者，唯眞人能之。

孔子曰：「凡人心險於山川，難於知天。天猶有春秋冬夏旦暮之期，人者厚貌深情。故有貌願而益，有長若不肖，有順懁而達，有堅而縵，有緩而釬。故其就義若渴者，其去義若熱。故君子遠使之而觀其忠，近使之而觀其敬，煩使之而觀其能，卒然問焉而觀其知，急與之期而觀其信，委之以財而觀其仁，告之以危而觀其節，醉之以酒而觀其則，雜之以處而觀其色。九徵至，不肖人得矣。」

正考父一命而傴，再命而僂，三命而俯，循牆而走，孰敢不軌！如而夫者，一命而呂鉅，再命而於車上儛，三命而名諸父。孰協唐許？賊莫大乎德有心而心有睫，及其有睫也而內視，內視而敗矣！凶德有五，中德爲首。何謂中德？中德也者，有以自好也而吡其所不爲者也。窮有八極，達有三必，形有六府。美、髯、長、大、壯、麗、勇、敢，八者俱過人也，因以是窮；緣循、偃佒、困畏，不若人三者俱通達；知慧外通，勇動多怨，仁義多責，六者所以相刑也。達生之性者傀，達於知者肖，達大命者隨，達小命者遭。

人有見宋王者，錫車十乘。以其十乘驕稚莊子。莊子曰：「河上有家貧恃緯蕭而食者，其子沒於淵，得千金之珠。其父謂其子曰：『取石來鍛之！夫千金之珠，必在九重之淵而驪龍頷下。子能得珠者，必遭其睡也。使驪龍而寤，子尚奚微之有哉！』今宋國之深，非直九重之淵也；宋王之猛，非直驪龍也。子能得車者，必遭其睡也；使宋王而寤，子為韲粉夫。」

或聘於莊子，莊子應其使曰：「子見夫犧牛乎？衣以文繡，食以芻叔。及其牽而入於大廟，雖欲為孤犢，其可得乎！」

莊子將死，弟子欲厚葬之。莊子曰：「吾以天地為棺槨，以日月為連璧，星辰為珠璣，萬物為齎送。吾葬具豈不備邪？何以加此！」弟子曰：「吾恐烏鳶之食夫子也。」莊子曰：「在上為烏鳶食，在下為螻蟻食，奪彼與此，何其偏也。」以不平平，其平也不平；以不徵徵，其徵也不徵。明者唯為之使，神者徵之。夫明之不勝神也久矣，而愚者恃其所見入於人，其功外也，不亦悲夫！

天下第三十三

天下之治方術者多矣，皆以其有爲不可加矣！古之所謂道術者，果惡乎在？曰：「無乎不在。」曰：「神何由降？明何由出？」「聖有所生，王有所成，皆原於一。」不離於宗，謂之天人；不離於精，謂之神人；不離於眞，謂之至人。以天爲宗，以德爲本，以道爲門，兆於變化，謂之聖人；以仁爲恩，以義爲理，以禮爲行，以樂爲和，熏然慈仁，謂之君子；以法爲分，以名爲表，以參爲驗，以稽爲決，其數一二三四是也，百官以此相齒；以事爲常，以衣食爲主，蕃息畜藏，老弱孤寡爲意，皆有以養，民之理也。古之人其備乎！配神明，醇天地，育萬物，和天下，澤及百姓，明於本數，係於末度，六通四辟，小大精粗，其運無乎不在。其明而在數度者，舊法、世傳之史尚多有之；其在於《詩》、《書》、《禮》、《樂》者，鄒魯之士、搢紳先生多能明之。《詩》以道志，《書》以道事，《禮》以道行，《樂》以道和，《易》以道陰陽，《春秋》以道名分。其數散於天下而設於中國者，百家之學時或稱而道之。

天下大亂，賢聖不明，道德不一。天下多得一察焉以自好。譬如耳目鼻口，皆有所明，不能相通。猶百家眾技也，皆有所長，時有所用。雖然，不該不遍，一曲之士也。判天地之美，析萬物之理，察古人之全。寡能備於天地之美，稱神明之容。是故內聖外王之道，闇而不明，鬱而不發，天下之人各爲其所欲焉以自爲方。悲夫！百家往而不反，必不合矣！後世之學者，不幸不見天地之純，古人之大體。道術將爲天下裂。

不侈於後世，不靡於萬物，不暉於數度，以繩墨自矯，而備世之急。古之道術有在於是者，墨翟、禽滑釐聞其風而說之。爲之大過，已之大順。作爲《非樂》，命之曰《節用》。生不歌，死無服。墨子泛愛兼利而非鬥，其道不怒。又好學而博，不異，不與先王同，毀古之禮樂。黃帝有《咸池》，堯有《大章》，舜有《大韶》，禹有《大夏》，湯有《大濩》，文王有辟雍之樂，武王、周公作《武》。古之喪禮，貴賤有儀，上下有等。天子棺槨七重，諸侯五重，大夫三重，士再重。今墨子獨生不歌，死不服，桐棺三寸而無槨，以爲法式。以此教人，恐不愛人；以此自行，固不愛己。未敗墨子道。雖然，歌而非歌，哭而非哭，樂而非樂，是果類乎？其生也勤，其死也薄，其道大觳。使人憂，使人悲，其行難爲也。恐其不可以爲聖人之道，反天下之心。天下不堪。墨子雖獨能任，奈天下何！離於天下，其去王也遠矣！墨子稱道曰：「昔禹之湮洪水，決江河而通四夷九州也。名川三百，支川三千，小者無數。禹親自操橐耜而九雜天下之川。腓無胈，脛無毛，沐甚雨，櫛疾風，置萬國。禹大聖也，而形勞天下也如此。」使後世之墨者，多以裘褐爲衣，以跂蹻爲服，日夜不休，以自苦爲極，曰：「不能如此，非禹之道也，不足謂墨。」相里勤之弟子，五侯之徒，南方之墨者若獲、已齒、鄧陵子之屬，俱誦《墨經》，而倍譎不同，相謂別墨。以堅白同異之辯相訾，以觭偶不仵之辭相應，以巨子爲聖人。皆願爲之尸，冀得爲其後世，至今不決。墨翟、禽滑釐之意則是，其行則非也。將使後世之墨者，必自苦以腓無胈、脛無毛相進而已矣。亂之上也，治之下也。

雖然，墨子眞天下之好也，將求之不得也，雖枯槁不舍也，才士也夫！

不累於俗，不飾於物，不苟於人，不忮於眾，願天下之安寧以活民命，人我之養，畢足而止，以此白心。古之道術有在於是者，宋鈃、尹文聞其風而悅之。作爲華山之冠以自表，接萬物以別宥爲始。語心之容，命之曰「心之行」。以聏合驩，以調海內。請欲置之以爲主。見侮不辱，救民之鬭，禁攻寢兵，救世之戰。以此周行天下，上說下教。雖天下不取，強聒而不舍者也。故曰：上下見厭而強見也。雖然，其爲人太多，其自爲太少，曰：「請欲固置五升之飯足矣。」先生恐不得飽，弟子雖飢，不忘天下，日夜不休。曰：「我必得活哉！」圖傲乎救世之士哉！曰：「君子不爲苛察，不以身假物。」以爲無益於天下者，明之不如已也。以禁攻寢兵爲外，以情欲寡淺爲內。其小大精粗，其行適至是而止。

公而不黨，易而無私，決然無主，趣物而不兩，不顧於慮，不謀於知，於物無擇，與之俱往。古之道術有在於是者，彭蒙、田駢、愼到聞其風而悅之。齊萬物以爲首，曰：「天能覆之而不能載之，地能載之而不能覆之，大道能包之而不能辯之。」知萬物皆有所可，有所不可。故曰：「選則不徧，教則不至，道則無遺者矣。」是故愼到棄知去己，而緣不得已。泠汰於物，以爲道理。曰：「知不知，將薄知而後鄰傷之者也。」謑髁無任，而笑天下之尚賢也；縱脫無行，而非天下之大聖；椎拍輐斷，與物宛轉；舍是與非，苟可以免。不師知慮，不知前後，魏然而已矣。推而後行，曳而後往。若飄風之還，若羽之旋，若磨石之隧，全而無非，動靜無過，未嘗有罪。是何故？夫無知之物，無建己之患，無用知之累，動靜不離於理，是以終身無譽。故曰：「至於若無知之物而已，無用賢聖。夫塊不失道。」豪桀相與笑之曰：「愼到之道，非生人之行，而至死人之理。」適得怪焉。田駢亦然，學於彭蒙，得不教焉。彭蒙之師曰：「古之道人，至於莫之是、莫之非而已矣。其風窢然，惡可而言。」常反人，不見觀，而不免於魭斷。其所謂道非道，而所言之韙不免於非。彭蒙、田駢、愼到不知道。雖然，概乎皆嘗有聞者也。

以本爲精，以物爲粗，以有積爲不足，澹然獨與神明居。古之道術有在於是者，關尹、老聃聞其風而悅之。建之以常無有，主之以太一。以濡弱謙下爲表，以空虛不毀萬物爲實。關尹曰：「在己無居，形物自著。」其動若水，其靜若鏡，其應若響。芴乎若亡，寂乎若清。同焉者和，得焉者失。未嘗先人而常隨人。老聃曰：「知其雄，守其雌，爲天下溪；知其白，守其辱，爲天下谷。」人皆取先，己獨取後。曰：「受天下之垢。」人皆取實，己獨取虛。「無藏也故有餘。」巋然而有餘。其行身也，徐而不費，無爲也而笑巧。人皆求福，己獨曲全。曰：「苟免於咎。」以深爲根，以約爲紀。曰：「堅則毀矣，銳則挫矣。」常寬容於物，不削於人。雖未至於極，關尹、老聃乎，古之博大眞人哉！

芴漠無形，變化無常，死與？生與？天地並與？神明往與？芒乎何之？忽乎何適？萬物畢羅，莫足以歸。古之道術有在於是者，莊周聞其風而悅之。以謬悠之說，荒唐之言，無端崖之辭，時恣縱而儻，不以觭見之也。以天下爲沈濁，不可與莊語。以卮言爲曼衍，以重言爲眞，以寓言爲廣。獨與天地精神往來，而不敖倪於萬物。不譴是非，以與世俗處。其書雖瓌瑋，而連犿無傷也。其辭雖參差，而諔詭可觀。彼其充實，不可以已。上與造物者遊，而下與外死生、無終始者爲友。其於本也，弘大而辟，深閎而肆；其於宗也，可謂稠適而上遂矣。雖然，其應於化而解於物也，其理不竭，其來不蛻，芒乎昧乎，未之盡者。

惠施多方，其書五車，其道舛駁，其言也不中。麻物之意，曰：「至大無外，謂之大一；至小無內，謂之小一。無厚，不可積也，其大千里。天與地卑，山與澤平。日方中方睨，物方生方死。大同而與小同異，此之謂『小同異』；萬物畢同畢異，此之謂『大同異』。南方無窮而有窮。今日適越而昔來。連環可解也。我知天之中央，燕之北、越之南是也。泛愛萬物，天地一體也。」惠施以此爲大，觀於天下而曉辯者，天下之辯者相與樂之。卵有毛。雞三足。郢有天下。犬可以爲羊。馬有卵。丁子有尾。火不熱。山出口。輪不蹍地。目不見。指不至，至不絕。龜長於蛇。矩不方，規不可以爲圓。鑿不圍枘。飛鳥之景未嘗動也。鏃矢之疾，而有不行、不止之時。狗非犬。黃馬驪牛三。白狗黑。孤駒未嘗有母。一尺之捶，日取其半，萬世不竭。辯者以此與惠施相應，終身無窮。桓團、公孫龍辯者之徒，飾人之心，易人之意，能勝人之口，不能服人之心，辯者之囿也。惠施日以其知與之辯，特與天下之辯者爲怪，此其柢也。然惠施之口談，自以爲最賢，曰：「天地其壯乎，施存雄而無術。」南方有倚人焉，曰黃繚，問天地所以不墜不陷，風雨雷霆之故。惠施不辭而應，不慮而對，遍爲萬物說。說而不休，多而無已，猶以爲寡，益之以怪，以反人爲實，而欲以勝人爲名，是以與眾不適也。弱於德，強於物，其塗隩矣。由天地之道觀惠施之能，其猶一蚊一虻之勞者也。其於物也何庸！夫充一尚可，曰愈貴，道幾矣！惠施不能以此自寧，散於萬物而不厭，卒以善辯爲名。惜乎！惠施之才，駘蕩而不得，逐萬物而不反，是窮響以聲，形與影競走也，悲夫！

【相關《莊子》譯注參考文獻】

《莊子》，（戰國）莊周著，（晉）郭象注，上海古籍出版社，一九八九年。
《莊子補正》，（晉）郭象注，（唐）成玄英疏，劉文典補正，雲南人民出版社，一九八〇年。
《莊子集解》，（清）王先謙撰，沈嘯寰點校，中華書局，一九八七年。
《莊子集解》，（清）王先謙集解，上海書店，一九八六年。
《莊子集釋》，（清）郭慶藩撰，王孝魚點校，中華書局，二〇〇四年二版。
《莊子集解內篇補正》，（清）劉武撰，沈嘯寰點校，中華書局，一九八七年。
《老子·莊子》，何宗思撰，新華出版社，二〇〇二年。
《莊子譯注》，楊柳橋撰，上海古籍出版社，二〇〇六年。
《莊子的思想世界》，楊國榮注，北京大學出版社，二〇〇六年。
《莊子通釋》，陸永品著，中國社會科學出版社，二〇〇六年。
《莊子今注今譯》，陳鼓應注譯，中華書局，一九八三年。
《莊子淺注》，曹礎基著，中華書局，一九八二年。
《莊子洗心》，何宗思著，雲南人民出版社，二〇〇六年。

于丹《莊子》心得

2007年9月初版　定價：新臺幣320元
2015年7月初版第十四刷
2016年12月二版
2019年1月二版二刷

著者　于丹
叢書主編　簡美玉
校對　鄭秋燕
陳益郎
封面設計　翁國鈞

出版者　聯經出版事業股份有限公司
地址　新北市汐止區大同路一段369號1樓
台北聯經書房　台北市新生南路三段94號
電話　(02)23620308
台中分公司　台中市北區崇德路一段198號
暨門市電話　(04)22312023
郵政劃撥帳戶第0100559-3號
郵撥電話　(02)23620308
印刷者　文聯彩色製版印刷有限公司
總經銷　聯合發行股份有限公司
發行所　新北市新店區寶橋路235巷6弄6號2F
電話　(02)29178022

總編輯　胡金倫
總經理　陳芝宇
社長　羅國俊
發行人　林載爵

行政院新聞局出版事業登記證局版臺業字第0130號

本書如有缺頁，破損，倒裝請寄回台北聯經書房更換。　ISBN 978-957-08-4835-9 (平裝)
聯經網址 http://www.linkingbooks.com.tw
電子信箱 e-mail:linking@udngroup.com

本書中文繁體字版由中國民主法制出版社授權出版

國家圖書館出版品預行編目資料

于丹《莊子》心得 / 于丹著 .
二版 . 新北市 . 聯經 . 2016.12
344面；14.8×21公分 .
ISBN　978-957-08-4835-9（平裝）
[2019年1月二版二刷]

1.莊子　2.研究考訂

121.337　　105021753